主　编

韦文帝　孙桂平

副主编

张兴茂　向一优

编写人员

韦文帝　孙桂平　张兴茂

向一优　武　媚　苗希婷

2021年度广西艺术学院优质教材资助项目成果

支撑项目：2015年度广西高等教育本科教学改革工程项目“高等艺术院校《应用文写作》教材改革研究”最终成果（编号：2015JGA300）

支撑项目：2018年广西艺术学院教学研究与改革项目“艺术院校应用文写作教学改革与创新”（编号：2018JGY48）

韦文帝 孙桂平 ◎ 主编

应用文写作教程

中国传媒大学出版社

·北京·

前 言

应用文写作是大学生必备的实用性技能。大学生走上工作岗位后，是否能写和会用应用文，是检验其文字综合运用能力的重要标准。目前，许多高等院校根据社会需要和大学生能力培养目标开设了应用文写作技能课。各高等院校由于培养对象以及教学目标不同，所使用的应用文写作教材多种多样，有的偏重理论指导，有的侧重广泛介绍，有的以适应行业需要为主。但专门针对高等艺术院校的《应用文写作》教材比较少见，艺术院校的老师在教学时颇感不便，老师讲授的指引性不强，学生学习的积极性也不高。因此，我们针对高等艺术院校学生，组织编写了这本教材。

这本教材以2012年中共中央办公厅、国务院办公厅印发的《党政机关公文处理工作条例》为基准，秉承公文的体例规范，在形式上力求具备法定文书的规范格式，体现公文的严肃性和规范性，展现应用文体式的中国文化传统风格和气质，在实用性上力求体现马克思主义的思维方法和习近平新时代中国特色社会主义思想理念，更好地发挥互联网时代的应用文功能，不囿于传统，紧跟时代的需求。

这本教材立足服务艺术院校的学生，结合其需求，有针对性地进行设计。对艺术专业人才常用的和常接触到的应用文进行归类，列出“党政机关及企事业单位公文写作”“事务类文书写作”“新闻传播类文书写作”“礼仪文书写作”“职场文书写作”“高等艺术院校实用性文书写作”“网络媒介应用文写作”“全媒体环境下应用文负面案例评析”等八个章节。这些章节的编排及文种的选择，以既往教学经验为基础，兼顾艺术院校学生职业发展的现实需要。像书中“艺术作品展前言”“电话（短信息）记录单”这两个文种的介绍，以及新时代应用文写作新变问题的探讨，其他应用文写作教材鲜有提及。

编撰这本教材时，我们努力有所创新，主要表现在以下几个方面。

一是，随着信息化程度的提高和工作节奏的加快，人们很难有整块时间去钻研应用文写作的基本原理和复杂技巧，因而迫切需要一本简洁明了、可以直观借鉴的应用文教材。本书提供各文种格式的图示，就是为了满足这一需求。

二是，多数应用文具有公务文书的性质，其写作是在特定流程中不断完善并最终成稿的集体行为。但在课堂教学过程中，我们习惯上将学生的应用文写作训练简化为“个人枯燥的单篇作文练习”，使师生双方感觉乏味。本书设置上行文、平行文、下行文写作教学示例，意在提醒：应用文写作教学应通过演习的方式，展现应用文写作的流程。

三是，艺术院校的师生经常参与组织大型艺术展演活动，要做海报、广告文案进行推介，还要做提示引导说明等，需要用到多种类型的应用文。这些应用文集合为一个整体，成为大型艺术展演活动必不可少的文字支撑材料。将每种应用文分开来讲，学生难以领会应用文写作的实际操作和具体运用情况。本书通过典型示例，总结出艺术项目中应用文综合运用的一般情况，以及写作的基本程式和要求，就是希望课堂上的应用文写作训练趋向综合性和情境化。

四是，应用文种类及其写作规范不是固定不变的，会随着时代发展而有所更新。应用文写作教学，无疑也要与时俱进，因时而变。基于此，本书安排了“网络媒介应用文写作”“全媒体环境下应用文负面案例评析”这两章。前者介绍了网络新闻、微信推文和AI应用文，使应用文写作课堂充满时代气息。后者针对引发舆情的应用文错误进行简要评析，意在说明，我们不能仅将应用文视作案头文字工作，也要注意研判其可能产生的社会影响。

本书编撰团队的成员，有的多年在党政部门从事应用文写作和处理工作，有的在高校从事应用文写作教学。这本教材是应用文写作实践能力和应用文教学经验有机融合的结晶。我们相信，这本教材不仅适用于高等艺术院校，对于综合性大学的师生、企事业单位的工作人员，也具有一定参考价值。

目录
CONTENTS

绪 论

第一节 写好应用文的重要性

中华民族历史悠久，五千年的文明创造了博大精深、辉煌灿烂的文化。从有文字记录开始，智慧、勤劳、勇敢的中国人民源源不断地创造出不朽的文明，中华文明的源远流长和生生不息，显示出非凡的生命力。文字出现的目的是表达思想、交流情感、沟通信息，让人们的生产生活更加便利。同时，由文字组合而成的文章，经过演变发挥着不同的功能，不断地推动人类文明的进步，促进社会的发展。古人常说，一言能兴邦，一语能亡国。魏晋南北朝时期的曹丕也曾经说过：文章乃经国之大业，不朽之盛事。文章是传之千古的宏大事业，影响极其深远。好的文章具有经世治国之作用，乃定国安邦之利器。

随着社会分工不断细化，文章的功能和形式也在不断地演变，文章也从记人、叙事、写景、状物的简单功能，发展为具有议事论理、表达情感观点、教授方式方法、引导思想理念、总结经验规律、裁定争端、解决问题等多重功能。

古今之文章，大致分为两类，即韵文、散文。韵文是讲究押韵，有规律地使用同韵母的字作句子结尾以求押韵的文体或文章，如赋、诗歌、词曲等。韵文便于记诵，甚至能用于歌唱，但受押韵、格律的限制，言难尽意。散文不追求押韵和句式的工整，语句错落有致，虽然缺少文采，但在叙事、议论、说理、陈述时，能将意思表达得清晰、完整、透彻。中国古代应用文，主要有韵文、骈文和古文（文言散体文）等文体形态。宋代古文运动成功之后，一直到清代，应用文以文言写作的散文为主要文体形态。现代应用文属于散文，是与记叙文、说明文、议论文并列的一种文体。

早在北宋时期，就有“应用文”这个概念，但其含义与现在不同。欧阳修《辞副枢密与两府书》说：“学为应用之文。”苏轼《答刘巨济书》说：“向在科场时，不得已作应用文。”他们所说的应用文，指科举考试指定的写作科目。之后，“应用文”这一概念的含义不断变化。到清代，刘熙载在《艺概·文概》中明确指出：应用文分为上行文、平行文与下行文，基本特点在于“实用”。刘熙载对于“应用文”含义的解释，与现在基本一致。作为现代词汇的“应用文”，我们可以理解为渊源于刘熙载的《艺概·文概》。

本书所谓的“应用文”，指我国机关团体、企事业单位及人民群众在办理公务以及处理个人事务过程中，为交流情况、沟通信息、处理事务、解决问题而形成的多种写作格式的总称。应用文实践性强，具有实用性，是机关单位正常有序运行的重要保障，也是规范人与人之间交往关系的文本依据。可以说，理解和掌握应用文相关知识，会帮助我们更好地立身于现代社会和现代生活。作为当代大学生，还应掌握应用文写作的基本技能，以顺利完成学习任务，也为今后工作打下良好的文字基础。

1. 写好应用文，能解决现实问题。大学生在校期间，会接触到多种应用文，如开展课题前填写申报书，筹办大型活动时写策划案和请示，办理助学金、转学、休学、退学手续时写申请，组织班级集体活动时发布通知，诸如此类，不一而足。如果具备了应用文相关知识，掌握了应用文写作的基本技能，这些事情做起来就会得心应手。可以说，处理应用文的频次和水平，是衡量大学生在校期间学习生活质量的一个重要指标。

2. 写好应用文，为就业做准备。大学生到毕业离校阶段，要用到许多应用文。如果就业，就要投递个人简历、写求职信，面试时要准备自述报告，获聘用后要签订劳务协议。如果继续深造，要联系学校和导师，写入学申请。其中任何一种应用文写作，都不能仅靠从网络上下载模板进行填充。如果在大学期间有过针对性训练，相关应用文写得精练规范，合情合理，求职升学就会更加顺利。

3. 写好应用文，是个人发展的需要。良好的应用文水平，既是一种准确运用语言文字的写作能力，也是一种兼综统筹、严谨务实的工作品质，还是一种对社会规范深入理解和高度认同的文化素养。从写作能力到工作品质再到文化素养，应用文为我们提供了一条人文素质不断提升的道路。实践表明，最后成为行业精英的，往往是那些应用文水平较高的从业者。学好应用文，对于大学生个人事业的健康发展，无疑是有益的。

4. 学好应用文，可以提高工作效率。现代社会信息庞杂，人们每天要花许多时间去处理各式各样的信息。应用文也是信息，但由于与工作和事务密切相关，且具有规范性、约定性和强制性，因而是最具有社会价值的信息类型。相对于应用文而言，一般信息的社会价值较弱。应用文水平不高者，容易将应用文当作一般信息加以对待，并使应用文的社会价值弱化。应用文水平良好者，则容易辨识出弱价值信息和强价值信息，并有效地加以淘汰或选用，从而提高工作效率。

5. 学好应用文，可以更好地服务国家、社会、人民。工作是人们创造社会价值的主要途径，工作最重要的内容是协调人事关系。而工作中人事关系格局、秩序的确定及其动态调整，通常是通过应用文来确认的。由于现代社会分工越来越细，专门化程度越来越高，造成人事关系形态复杂。相应地，应用文种类繁多，人们经过专门训练才能掌握。可以说，学好应用文，有利于将工作做好，有利于实现我们服务国家、社会和人民的良好愿望。

第二节　古代应用文的发展历程

先秦时期应用文主要为政治服务，用于传达思想和礼仪。应用文以文字表达为基础。原始社会没有文字体系，自然不存在应用文。从黄帝、尧、舜、禹至夏、商、周，文字体系虽然出现并渐趋成熟，但为神职人员和统治阶级所掌握，没有普及到民间，文字对民众的影响力有限，应用性不强，因而无法形成上传下达、广为认同的惯用格式。殷商甲骨文记载的占卜内容，与宗教祭祀紧密相关，相当于神秘的王室档案，不具备应用文客观陈述的特点，算不上公务文书。就现存文献而言，《尚书》记录了先圣先贤的重要讲话，其中文字是记录言辞的工具和载体，虽然有应用的特征，并不具备成文的性质。《周礼》中命、诰、会、祷、诔等类型的文种，反映了周王朝和春秋时期的行政体制，已经具有应用文的规范性。到战国时期，盟书、策、檄文、书、上书、玺书等实用文体被广泛使用，我国应用文形态初步形成。

从秦统一中国推行“书同文”政策起，至清代鸦片战争，应用文功能、形式大大拓展，在统一思想、稳定政治、维系文化传承和为经济社会服务方面，发挥了重要作用。

秦朝实行以郡县制为基础的中央集权制，这一政治体制要求公务文书以更为规范的方式上传下达。“书同文”就是在此行政背景下提出的，既要求用统一规范的文字进行书写，也要求用格式规范的行文来办理公务。秦简《内史杂》记载：“有事请也，必以书，毋口请，毋羁请。”即秦朝规定，办理公务要用规范的行文，不准口头陈述。李斯领头制定了公文格式和行文规定，提出避讳制度，如皇帝的命令称为“制”和 “诏”，臣下的上书称“奏”和“议”，如此等等。这确定了文种名称和使用对象，区分了上行文与下行文。可以说，作为应用文中最规范的公文，在秦朝已有相对完整的体系和比较规范的体例。而狱吏治案过程中形成的隶书广为流行，说明秦朝对基层事务的判断和处理，虽然有别于官府行文方式，但也采取了特征明显的规范文字格式。秦朝在我国应用文的形成过程中，起到了关键作用。

汉代增加了多种公务文体如“策”“诫”“章”“表”“论”“疏”，出现了《过秦论》《论贵粟疏》《狱中上梁王书》等范文。同时，公文体式特点更加突出。东汉蔡邕将公文分为策书、诏书、制书、戒书、章、奏、表、驳议，并对各类文体的功用、作法、格式做了不同描述。而有关公文的理论探讨随之出现，如受赋体影响，当时官员在撰写公务文书时，由于偏好使用华丽的言词，而导致辞不达意。对于这一不良写作风气，王充《论衡》加以批判，强调公文写作不应为了迎合场面需要去炫耀词采，而要述事明白、说理清楚，这推动了公文写作风气向质实化方向改变。

魏晋南北朝是我国古代应用文发展的定型时期。1. 由于纸张普及，公私文书写作便捷，传递方便，因而数量激增，适应不同场合与语境的应用文逐渐形成不同类型的稳定体式。南朝任昉《文章缘起》将当时文体分为84类，其中60余类属于应用文范畴。2. 确立了应用文范例。萧统编选《昭明文选》，包含诏、册、令、教、策文等31类应用文体式，每类文体列举了1篇以上的范文，并首次将私人书信与公牍文书并列。3. 有关应用文写作的理论探讨，在这一时期充分展开。曹丕将当时常用文体分为4科8类，对奏、议、书、论、铭、诔这六类应用文的写作特征做了概括。陆机《文赋》对常用应用文的特征及分类，做了具体说明。刘勰《文心雕龙》对诸多应用文体的名称、功用、源流、构成要素与写法要点，做了精要阐释。

隋、唐至两宋时期，是我国古代应用文发展的深化阶段。1. 公务文书大量增加，应用文种分类细化，唐代出现了牒、关、刺等，宋代创设了策论、诰命、御札、故牒、公牒、呈状、申状、劄子等。北宋姚铉将文体分为22类316小类，其中绝大多数属应用文体。有些应用文体出现了新的表现形式，如"序"拓展为"书画题跋"。2. 名家辈出，佳作迭现。著名的应用文作家以唐宋八大家为代表，应用文名作有数百篇之多。3. 文风改革使得应用文特征更为明显。李鄂上书请求革除浮华文风，隋文帝下诏要求"公私文翰，并宜实录"。唐宋八大家发起"古文运动"，最终改变了"以骈体行文"的公文写作惯例。这些都推动了古代应用文往求实明理的方向发展。

元、明、清三代，应用文写作基本上沿袭前代旧制。应用文分类更趋细密，如增加了"折""关文""揭帖"等，而"折"又分为"奏折""手折"。但这只是细部调整，应用文整体格局并未出现变化。在理论探索方面，吴讷、徐师曾、姚鼐、刘熙载等的著作，对应用文文体类别特征的认识，较前人更为细致深入。

从鸦片战争至1919年，中国与世界交往更加频繁。出于发展外交关系和解决国际争端的需要，旧的应用文格局不得不相应调整，新型应用文的出现成为历史趋势。

第三节　现代应用文的形成发展

辛亥革命标志着中国走入现代化进程，也揭开了现代应用文的序幕。民国以后，随着白话文推广使用，文言文逐渐不再作为应用文的书面文字载体，中国古代应用文体系逐渐废止。但其在长期使用过程中积累的思维方式、语言习惯等，仍然发挥着作用，并演化为现代应用文的文化要素和民族特色。在1912年至1949年间，应用文基本完成了"由用文言文到用白话文"的转型，在文种、语言、行文规则方面出现了根本性变化。

1912年，南京临时政府颁布了"公文程式"，规定使用"令、咨、呈、示、状"五种公文名称，废除了延续几千年的"制、诏、诰、题、奏、表"等封建时代的文书名称，同时废止了旧社会公文的行款、纸面布局、结构、语体及套语修辞，而体现了新式公文平民化、平等化、工具化的特点。封建社会有的应用文不复存在了，随着社会发展，交往交流的频繁，相对固定的现代应用文模式逐渐形成。北洋政府在此基础上，颁布了《公文程式令》《司法官署公文书暂行程式令》，行政文书有令、布告、状、咨、公函、呈、批等7种，司法文书有呈、训令、指令、委任令、公函、布告等6种。从行文关系看，“令、布告、状、批”为下行文，“咨、公函”为平行文，“呈”为上行文。1916年7月29日又颁布《公文程式》，确定主要文书有大总统令、国务院令、各部院令、任命状、委任令、训令、指令、布告、咨、咨呈、呈、公函、批等13种，一直沿用到北洋政府垮台。

国民政府成立后，在1927年和1928年三次颁布《公文程式条例》，规范文书工作。条例明确政府机关使用10类公务文书：令、通告、训令、指令、任命状、呈、咨、咨呈、公函、批答，界定各类文书的使用范围，并对公务文书的样式、印制、分发等做了规定。1933年发布的《各部会审查处理公文改良办法》要求：根据文稿意义区别划分段落；使用逗号、句号、标引号、复标引号、省略号、书名号、括号等7种标点符号；使用国民政府教育部试行的公文用语，采用白话文。同年，国民政府根据《改良办法》发布“关于修改公文稿面的训令”。此后，从中央政府到党、政、军、省、市、县各机关，据此制定了相应的公文条例和行文办法。从此分段、标点、采用白话文的新式公文有了法律地位，而民间应用文面貌也随之转变，我国现代应用文确立了基本形态。在1912—1949年间，有200余种公文程式类图书出版，广泛应用于各类培训和教学。这推动了当时民众接受现代公文形态，促使民间应用文转变体式风格。由此可见，公文改革是我国应用文现代化的关键因素，公文无疑是应用文写作的核心部分。

在新民主主义革命时期，中国共产党在公文写作与处理方面，也积累了丰富经验，形成了自成体系的公文规范。新中国成立后，中央人民政府政务院综合过去所遵行的公文条例，结合实际情况，于1951年颁布了《公文处理暂行办法》：1. 确定了公文写作与处理的基本原则，如“公文的文字应简明、确切、条理清楚；处理应迅速、准确、周密，手续力求简便。”2. 规定公文为7类12种：①报告、签报。②命令。③指示。④批复。⑤通报、通知。⑥布告、公告、通告。⑦公函、便函。3. 对公文体式与公文处理程序做了明确规定。《公文处理暂行办法》为我国现代公文体系奠定了基础，但也存在一些问题：如公文汉字竖行自右至左排，不符合用眼科学要求；未设请示文种，用报告代替不够确切；未明确公历日期用阿拉伯数字标注，不符合国际惯例。还有后来制作了简化汉字，出现了公文到底用繁体字还是简体字的讨论。这些问题经过1981年、1987年、1993年、2000年几次修订，得到不断完善。2000年8月24日，《国家行政机关公文处理办法》施行，标志着我国现代应用文形成了规范化、科学化的体系。

为建立更为完善的公文体系，2012年7月1日我国正式施行《党政机关公文处理工作条例》。该《条例》包括“总则”“公文种类”“公文格式”“行文规则”“公文拟制”“公文办理”“公文管理”“附则”八章，共计四十二条，具有切实详明的特点。以第二章“公文种类”为例，列举“决议”“决定”“命令”“公报”“公告”“通告”“意见”“通知”“通报”“报告”“请示”“批复”“议案”“函”“纪要”等十五种，每种说明其使用范围。结合其他章的条目，即可知道某种公文如何拟制、办理和管理。《条例》综合《中国共产党机关公文处理条例》和《国家行政机关公文处理办法》相关内容加以调整和增删，在结构和表述上更为优化，是我国现代公文发展的标志性成果。《党政机关公文处理工作条例》是现行应用文规范中的国家标准，为党、政、军、人民团体及相关企事业单位通过公文实施领导、履行职能提供了具有国家效力的原则和规范，不仅为公文写作和处理提供了简明切要、准确可靠的依据，也为其他类型应用文的科学化、规范化指明了道路。

公文之外的现代应用文种类繁多复杂，常见的有计划、总结、讲话稿、调查报告、规章制度、合同、策划书、招投标书、广告、诉状等法律文书、感谢信等礼仪文书、求职信、条据、声明、海报。这些类型的应用文具有较强的社会属性，在拟制、办理和管理等环节上，要求不如公文那样严格，主要以行业惯例或社会习惯作为标准。随着社会形态和学科门类不断细化，在法律、商贸、金融、军事、外交、医学等诸多社会领域，专业性应用文写作需求增加，这无疑会促使新的文种不断出现。而不断建设和优化应用文写作的行业标准和专业标准，自然也就成为应用文发展的重要方向。

第四节　应用文的基本要素

文章的结构很重要，结构完整才能有效地表达思想，内容才充实，才能解决问题。古代人写作重视文有气，气不能断，应一气呵成，所以古人讲凤头猪肚豹尾。现代应用文是为了解决问题而存在发展的，都应有提出问题、分析问题、解决问题这三大块。从这点来说，现代应用文结构应具备一些基本要素。

现代应用文的构成要素，包括“必备要素”和“常用因素”。必备要素，指现代应用文必不可少的因素，指示了应用文拟制、办理和管理的动力来源，在行文时主要用于阐释三个方面的问题，第一，因为何事而发文？第二，涉及哪些组织、机构和人员？第三，在什么时间范围内生效？

1. 事项。应用文“因事而作”，无事项则没有必要拟文，所以事项是应用文的必备因素。应用文对于所述事项，应以简洁的文字，介绍事项的起因、计划（经过）、预期结果和意义。应用文中关于事项的陈述，除礼仪性质的文书，一般无须辞采，而切忌浮夸。应用文有关事项的表述，涉及权利、义务甚至法律责任，要准确、明白、清晰，避免误差、模糊、含混。

2. 组织、机构和人员。应用文也“因人而作”，如果不涉及人际关系和社会关系，就没有必要拟文，所以组织、机构与人员，也是应用文的必备要素。合格的应用文对于相关组织、机构和人员，应该明确地加以提示和界定，没有必要直接加以描述的，如拟稿责任人、印制单位等，行文要提示追寻线索，否则就属于应用文要素不完整。

3. 时限。时间表述在应用文中是必不可少的内容。首先，文稿从什么时候开始生效，应该明确标示。文稿效力延展到什么时候，如果可以确定，也应予以说明。其次，应用文所述事项，如果牵涉到时间问题，也应说明清楚。时间标识不清晰，会导致应用文所指示的工作出现混乱。

现代应用文基本构成中的常见因素，是指多数应用文中会出现的因素，是对“事项”“组织、机构和人员”“时限”这三个必备要素的补充说明。

4. 事项展开的地点。有些应用文不需要明确说明事项发生地点，如“商调函”。有些应用文事项发生地点不言自明，如学校通知各部门召开期末工作会议，一般就在各部门办公室。有些应用文对地点不予说明，执行部门可以自行选择，如基层党组织安排实践教学。更多情况下，为方便事项完成，行文应指定地点，如体育比赛通知、婚宴邀请函、艺术展览会海报等。

5. 与事项有关的任务。应用文应明确事项所包含的任务，如音乐演奏会节目单。再如出国考察的请示，考察团成员要完成什么任务，要进行陈述。任务是事项成立的根本、经费预算的依据，体现了应用文的核心价值。多数应用文就围绕着任务展开写作：提出相关任务作为写作起点，以保障任务实现作为写作内容，以任务是否完成作为督查终点。

6. 相关组织、机构与人员的权利。应用文所述事项涉及相关组织、机构和人员的权利，形成权利生态。如向上级递交了请示，就有在限期内获得批复的权利。上级部门出具批复意见之后，就有监督下级部门实施批复意见的权利。在请示获得批复后，相关组织、机构和人员，就获得批复意见所允许的经费使用、人事安排、组织活动等权利。由应用文构建起来的权利体系，是维持社会有序运作的重要保障。

7. 相关组织、机构与人员的义务。应用文对相关组织、机构与人员义务方面的要求，和对相关权利的给予，是相辅相成的对应关系。如根据租房合同，房东可以向租客索取租金，同时也要承担提供房屋居住设施的义务；租客获得居住权，但有爱护房屋设施的义务。一般地说，对相关组织、机构和人员的权利和义务界定得越清晰、明确、详细，应用文的质量越高。

8. 拟制、办理应用文的目标。应用文的目标，不仅指所述事项任务的完成，还指任务完成情况能够契合相关组织、机构与人员的规划和意愿。比如，商贸团队出国参加展销会，完成了当初请示、批复所要求的合同销售任务。但在参展期间，商贸团队成员与人争吵，造成不良国际影响，这就减弱了事项的价值，虽然完成了任务，但不算是达成目标。应用文如何将目标用文字清晰而准确地勾勒出来，是有难度和挑战性的。

9. 相关组织、机构与人员的责任。应用文目标确定、任务分解之后，相关组织、机构与人员的责任基本明晰，但难免会让人感到边界模糊。如果应用文对各方所要履行的责任开出清单，对未能履责的情况作出具体的惩罚规定，那就更具有操作性。有些应用文让人感到难以操作，问题就出在没有厘清相关组织、机构与人员的责任。

10. 钱款出入的原则、方式和限度。钱款的交易、开支和收入，是应用文写作的敏感问题，许多违规、争执、纠纷都由此产生。好的应用文对钱款的相关问题，特别是按照什么原则收支、按照什么方式收支以及收支的具体金额规定，要做详尽交代，让人没有疑义可生，没有漏洞可钻。对于钱款收支的原因、经过与结果，如果需要提供相关的证明材料，也要在应用文中加以说明。

第五节　如何写好应用文

应用文是经过国家制度层面或社会文化习惯认可、具有稳定格式并要求社会各界遵守的文体。想写好应用文，需要多方面的知识素养。

1. 要充分认识应用文具有实用性、规范性、真实性、时效性等特点。实用性是应用文的本质属性。即，应用文要产生组织群体活动、处理社会事务、解决实际问题的功效。发布会议通知，是组织活动布置工作。订商业合同，是为澄清商务环节中的权利义务关系。写请示，是请上级部门解决问题。写求职信，是为解决就业问题。没有实用性的文字，不能被称为应用文。

应用文的规范性，来自权力机构、权威组织和社会惯例，指以特定格式约束人们写作行为的属性。在所有类型的应用文中，公文代表着国家标准，对于规范性的要求最为严格。行业性和专业性应用文，对于规范性的要求也很高。而社会通用的一般应用文，虽然格式可以根据实际情况灵活处理，但讲究规范仍是基本写作原则。

应用文的真实性，可以从“真”“实”两个方面去理解。一方面，除了一些礼仪性质的套语，应用文所提供的信息，应该确实存在而且可以查证。应用文提供不确切信息，会误导接受者，造成事务处理的混乱。比如夸大产品性能的广告，往往引发法律纠纷。另一方面，应用文出具的意见，要能落实。如批复拨款，下级部门确实需要钱，上级拨款意见也明确，但款项由哪个部门出，是问题的关键。如果批复同意而款项难以落实，就属于真而不实。反之，下级部门虚报数额，上级部门照此批复落实款项，就属于实而不真。这些会给事务处理带来麻烦。

应用文讲究时效性。应用文系“因事而拟”，其发生效力的时间若不能契合事情的进程，就成为低效之文甚至无用之文。所以制订计划，特别要考虑到时效问题。因为随着形势情境变化，如果当初制订计划的理由和依据已经不复存在，计划就很容易变成一纸空文。不讲究时效的应用文，没有说服力。

2. 要提高政治思想素质，提升政策理论水平。公文写作与国家政权运作息息相关，只有透彻阐释国家路线、方针、政策的公文，才能保障国家机器顺畅运转，才能促进各级党政部门、国家企事业单位积极健康稳定有序地开展工作。良好的政治素质，是公文写作必需的基本素质。公文之外的应用文写作，对于拟制者的思想素质也有很高要求。应用文是能够产生社会影响的文书，不能背离政治制度、不能违反法律规定、不能触犯公序良俗，否则所拟应用文会被认定为无效。应用文的写作，有时会出现作者出于无心却惹出麻烦的字眼，只有思想深刻、阅历丰富者才能发现。应用文的拟制特别是公文的拟制，应该由政治思想素质高的人把关。

3. 要坚持问题导向，立足于解决问题，终于问题得到解决。要牢固树立写文章的责任心和使命感。"文章合为时而著，歌诗合为事而作，"唐朝白居易提出的这一口号，既是古文运动的真正意义，也是历代文人勇于承担历史责任和时代使命的概括。这要求读书人关注时代，关切现实生活，要有改造社会、推动社会进步的责任感和使命感，坚持问题导向，深入思考问题，不写无用之文。

4. 要加强语言文字功底。与其他文体一样，应用文写作要求拟制者具备良好的语言水平和文字运用能力，包括：(1)用字遣词造句能准确表达文意；(2)具有运用语法、逻辑、修辞的基本技能；(3)掌握选材、立意、谋篇、布局的写作技巧；(4)有反复推敲斟酌的良好写作习惯。语言文字功底的获得，需要我们反复练笔，以将语文知识有效转化为基本素养。加强语文功底，不能局限于对应用文的练习。像散文、诗歌、戏剧、小说等文学作品创作，还有外文写作，对于培养语文功底和素养，对于提升应用文写作水平，也都有益。

5. 要总结写作套路和规律。(1)应用文有一些固定格式和套语，提示了行文的起承转合，如邀请函常见的"台启——兹定于——敬请光临"，写作者遵照行文即可，没有必要刻意去创新。(2)应用文写作习惯上使用一些简省适用的文言语词，如"敬启""台鉴""兹因""鉴于""惠允""为荷""务希""即颂"等，这些语词体现了现代应用文和中国传统文化的血脉联系，写作时可以保留。(3)应用文主要运用记述、说明、议论这三种手法。记述针对应用目标展开，力求概括简要。说明要层次清晰，具体明确，根据需要提供切实数据和原始材料。议论不为雄辩，而是提出意见、解决问题。熟悉了应用文写作的基本套路和一般规律，就会提高写作效率。

6. 要重视调查研究。应用文有既定套路可以遵循，而网络资讯又提供了获取数据、素材的便利，由此导致了应用文写作"似是而非"的不良倾向。即，有些应用文的写作看来大致不差，实际上没有切合所要处理的问题及相关的人、事。怎么解决这一写作偏差呢？只有通过调查研究。调查研究是马克思主义认识论在实际工作中的具体运用，应用文写作服务于实际工作，当然要运用这一基本方法。根据写作目标进行深入调查，对调查得来的材料进行细致深入的分析，以此为基础写出来的应用文，才会言之有据、言之有信，才能有针对性地处理事务、安排工作。

鲁迅说："自己的作文，是由于多看和练习，此外并无心得或方法的。"鲁迅说写作没有方法可以遵循，也许未必准确。但他认为写作经验来自丰富的实践，这一论断对于应用文的写作，也是适用的。

上编

应用文写作基本规范

第一章 党政机关及企事业单位公文写作

第一节 公文概述

导入：无论从事行政事务，还是从事专业工作，都要学会通过公文来传达政令政策、处理公务，以协调各种关系，决定事务，使工作正确地、高效地进行。

一、公文的含义

公文，公务文书的简称。狭义的公务文书是指由中共中央办公厅和国务院办公厅于2012年4月颁布的《党政机关公文处理工作条例》（中办发〔2012〕14号）中规定的15个文种。广义的公务文书是指我国党政机关、企事业单位、社会团体在处理公务时所使用的具有法定效力和规范格式的文书，包括法定公文和事务文书。

公文是依法行政和进行公务活动的重要工具，具有发布政令、约束规范、指导工作、请示反馈、知照联系、宣传教育的作用，同时还可以作为凭证依据，作为公务活动的记录。

二、公文的特点

（一）政治性

公文是党政机关用于实施领导指挥、履行职责职能、推动工作、处理问题的文书，是传达贯彻党和国家方针政策、公布法规章程、指导布置和商洽工作、传达和执行上级的指示精神以及报告和交流的重要工具，具有特定效力和规范体式。它具有鲜明的政治性和政策性。

（二）权威性

公文在法定机关或组织的权限范围内具有法定的权威性和约束力，要求各单位和个人必须遵守并且贯彻执行，体现和代表的是法定机关或组织的意志。公文的撰写和制发须由法定作者在法定职能范围内，按法定程序制成和发布。起草公文初稿的人并非法律意义上的作者，而是“起草人”。

（三）时效性

公文是为解决实际问题而制发的实用文体，其制发必须及时、高效。处理紧急情况时，用时效性更强的“急件”“特急件”。

（四）程式性

公文的制作要遵循基本格式、写作要素、行文规则，公文的处理遵循规定的程序。

（五）针对性

公文由特定的机关拟制，针对不同的事务，使用不同的文种和写法。

三、公文的分类

根据不同的标准，公务文书可分为不同的类别。

1. 根据行文关系，可分为下行文、上行文、平行文。

下行文，是上级机关向下级机关传达的公文，是自上而下的行文，《党政机关公文处理工作条例》规定的15个公文文种多为下行文，包括决议、决定、命令、公报、意见、通知、通报、批复等。

上行文，是下级机关向所属上级机关报送的公文，是自下而上的行文，现行15种公文文种中的报告、请示，为上行文。

平行文，是指同级机关或不相隶属的机关之间相互往来发送的公文，其行文方向是平行的，不受机关行政级别和性质的限制。函是最主要的一种平行文，通知、通报、纪要有时也可用作平行文。

2. 按秘密程度，公务文书可分为普通文件、涉密文件（秘密文件、机密文件、绝密文件）。

3. 按办理的紧急程度，可分为紧急公文和普通公文，紧急公文又分为特急件、急件。

4. 按公文内在属性，公务文书可分为：规范性公文（规定、条例、章程、办法、细则等）、指令性公文（决议、命令、决定等）、指导性公文（意见等）、知照性公文（通知、通报等）、公布性公文（公告、通告等）、商洽性公文（函等）、报请性公文（请示、报告等）、记录性公文（议案、纪要、大事记）等。

四、公文的格式

《党政机关公文处理工作条例》（中办发〔2012〕14号）第三章第九条规定：“公文一般由份号、密级和保密期限、紧急程度、发文机关标识、发文字号、签发人、标题、主送机关、正文、附件说明、发文机关署名、成文日期、印章、附注、附件、抄送机关、印发机关和印发日期、页码等组成。”（图1–1）公文格式要素：眉首+主体+版记。

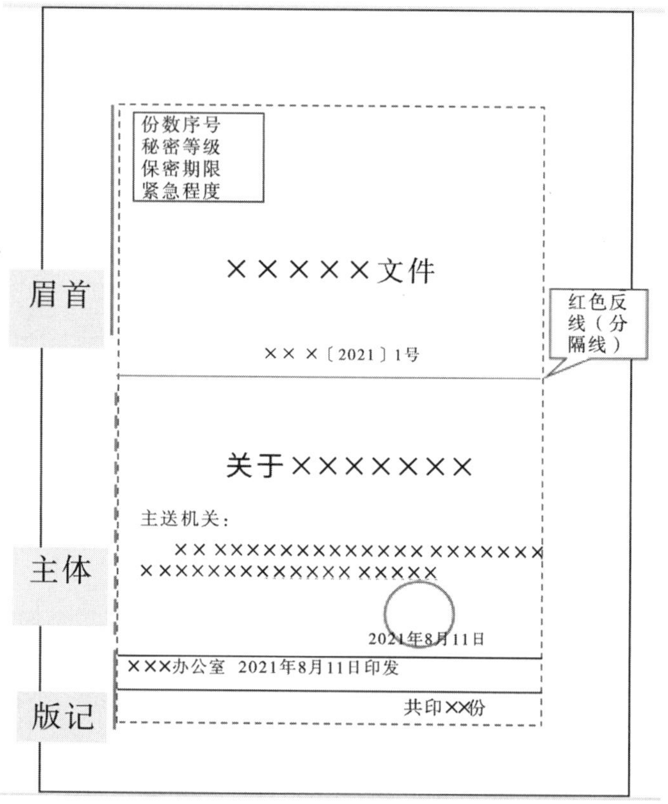

图1–1 公文的格式

（一）眉首部分

眉首，又叫“版头”，是公文的文头部分，位于公文首页红色反线以上，包括公文份数序号、秘密等级和保密期限、紧急程度、发文机关标识、发文号、签发人等要素（图1–2）。

1. 公文份数序号。密级较高的或需要如数收回的公文需要按顺序编号，标记份号，以6位阿拉伯数字顶格编排在版心左上角第一行。一般文件不涉及保密，极少有这样的标记。

2. 密级和保密期限。涉密的公文要标识秘密等级和保密期限，以黑体顶格标注于版心左上角。密级有绝密、机密、秘密之分。绝密文件保密时间不超过30年，机密文件保密时间不超过20年，秘密文件保密时间不超过10年。随着时代的发展，互联网在文件公文发布过程中广泛应用，保密期缩短，出现了5年的保密期限。

3. 紧急程度。公文的紧急程度可以分为特急、急件，以黑体顶格标注于版心左上角。

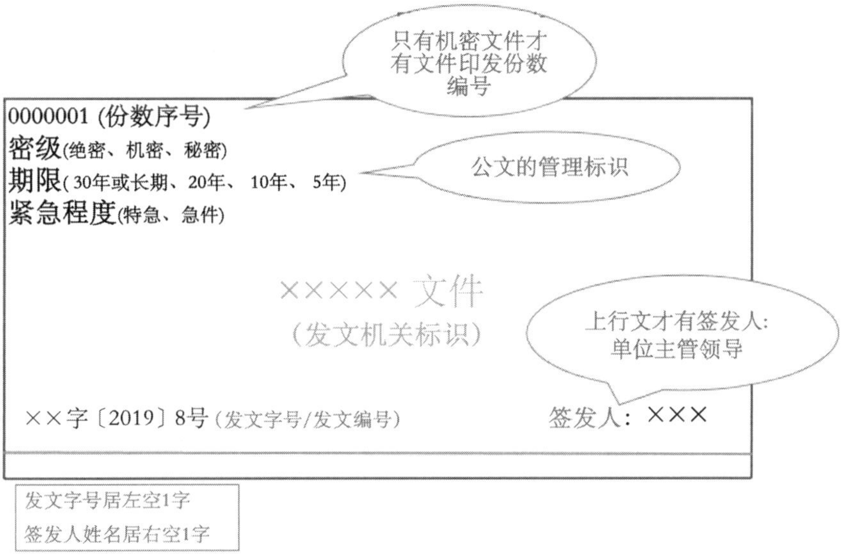

图1-2　公文眉首

4. 发文机关标识。发文机关标识是指公文制发机关的标识，以发文机关全称或者规范化简称加“文件”二字组成。发文机关标识居中排布，联合行文时，如需同时标注联署发文机关名称，将主办机关名称排列在首位；“文件”二字，置于发文机关名称右侧，以所联署发文机关名称为准，上下居中排布（图1–3）。

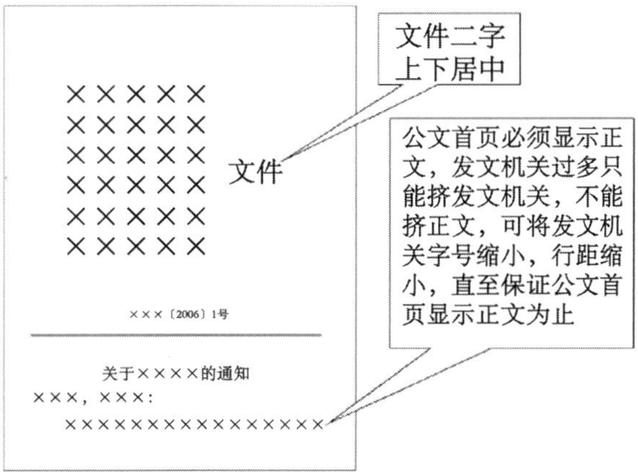

图1-3　多单位联合发文版头样式

5. 发文字号。发文字号是发文机关同一年度公文排列的顺序号，便于公文登记、分类、保存和查询。它由发文机关代字+年份+序号组成，位于版头的正下方，文头部分与正文部分的间隔横线（红色反线）的正上方，党的公文也可标在版头的左下方。为了区别上行文、下行文、平行文等，发文机关代字有“报”“发”“通”“字”之分。“报”用于上报、请示上级的上行文。“发”用于下行文，如公布情况、任免通知等。“通”多用于平行文、下行文，如通报情况、通知。“字”则下行文、上行文、平行文皆可用（图1–4）。

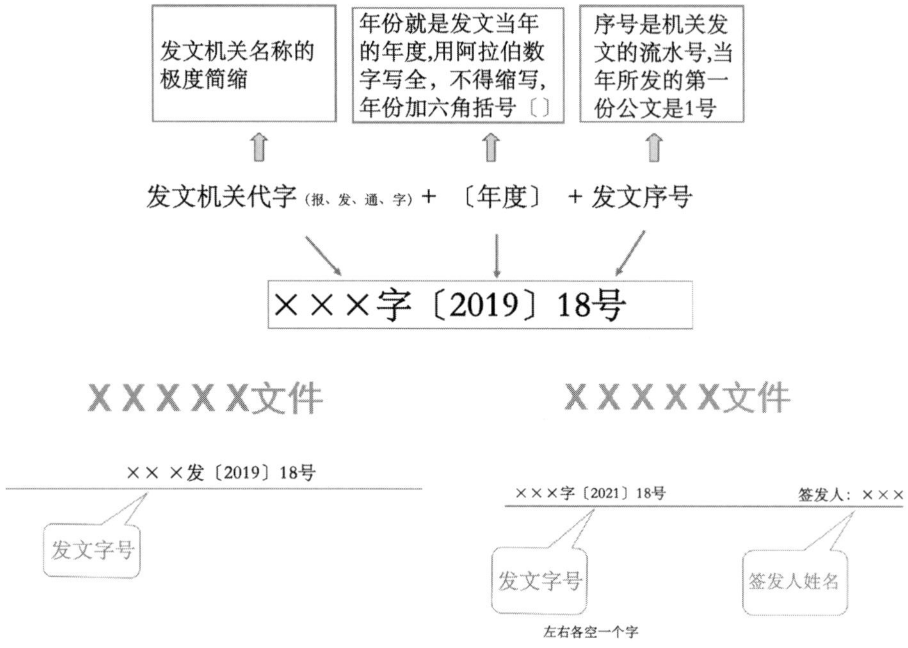

图1–4　发文字号固定格式

6. 签发人。签发人是指制发公文机关的主要负责人，上行文应当标注签发人姓名。以“签发人”加冒号加签发人姓名组成，以楷体标于发文机关标识下空两行的位置。

7. 红色反线。也称分隔线，位于发文字号下，是眉首与公文主体的分界线。

（二）主体部分

主体是公文的主要内容，包括红色反线以下至公文末页主题词以上的各个要素，有标题、主送机关、正文、附件说明、发文机关署名、成文日期和公文生效标识、附注、附件等。

1. 标题。一般公文的标题为“发文机关+发文事由+文种（文种不可省略）”，标题中除法规、规章名称加书名号外，一般不用标点符号。较长的标题可以菱形或梯形居中编排。

2. 主送机关。主送机关指收受公文的机关，一般写规范化简称或统称。上行文只有一个主送机关；平行文、下行文的主送机关可以有两个以上。两个以上的主送机关用同类型机关统称，中间用逗号隔开，如“各省、自治区、直辖市党委和人民政府，中央和国家机关各部委，解放军各总部、各大单位，各人民团体”，后面标冒号。

3. 正文。正文是公文的主体，阐述公文的内容，原则上一文一事。

4. 附件序号及名称。附件是公文的组成部分，是附属于公文正文的补充说明材料，应当在正文下空一行注明附件序号、名称，每条名称后面不需用标点符号。

5. 发文机关署名、成文日期。

发文机关署名。署发文机关全称或者规范化简称，并加盖公章。也可不署名，直接以印章的形式出现。

成文日期。指形成文件的日期，以阿拉伯数字将年、月、日标全。

6. 公文生效标识。公文一般都要加盖印章，单一发文与联合发文的盖章方式各有不同。

单一机关发文时，落款处可不署发文机关名称，只标识成文日期，公章以骑年盖月的方式加盖，使成文日期居印章中心偏下位置，印章顶端应当上距正文（或附件说明）一行之内（图1–5）。

图1-5　单一机关发文盖章

联合行文时，需要联合加盖印章，将各发文机关印章一一对应、端正、居中下压发文机关署名，最后一个印章端正、居中下压发文机关署名和成文日期，印章之间排列整齐、互不相交或相切（图1–6）。

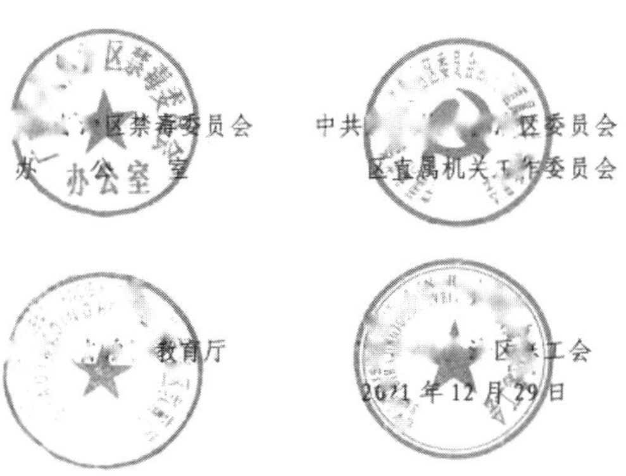

图1-6　联合行文盖章

7. 附注。附注用以说明在公文其他部分不便说明的各种事项，居左空两格加圆括号，编排在成文日期和印章之下，版记之上。附注内容通常标注的是联系人，系出于文件运行中沟通交流的需要（图1–7）。

关于XXXXXXX

XXX：

XX XXXXXXXXXXXXXXXXXXXXXXXX XXXXXXXXXXXXXXXXX。

2021年8月11日

（联系人：黄××，联系方式：131××××××××）

图1–7 附注

8. 作为正文的附件。附件作为正文出现时，应当另页编排，并在版记之前，与公文正文一起装订。这种情况通常出现在发布性、转发性、批转性通知中。

（三）版记部分

版记是公文的文尾部分，位于公文末页下部，包括主题词、分隔线、抄送机关、印发机关和印发日期（图1–8）。

1. 主题词。主题词是经过规范化处理的专用词语，用以揭示公文基本内容。现在由于网络和现代技术的发展，许多公文中不再出现主题词。

2. 分隔线。版记中的分隔线与版心等宽，首条分隔线和末条分隔线用粗线（推荐高度为0.35mm），中间的分隔线用细线（推荐高度为0.25mm）。首条分隔线位于版记中的第一个要素之上，末条分隔线与公文最后一面的版心下边缘重合。

3. 抄送机关。公文除送主送机关外，涉及有关单位或领导人，需要他们协助办理的，就要抄送。标注抄送机关，以4号仿宋体字，在印发机关和印发日期的上一行、左右各空一字编排。

4. 印发机关和印发日期一般用4号仿宋体字编排在末条分隔线之上，印发机关左空一字距，印发日期右空一字距，用阿拉伯数字将年月日标全，后加“印”或“印发”。

5. 份数。印发份数一般在印发日期下方标注，如“共印××份”。重要文件需要标记印发份数，一般文件则很少标记。

抄报：××区××室	
××××院办公室	2021年10月8日印发

图1-8　版记（没有主题词、份数，目前常用）

第二节　通　知

导入： 通知的功能很多，可用于发布、传达要求下级机关或有关单位执行的事项，批转、转发文件，告知、指示需要周知或执行的事务，布置工作，发布规章，任免人员等，是法定公文中使用频率最高、使用范围最广的文种。

一、通知的含义

通知是适用于发布、传达要求下级机关或有关单位周知或者执行的事项，批转、转发文件，布置工作，发布规章，任免人员等。

根据内容和功能，通知可分为以下五种：

1. 执行性通知：这类通知指导性强，工作任务、要求清晰，用于传达要求下级机关、单位办理和执行的事项。

2. 告知性通知：主要用于公布事项，让受文单位或相关人员知悉，如会议通知、任免通知、停电通知、人事调整通知、放假安排等都属于告知性通知。只有告知性，没有指导性。

3. 转发性通知：将上级机关、平行机关或不相隶属机关的公文转发给下级机关。

4. 批转性通知：上级机关根据工作需要和本机关的职权范围，批准并转发来自下级机关的公文。

5. 发布性通知：用于发布或废止法规和规章性文件，如规章、条例、办法、细则、实施方案等。

二、通知的写作规范

（一）基本格式

标题+主送机关+正文+发文机关（加盖公章）+日期

（二）基本框架

标题： 发文机关+事由＋通知或事由+通知

主送机关：

正文 发文缘由
通知事项
提出要求 （正文简单、精练、明了、清晰）

×××（发文机关）
××××年×月×日

（三）写作注意事项

1. 标题。第一种，三要素式标题：即发文机关+事由+文种，如《××大学关于国庆节放假的通知》。第二种，二要素式标题：事由+文种。单位内部下发文件，一般不用写发文单位名称，如《关于期末考试的通知》。如属紧急事件，可在“通知”前加“紧急”字样。在小范围内或非正式场合发的通知只写“通知”二字。

2. 主送机关，即通知的受文机关。主送机关如有多个，用顿号和逗号区别主送机关的级别，如“各省、自治区、直辖市人民政府，国务院各部委、各直属机构”。

3. 正文。通知的正文包括开头缘由、事项、要求三部分。不同种类的通知，其正文的写法有所不同。

正文开头写“发文缘由”，即制发通知的理由、目的、依据。例如“为了解决×××的问题，经×××批准，现将×××，通知如下”。通知主体部分则将通知事项分条列项地写出。结尾可单独写结束语，也可不写结束语。在开头和主体之间，如未用“通知如下”作为过渡语，结尾可以“特此通知”作结。

4. 附件。视情况而定是否需要附件。如有需要，附件标题于正文下空一行处标示。转发性通知，原文均作为附件。

5. 发文机关。如果标题中已写明发文机关名称，落款处可不再写，直接加盖机关印章。发文日期写在全文末尾的右下方。

6. 作为公文的通知要严格按照规范拟制，切忌将公文性质的通知当作事务性通知随意为之。

三、例文分析

例文1：

×××××大学关于开展
2020届毕业生优秀学生奖学金评定工作的通知

各二级学院：

为了大力弘扬"好学力行""勤勉求是"的学习风气，充分发挥先进典型的模范带头作用，依据学校相关规定，结合我校工作实际，现将我校2020届毕业生（不含研究生）优秀学生奖学金评定工作的相关事项通知如下：

一、本次评定工作于5月3日至6月15日进行。

二、各二级学院以班级为单位，严格按照《×××××大学学生手册》中的相关规定，认真开展评定工作。各学院在评定过程中要将该项工作与毕业生离校教育相结合，充分发挥该项工作的激励和导向作用。

三、请各学院于5月17日前将拟定的优秀学生奖学金获得者名单在学院范围内进行不少于5日的公示，广泛征求意见，接受师生监督，公示无异议后于5月24日前，将签有审核意见的"学生综合积分表""×××××大学2020届毕业生优秀学生奖学金获得者汇总表"以Word格式报送学生工作处进行审定。

四、本年度毕业生优秀学生奖学金由银行代发，请各学院在评选出各获奖学生的同时统计报送相应的建行卡信息，建行卡开户行所在地要求为××市。

各学院报送纸质发放表前，务必让学生本人进行确认、签名（不能代签），并于5月24日日前将纸质材料报送至学生工作处。

附件：1. ×××××大学2020届毕业生优秀学生奖学金获得者汇总表
　　　2. ×××××大学2020届毕业生优秀学生奖学金发放表

学生工作处（公章）
2020年5月1日

简析：这是一篇执行性通知。本篇通知由×××××大学学生工作处向学校各二级学院发送，通知各二级学院按要求组织开展2020届毕业生优秀学生奖学金评定工作。通知围绕这一主题，非常详细地交代了优秀学生奖学金评定工作的意义、时间、原则、具体操作流程，指导性极强，有利于各单位根据相关规定、办法参照执行。

例文2：

关于召开2020年毕业生就业推进会的通知

学校各单位、各部门：

为进一步推进我校2020年毕业生就业工作，现决定召开我校2020届毕业生就业推进会，具体事项通知如下：

一、会议时间：2020年6月13日下午3：30

二、会议地点：×××办公楼三楼会议室

三、参加人员：校领导，学生工作部（处）、就业办、招生办、教务处、研究生处、后勤中心、保卫处负责人各一名，各教学单位正职领导一名、党总支副书记、全体辅导员、毕业班班主任。

四、会议议程：

1. 就业办公室通报我校近期就业工作进展情况和布置毕业生离校前相关工作；

2. ×××副院长传达上级有关会议和文件；

3. ×××书记对做好今年我院就业工作进行部署。

×××××大学（公章）

2020年6月10日

简析：会议通知是告知性通知。文中对会议的中心议题，召开会议的具体时间、地点、参加人员、会议议程交代十分清楚，用语简洁明了。

例文3：

关于×××等同志任免职的通知

学校各部门、各单位：

根据工作需要，经研究决定：

聘×××同志任发展规划处规划科科长；

聘×××同志任就业办公室副主任（正科级），免去其国有资产管理处采购管理科科长职务；

聘×××同志任科研创作处综合管理科科长。

×××大学党政办公室
2019年8月×日

×××大学党政办公室　　2019年8月×日印发

简析：这是一篇任免通知，属于告知性通知，告知单位人员任免情况。该任免通知涉及的任免人员有若干人，标题只以“等”字简化。主送机关“学校各部门”和“各单位”之间用顿号，不用逗号，因为“各部门”和“各单位”都属于同一个单位，而不属于并列的同类型机关统称。

例文4：

国务院关于批转交通运输部等部门重大节假日
免收小型客车通行费实施方案的通知

国发〔2012〕37号

各省、自治区、直辖市人民政府，国务院各部委、各直属机构：

国务院同意交通运输部、发展改革委、财政部、监察部、国务院纠风办制定的《重大节假日免收小型客车通行费实施方案》，现转发给你们，请认真贯彻执行。

国务院
2012年7月24日

简析：此文是批转性通知。批转性通知用于上级机关批准下级机关的有关公文并作为附件转发，要求在更大范围内贯彻执行的通知。其特点在于上级机关采用了下级机关的文件，以“批转”形式通知其他机关，重点在于通过“批”，使原下级文件升级，具有更高的行政约束力。在例文中，先是交通运输部、发展改革委、财政部、监察部、国务院纠风办联合制定了《重大节假日免收小型客车通行费实施方案》，国务院批准此方案，并转发各省、自治区、直辖市人民政府，国务院各部委、各直属机构，要求贯彻执行。被转发的《重大节假日免收小型客车通行费实施方案》另页编排，置于版记之前，与公文正文装订在一起。通知正文中无须出现“附件：重大节假日免收小型客车通行费实施方案”。

例文5：

卫生健康委关于印发《食品安全风险监测管理规定》的通知

国卫食品发〔2021〕35号

各省、自治区、直辖市及新疆生产建设兵团卫生健康委，中国疾病预防控制中心、国家食品安全风险评估中心：

根据《中华人民共和国食品安全法》及其实施条例的规定，经商工业和信息化部、农业农村部、商务部、海关总署、市场监管总局、国家粮食和物资储备局同意，我委修订了《食品安全风险监测管理规定》。现印发给你们，请遵照执行。

卫生健康委

2021年11月4日

简析：此文为发布性通知。例文中被印发的文件属法规性文件，所以标题中加了书名号。正文部分用一句话简明扼要地交代印发的文件，并提出执行要求。要注意的是，政府层面发布方案、制度等通知，正文之后经常直接附方案、制度的内容，并不需要在通知正文中标注“附件”。

例文6：

国务院办公厅转发国家发展改革委等部门关于推动城市停车设施发展意见的通知

国办函〔2021〕46号

各省、自治区、直辖市人民政府，国务院各部委、各直属机构：

国家发展改革委、住房城乡建设部、公安部、自然资源部《关于推动城市停车设施发展的意见》已经国务院同意，现转发给你们，请认真贯彻落实。

国务院办公厅

2021年5月7日

简析：这是一篇转发性通知。国务院办公厅向各地转发国家发展改革委等部门出台的《关于推动城市停车设施发展的意见》，转发的文件直接附后，不需要在通知正文标注“附件”及其名称。我们可以特别注意到标题的格式为：××单位+“转发”+××单位+“关于……”+通知，注明了是哪个单位要转发文件，转发的文件是哪个单位发布的，转发的文件的主要内容、文体是什么。其中要转发的文件并非法规性、章程性文件，标题可以不用书名号，而正文中则用书名号明确清晰地展示了要转发文件的全称。

析错案例：

×××县教育局《会议通知》

各中小学：

根据上级要求，对全县中小学卫生状况进行一次全面大检查。我们拟召开中小学负责人会议，现将有关事项通知如下：

会议时间：2019年10月5日在县教育局报到，会期三天。

参加会议人员：各中小学校长各一名。

×××县教育局

2019年6月6日

简析：此通知存在多方面的疏漏。第一，标题应由事由+文种组成，且公文标题除非涉及规章、章程等都不应带书名号，应改为：×××县教育局关于召开×××会议的通知。第二，正文中，召开会议的事由“根据上级要求”过于简单，应列出相关文件或会议精神。第三，会议时间不清晰，既然会期是“三天”，应标明报到时间与开会时间，且应具体到起止时间点。第四，会议地点不明，报到地点与开会地点皆应明确。第五，为期三天的会议内容较多，应简单罗列会议议程、主要议题等。第六，为方便会务的开展，应标明联系人与联系电话。

四、写作训练

请以×××××大学体育委员会名义写一份告知性通知，只写主体部分，不写版头和版记，要求写发文字号。

内容提示：各二级院系，请组织学生参加即将举办的×××××大学2022年“共青团杯”篮球赛。地点：校篮球场；比赛日期：2022年10月13日至10月30日；主办单位：×××××大学体育运动委员会；承办单位：校学工部（处）、团委、公共课教学部；参赛队员资格、要求及报名方法；竞赛办法；奖励方法（参赛队员资格、要求及报名方法，竞赛办法和奖励方法，这几项内容不用展开来写，在文中只出现标题即可）。

第三节　通　报

导入：生活中每天都有各种各样的事情发生，有些是值得肯定和表扬的好事，有些是需要批评处分的坏事。有关单位需要通过表彰好人好事弘扬正气、树立榜样，通过批评处罚反面典型以示警诫，这就需要用到通报这一文种。

一、通报的含义

通报适用于表彰先进、批评错误、传达重要精神和告知重要情况。

通报可分为表彰性通报、批评性通报和情况通报。

表彰性通报用以表扬好人好事、先进集体，介绍先进典型、先进经验，号召人们学习，以达到激励先进、推广经验、指导工作的目的。

批评性通报用以批评错误行为、错误事件、错误做法或重大事故，从而告诫和教育人们吸取教训，引以为戒，防止类似情况再次发生。

情况通报用于向下级机关或广大群众传达重要精神、重要情况、重要信息，使相关人员及时了解工作中存在的普遍性问题或出现的新情况、新问题。

二、通报的写作规范

（一）基本格式

标题+主送机关+正文+发文机关+日期

（二）基本框架

标题：发文机关+事由＋通报或事由+通报

主送机关：

正文

表彰性通报写法
- 概述先进事迹（发文缘由）
- 分析评价先进事迹的性质、意义及给予何种表彰
- 提出希望和要求，号召人们向先进学习（发文目的）

批评性通报写法
- 概述错误事实（发文缘由）
- 分析错误事件的性质、危害，总结教训
- 处罚决定和措施
- 提出要求、发出警戒

情况通报的写法
- 交代缘由。简洁说明发通报原因和目的
- 传达情况。客观介绍主要情况或简洁地传达重要精神
- 分析情况。如上文介绍主要情况，就分析其客观意义、经验或者教训
如上文传达重要精神，就指出其指导意义和重要性
- 提出要求和希望

×××（发文机关）

××××年×月×日

（三）写作注意事项

1. 标题。通报的标题一般有两种写法：一是“发文机关+事由+通报”，如《×××大学党委关于表彰×××同学不畏强暴勇斗扒窃分子事迹的通报》；二是“事由+通报”，如《关于对×××做法给予表扬的通报》。

2. 主送机关。除普发性通报外，一般通报都需要写明主送机关。

3. 正文。通报正文的结构通常由开头、主体和结尾等部分组成，内容根据表彰性通报、批评性通报、情况通报有不同的侧重。

4. 通报是为了表彰典型或批评不良现象，起到激励或警示的教育意义，忌讳将小事的意义拔高。

三、例文分析

例文1：

广西壮族自治区人民政府办公厅关于
桂林市5起自然灾害成功避险案例的通报

（桂政办函〔2020〕13号）

各市、县人民政府，自治区人民政府各组成部门、各直属机构：

2020年6月7日，在防御强降雨过程中，桂林市阳朔县、荔浦市、永福县等地及时预警，迅速果断提前组织群众安全转移避让，成功避险5起自然灾害，避免了1400多人因灾伤亡，最大限度减少了灾害损失，有效保障了人民群众生命安全。当前，我区正值主汛期，为学习防汛先进人物事迹，总结推广先进经验，确保汛期安全，经自治区人民政府同意，现将桂林市5起成功避险案例予以通报表扬如下：

一、基本情况

（一）阳朔县普益乡成功避险1起滑坡地质灾害，撤离124人。（略）

（二）阳朔县高田镇古登村成功避险1起滑坡地质灾害，撤离78人。（略）

（三）阳朔县高田镇乐响村沙子溪水库成功避险1起洪水灾害，撤离600余人。（略）

（四）荔浦市马岭镇同善村成功避险1起滑坡地质灾害，撤离591人。（略）

（五）永福县成功避险1起滑坡地质灾害，撤离70人。（略）

二、经验做法

桂林市上述5起自然灾害成功避险案例充分表明，落实灾害防治各方责任，强化监测排查和预警预报机制、群测群防机制、主动预防避让机制等在自然灾害避险中至关重要。具体主要经验做法有以下几个方面。（略）

当前，全区各地持续出现强降雨，发生洪涝、地质灾害的风险隐患较为严重。全区各级各有关部门和广大干部群众要深入贯彻落实习近平总书记关于防灾减灾救灾工作的重要指示精神，贯彻落实党中央、国务院和自治区党委、自治区人民政府的部署要求，坚持生命至上、安全第一，进一步强化底线思维和风险意识，认真学习宣传各地防汛抢险救灾中的先进人物和先进事迹，认真推广自然灾害成功避险的经验做法，顽强拼搏，连续作战，狠抓责任措施落实，扎实做好各类灾害风险隐患排查和防范应对，全力以赴抓好防汛抢险救灾，切实保障人民群众生命财产安全，为我区决战决胜脱贫攻坚战、全面建成小康社会作出新的更大贡献。

广西壮族自治区人民政府办公厅

2020年6月12日

简析：这是一篇表彰性通报。标题采用了"发文机关+事由+文种"的样式。第一段概述在防汛抢险救灾中涌现出来的成功避险的事实，并提出表彰的决定。第二段"基本情况"则是对第一部分的展开叙述，对典型事件的经过予以详尽说明。第三段"经验做法"，是在先进人物典型事迹中总结出对他人有借鉴意义的成功经验，这也是进行表彰的重要依据。最后一段提出希望和要求，号召大家认真学习宣传各地防汛抢险救灾中的先进人物和先进事迹，认真推广自然灾害成功避险的经验做法。全文逻辑清晰、层次分明。

例文2：

关于撤销李××硕士学位的通报

李××，男，2019年6月获得×××大学管理学学士学位，学位证书编号：××××××。2019年7月31日，学校接到关于"李××硕士毕业论文抄袭他人成果"的实名举报。经学校学术委员会调查、审核，认定李××毕业论文抄袭成立，构成学术不端行为。根据《中华人民共和国学位条例》第十七条、中华人民共和国教育部令第34号《学位论文作假行为处理办法》第七条的规定，学校学位评定委员会于2019年8月7日召开会议审议并表决通过，决定撤销李××硕士学位，注销其学位证书（学位证书编号：××××××）。

李××通过不劳而获的方式对待学业，其抄袭行为对学校声誉产生了严重的负面影响。我校坚持对学术不端行为零容忍，今后将进一步加强管理，绝不姑息此类行为。

希望广大同学引以为戒，勤奋学习，营造风清气正的校园氛围、学术氛围。

×××大学

2019年×月×日

简析：这是一篇批评性通报。第一段概述李××的论文抄袭事实及处罚办法，第二段分析错误事实的本质及危害。第三段点明发文目的：提出希望、要求，提醒人们从错误事实中吸取教训。

例文3：

关于2018年国务院大督查自查工作督查情况的通报

各驻厅单位、县（市）区政务服务中心、国务院大督查自查工作督查组：

为扎实做好国务院“放管服”改革专题调研反馈问题自查整改工作，迎接国务院大督查，×××市行政审批服务局（×××市政务服务中心）对照市政办、市政府督查室下发的相关文件和自查问题清单，逐项认真梳理，逐一明确目标，对标对表，精心谋划，及时督促驻厅各部门及各县（市）区开展自查整改工作，成立由分管领导带队的督导组3个，按照每周一次的频率开展督查，8月6日—8月10日开展了第一次督查，现将有关情况通报如下。

一、主要做法（略）

二、存在问题（略）

三、工作要求（略）

×××市政务服务中心

2018年×月×日

简析：这是一篇情况通报。开头一段简单交代了写这份通报的背景信息，以“现将有关情况通报如下”转入下文的具体情况传达。分别介绍了自查工作的主要做法、存在问题、工作要求。

析错案例：

×××市教育局关于李××同志大摆酒席、广收礼金问题的通报

各市中小学：

2014年3月5日，×××市教育局办公室主任李××同志借为其母亲办八十大寿的名义，大摆酒席，广收礼金，在群众中造成不良影响。根据局纪委和党委要求，经教育局办公会议研究决定，通报如下。

早在2014年中小学放寒假时，李××同志就通过其亲友向市属中学及各小学校长或电话告知，或当面邀请，或发了请柬，将自己欲为母亲举办八十寿宴之事广为传播，并借用×××中学食堂准备酒宴。3月5日10时，酒宴正式开始，×××中学门前燃放了8挂千响鞭炮，李××同志从市电视台请来摄像师，并租用一辆高级轿车将其母从数十公里外的农村接至×××中学，接受来宾贺寿。从10时至13时，共摆酒席20桌，来宾近200人，席间一些人划拳行令，喊声

震耳欲聋。共饮白酒60余瓶，啤酒30余箱。酒宴结束后，仍有一些人滞留×××中学，由李××同志安排，在会议室以每把1元至5元不等的数目，打麻将赌博，直至午夜才散去。

据了解，一些代课教师虽未参加酒宴，但也通过所在校领导代送或直接送交李××同志100元至200元不等的礼金。更有甚者，有的小学校长出于个人目的，竟然以此为借口，要求学生集资。此事在群众中引起极大反响。后经调查，李××同志通过为其母办寿宴，共收礼金10万余元。

3月10日，局纪委根据群众反映，认真调查，情况属实，表示一定严肃处理此事。

鉴于李××同志明显违反党纪、政纪，影响很坏，决定给予行政记过处分，撤销李××同志×××市教育局办公室主任的职务，同时要求其退还除亲友所送之外的全部礼金，并作出深刻检查。

希望广大干部教师以此为鉴，严格自律，严肃政风政纪，以“执政为民”的准则严格要求自己，杜绝请客送礼之风，为我市教育事业进一步发展做出应有的贡献。

×××市教育局

2014年3月×日

简析：这是一篇病文。（1）标题中不应加顿号。《国家行政机关公文处理办法》规定：“公文标题中除法规、规章名称加书名号外，一般不用标点符号。”（2）批评性通报目的在于通过批评错误事件，剖析事件的性质，归纳总结教训，起到警示作用。因而此类通报核心在于“剖析”与“归纳”，而所批评的错误事实只是发文的缘由。

此文主次不分，对李××同志所犯过错叙述得过于详尽，而相应的剖析和总结不足，不能很好地突出“警示”作用，也削弱了通报的教育意义。应该将第一、二、三段做精简压缩，概述李××同志的主要错误事实即可；接着分析其错误事实的性质、危害，并提出处罚决定；最后提出希望，号召大家严于律己，杜绝请客送礼之风。

四、写作训练

请你根据通报的写作原则，将例文4改写成结构完整、内容清晰的通报。

第四节　请　示

导入：假如我们班计划本学期第九周、第十周外出采风，需向所在二级学院请求批准，这时候需要用到请示，而不是报告。当下级单位在工作中遇到无力解决、无权决定、意见有分歧无法统一，或者按照规定必须经上级机关决定或批准后才能办理的事项，都必须在事前请示上级机并且获得批复后才可处理，不可“先斩后奏”。

一、请示的含义

请示是下级机关向上级机关请求指示、批准事项，期望上级机关予以答复而使用的一种呈请性公文。

请示可分为三类：

1. 请求指示的请示。当工作中遇到新情况、新问题，有疑问、有分歧，或者遇到无章可循的情况，需要上级指示和裁决。请求指示的请示是请上级解决“我们应该怎样做”的问题。

2. 请求批准的请示。工作中遇到人力、财力、物力方面的困难，需要上级提供帮助。请求批准的请示旨在解决“我们请求这样做”的问题，发文单位有自己的方案和想法，请求批准。

3. 请求批转的指示，请求上级对自己单位给下属机关或其他不相隶属的同级机关的指示、文件予以批准，并转发。这类请示旨在请上级批准“有关单位可以这样做”的问题。

二、请示的写作规范

（一）基本格式

标题+主送机关+正文+发文机关+日期

（二）基本框架

标题：发文机关＋事由＋请示或事由＋请示

主送机关：

正文

开头：请示的缘由。
主体：提出请示的事项、问题或意见建议。
结束语：提出请示批准的希望或要求。

×××（发文机关）
××××年×月×日

（三）写作注意事项

1. 标题。请示的标题在使用动词时，不能与文种词语重复，比如“关于请求……的请示”是错误的。另外“关于……的请示报告”犯了文种杂糅的错误。在标题中除规章制度、条例用书名号，一般不用标点符号。

2. 主送机关。原则上主送机关只能有一个，如确须报送多个机关，以“抄送”的形式在版记部分注明。一般不得越级主送。主送机关只能主送上级单位，不能送领导个人，如主送机关写成“刘主任”，则不妥。

3. 正文。请示的正文一般由开头（请示的缘由）、主体（具体事项）、结束语三部分组成。开头开门见山，直接写出需要请示的原因、理由或问题。主体部分写要请示的具体事项及意见，这是全文的重点，请示理由要充分合理，语言表述要精准，以免出现歧义。还要注意，请求的事项必须一文一事。如有几个问题需要请示，则分别写几份请示。结束语一般另起一行书写，使用常用的期复语“妥否，请指示”“当否，请批示”“特此请示，请批复”“以上请示当否，如同意，请批转”等。

4. 请示是公对公的文件，一般不以个人名义请示。请示之后，可以向上级部门催要批复意见。

三、例文分析

例文1：

关于增设秘书专业的请示

省教育厅：

为适应社会主义现代化建设的需要，我校拟增设秘书专业（本科），2015年秋季开始招生。

秘书是各级领导的参谋和助手。随着建设事业的发展，社会对秘书的需求越来越多，开设秘书专业，培养高层次的秘书人才，已是刻不容缓，具有重要的现实意义。我校计划每年招生50人，到2018年该专业在校学生规模达到150—200人。

为设立秘书专业，我校将成立筹备小组，依靠现有的师资力量，力争办好该专业。

以上请示，当否，请批复。

附件：1. 普通高等学校增设本科专业申请表
2. ×××大学秘书专业现有教师情况表

×××大学
2015年5月×日

简析：这是一份请求批准的请示。发文机关拟增设秘书专业，向其上级机关教育厅请示，文中写明了增设新专业的缘由，增设的必要性与可行性，希望获得上级批准。附件部分标明了请示附带的表格材料，附件的名称后不需要添加标点符号。

例文2：

关于下拨修建学生宿舍楼经费的请示

教育厅：

我院自升格为本科院校以来，招生形势大好，每年招生量增长10%，现在校生已达万人规模。原有设施已处于超负荷状态，尤其学生宿舍已严重超员，影响到学生的生活质量和学习状态。

为保证学生的正常生活和学习，我院经研究，拟修建一座30层建筑面积为12000平方米的宿舍楼。此工程需经费1500万元，自筹600万元，尚有900万元资金缺口，恳请上级予以解决。

妥否？请批示。

附件：1. 学生宿舍安排情况
　　　2. 工程预算

×××学院
2015年3月×日

简析：这是一篇请求帮助的请示。×××学院无力承担宿舍楼修建的全部经费，向教育主管部门寻求帮助。该请示的“请示缘由”是学校扩招，宿舍超员。请示事项表述明晰，明确表示有900万元资金缺口，希望上级帮助解决，无歧义。结束语使用得当。附件部分作为补充的材料证明，非常有必要。全文层次清晰，结构完整。

例文3：

关于进一步规范使用汉语拼音拼写地名问题的请示

省人民政府：

随着我省经济的发展，对外交往越来越频繁，地名作为传递信息的基本载体，使用频率越来越高，不规范使用汉语拼音拼写地名的现象在对外国际交往中已造成不同程度的影响。根据联合国第三届地名标准化会议通过的《采用汉语拼音方案作为中国地名罗马字母拼写法的国际标准》和国务院批转《关于改用汉语拼音方案作为我国人名地名罗马字母拼写法的统一规范的报告》（国发〔1983〕192号）要求，现就进一步规范使用汉语拼音拼写地名的有关问题提出如下意见：

一、标准地名界定范围

（一）省、市、县、区、乡、镇等行政区划名称；村民委员会、自然村、街道办事处、居民委员会等名称。

（二）街、路、巷、胡同、里等名称。

（三）自然村、街道办开发区、工业区、居民区、建筑物、楼盘、楼牌、门牌等名称。

（四）山、河、湖、海、海湾、滩涂、岛礁等自然地理实体名称。

（五）具有地名意义的台、站、港、场、铁路、公路、桥梁、涵洞、闸口、水库、渠道、风景区、名胜古迹、纪念地、游览地、体育场、企事业单位等名称。

二、标准地名拼写要求

（一）汉字书写地名，应使用国家确定的规范汉字。

（二）用汉语拼音字母拼写汉语地名，必须按照《中国地名汉语拼音字母拼写规则（汉语地名部分）》的规定拼写。

（三）少数民族语地名汉字译写，按照有关规定执行；其拼写方法按照《少数民族语地名汉语拼音字母音译转写法》执行。

（四）不得使用英文及其他外文拼写地名。

三、标准地名使用范围

（一）对外签订的协议和涉外文件。

（二）机关、部队、社会团体、企事业单位的文件、公告、证件等。

（三）制作各类商标、牌照、广告、印信等。

（四）出版各类报纸杂志、书籍、地图及广播、电影、电视。

（五）路、街、巷、楼、门牌；交通标志牌、公共交通标志牌、景点指示标志。

（六）办理邮政、通信、户籍、有效证件、营业执照、房地产证等有关事宜。

以上意见，如无不妥，请批转各地、各有关部门执行。

×××省民政厅
2003年×月×日

简析：这是一份请求批转性的请示。省民政厅对进一步规范使用汉语拼音拼写地名的有关问题提出了意见，希望省人民政府同意该意见，并转发给相关部门执行。这类请示末尾通常以“以上意见，如无不妥，请批转各地、各有关部门执行”作结。

析错案例：

关于要求解决学生宿舍拥挤等问题的请示报告

省人民政府、省教育厅：

我校今年由于住宿生急剧增加，已有的学生宿舍已无法容纳，现在住宿生基本上是一个床位两个人睡，严重影响学生的身心健康。为解决这一困难，我校决定再建一栋学生宿舍楼。另外，我校图书馆也尚未达到省“两基”标准，望上级部门给予适当支持。

特此请示，请回复。

×××大学

××××年×月×日

简析：这份请示的本意是向上级请求解决实际问题：请求下拨经费支持建设学生宿舍楼。但通篇存在着较多的问题，下面逐一加以分析和修改。

1. 标题存在多处错误。一是文种应为“请示”，不得再加上“报告”二字。二是“要求”二字应删除，用词语气不当，且此动词多余。三是“解决学生宿舍拥挤问题”这一事由的表述非常不明晰，令受文单位不知所请到底为何事，应直接写明“下拨建造学生宿舍楼经费”。四是“等问题”不符合“请示应当‘一文一事’”的要求，应删去“等”字。如确有几件事要请示，需另文作请示。

2. 主送机关使用不当，请示原则上只写一个主送机关，根据“谁主管、请示谁”的原则，可保留“省教育厅”，删去“省人民政府”。

3. 请示缘由表述不清晰、不准确。第一，“基本上”是一个表示估计的用语，应用文要求准确、严谨，不可大概，应直接写明“有××名学生是一个床位两个人睡”的。第二，“严重影响学生的身心健康”不全面，宿舍拥挤首先带来的是生活不便，以此引发学习、身心健康方面的问题，因此应改为“严重影响学生的生活、学习以及身心健康”。第三，“我校决定再建一栋学生宿舍楼”，“决定”使用不当，应写“准备”“拟”，同时，应讲明拟建一栋怎样的宿舍楼，楼高、建筑面积、房间多少，可解决多少学生的住宿问题。第四，该请示的目的是让上级拨款建造学生宿舍楼，而不是让上级同意建造宿舍楼，因此应补充说明所需经费的问题，如“经有关工程人员测算，共需资金×××万元”。如果其中一部分资金是自筹的，还应写明“目前，我校可自筹资金××万元，尚缺×××万元”。第五，请示还应说明，拟建的宿舍楼的规模。第六，最后发出祈请“为此，我们恳请教育厅下拨给我校建造学生宿舍楼经费×××万元”。

4. 一文请示二事，不妥，应将“另外……给予适当支持”删去。

5. 结束语使用不准确，应改为“特此请示，请批复”。

四、写作训练

我省2021年第20届大学生啦啦操大赛将由南方大学承办，而该校比赛场地设施陈旧老化，比赛器材不足，为保证大赛如期顺利进行，需要改善场地、补充器材，经核算，共需经费100万元，该校目前已自筹30万元，尚缺少70万元。请你以学校的名义写一份请示，以解决资金短缺问题。请附上购买设备、器材经费预算清单（只写经费预算清单标题）。

第五节　批　复

导入： 批复和请示是一对一的公文。下级机关送达的请示，上级机关不论是否同意请示的要求，都必须予以答复。批复是被动的，针对性极强。

一、批复的含义

批复适用于答复下级机关请示事项。

根据内容、性质的不同，批复可分为批准性批复、指示性批复两类。

批准性批复即对下级机关请示中所请示的事项作出同意或不同意的答复。

指示性批复主要针对方针、政策、规定等方面的问题进行答复、阐释或指示。这类批复不仅对请示机关提出的请示事项做出答复，而且具有指示性的意见，在其管辖范围内具有普遍的指导意义和规范作用。

二、批复的写作规范

（一）基本格式

标题+主送机关+正文+发文机关+日期

（二）基本框架

标题：发文机关＋事由+批复或发文机关+表态词＋请示机关＋事由＋批复

主送机关：

正文

引语：批复的依据。援引下级机关送达的公文和收到的日期
主体：批复的内容、同意与否，建议意见，简要说明理由
结束语：常用回复语“此复”“特此批复”

×××（发文机关）
××××年××月××日

（三）写作注意事项

1. 标题。批复的标题基本结构为“发文机关＋事由+批复”，如《国务院关于×××××的批复》，也可以加入“表态词＋请示机关”，两个要素使标题信息更充分，如《关于同意××××的批复》。如果是批准类批复，同意请示事项，标题中应表示对请示事项的意见与态度，一般要出现“同意”“批准”等表态词；不同意、不批准，标题中可以不出现表态词，但在正文中一定要表明态度，不可含糊其词、暧昧不明。

2. 主送机关。批复的主送机关应与请示的发文机关一致。

3. 正文。批复正文的基本要素为批复依据、批复内容和结束语。

（1）批复依据。批复依据通常为对方的请示，因此第一段的写法通常如下：第一步，完整引用对方请示的来文日期、公文名称，并用括号注明发文字号；第二步，引用与请求事项相关政策规章或上级规定。如“你校《关于×××的请示》（××政发〔2012〕49号）收悉，根据×××有关×××的规定，答复如下”。

（2）批复内容。针对下级机关请示的事项，表明同意与否的态度，通常需要阐述同意或不同意的理由。

（3）批复结尾。使用规范性回复语，如“此复”“特此批复”。

另需注意，批复是专为回复下级机关的“请示”而写，也要坚持一文一批的原则，不能随意往外延伸。

三、例文分析

例文1：

广西壮族自治区人民政府关于重新核定桂林绕城高速公路和宜州至柳州高速公路收费期限的批复

（桂政函〔2020〕65号）

自治区交通运输厅、发展改革委、财政厅：

你们关于重新核定桂林绕城高速公路和宜州至柳州高速公路收费期限的请示收悉。现批复如下：

原则同意桂林绕城高速公路和宜州至柳州高速公路收费期限暂核定25年，即桂林绕城高速公路收费期限从2000年5月10日起至2025年7月27日止；宜州至柳州高速公路收费期限从2000年12月30日起至2026年3月18日止。

广西壮族自治区人民政府

2020年7月20日

简析：该例文是一份批准类批复。因标题中“事由”较长，所以采用了“发文机关+事由+文种”三要素式的标题。正文中缘由、过渡句、事项、结束语使用完整、准确。因开头已用“现批复如下”，因此结尾不需再写“特此批复”等结束语。

例文2：

广西壮族自治区人民政府关于同意广西寿城自治区级自然保护区功能区划的批复

（桂政函〔2020〕73号）

自治区林业局：

你局关于广西寿城自治区级自然保护区功能区划的请示收悉。现批复如下：

一、同意广西寿城自治区级自然保护区（以下简称保护区）功能区划。保护区总面积为62240.1公顷，其中核心区面积为20206公顷、缓冲区面积为6901.3公顷、实验区面积为35132.8公顷。

二、请你局指导桂林市人民政府按照保护区功能区划，抓紧组织开展保护区勘界立标工作，自批复同意保护区功能区划之日起1年内标明区界，并向社会公告。保护区的面积、范围和功能分区不得擅自调整和改变。

三、请你局会同桂林市人民政府和自治区有关单位，严格执行《中华人民共和国自然保护区条例》等有关法律法规，认真贯彻落实国家、自治区关于生态环境保护和自然保护区建设管理的有关要求，切实加强对保护区工作的领导、协调和监督，科学制定并严格实施有利于保护区建设管理的政策措施，妥善处理好保护区建设管理与当地经济社会发展及群众生产生活的关系，确保各项管理措施落实到位，不断提高保护区建设和管理水平。

附件：广西寿城自治区级自然保护区功能区划图

广西壮族自治区人民政府

2020年8月24日

简析：这是一份批示性批复。广西壮族自治区人民政府就自治区林业局上呈的《关于广西寿城自治区级自然保护区功能区划的请示》作出批复，同意请示事项，并对相关事宜进行具体的指示。

析错案例：

关于修建学生宿舍楼的批复

×××大学：

有关请示已收悉。经研究，原则上同意你们关于修建学生宿舍楼一事。为方便学生住宿，学校应尽快启动此事。此复。

×××省教育厅

××××年××月××日

简析：这份批复问题较多。

第一，标题事由不清晰，应写“关于×××大学修建学生宿舍楼的批复”。

第二，正文中，“有关请示”过于简略和概括，指代不清，批复依据不明，应具体表明“有关请示”是指什么，如写明“你校《关于修建学生宿舍楼的请示》（××〔××〕××号）收悉”。

第三，“原则上同意”中的“原则上”也指代不清。如写“原则上”，就应具体摆出规章条例，说明依据的是什么原则。或者只写“同意”即可。

第四，根据一事一批的原则，只要表明批复意见，同意修建即可，也可进一步对宿舍楼的修建作出建设性的指示，若无建设性指导意见，则表示催促的句子“为方便学生住宿，学校应尽快启动此事”显得空洞多余，可以删去。

第五，“此复”也可写“特此批复”，置于文末，或者另起一段单独写。

四、写作训练

关于下拨经费举办2018年春节联欢晚会的请示

×××大学学工处：

为体现我院的人文关怀，丰富春节期间留校师生的春节活动，让大家度过一个欢乐祥和、和谐向上的传统佳节，学生会拟在学校体育馆举办2018年春节联欢晚会。

鉴于体育馆场地大，配套设施较为欠缺，舞台、灯光、音响、电子屏幕、服装等需要租赁，经预算，所需费用为8000元，恳请学院予以解决。

当否，请批示。

附件：2018年春节联欢晚会相关经费预算

×××大学学生会

2018年×月×日

请根据以上请示写一份批复。

第六节　报　告

导入：报告是日常工作中常用的文种。每一个单位年末时，都要向上级主管部门递交本单位年度工作报告。某项事务办理完成了一部分或者已经全部完成，需要递交总结报告或专题报告。工作中出现重大情况、重大事故，也需要写情况报告上报上级。上级机关询问或交办某件事，需要写答复报告。下级向上级主管部门汇报工作，也用报告。

一、报告的含义

报告是用于向上级机关汇报工作、反映情况、答复上级机关询问事项的呈报性公务文书。需注意的是，作为公文的报告和从事业务工作时所使用的调查报告是不同的概念。

二、报告的写作规范

（一）基本格式

标题+主送机关+正文+发文机关+日期

（二）基本框架

标题：发文机关＋事由＋报告或事由＋报告

主送机关：

正文

开头：报告的缘由
（1）概括说明报告的目的
（2）概括说明报告的情况
常以“现将有关情况报告如下”一语转入下文
主体：主要情况、工作进程、存在问题、经验教训、今后措施
结语：工作报告和情况报告的常用“特此报告”
答复报告多用“专此报告”
递送报告则用“请审阅”“请收阅”等

×××（发文机关）
××××年××月××日

（三）写作注意事项

1. 标题。最规范的报告标题为：发文机关+事由+报告，如有紧急情况需报告，可在“报告”前加上“紧急”。

2. 主送机关。主送机关为负责受理报告的上级机关，原则上只写一个，不能越级报送。

3. 正文。正文由开头、主体和结语组成。报告的种类不同，写法也有所区别。基本上，开头说明报告的缘由，然后以“现将有关情况报告如下”转入下文。主体包括主要情况、存在问题、经验教训、今后的打算等，不同种类的报告，侧重点有所不同，可随机应变，但前

提是，所写内容必须真实、可靠、全面，不说大话、空话、套话，以利于上级根据内容作出相应的决策。同时，在汇报存在问题时，不应出现请示上级予以解决之类的内容，如有请示，需写请示另文解决。结束语可用可不用。

4. 报告不必回复。

三、例文分析

例文1：

文化和旅游部办公厅2020年第一季度政府网站抽查工作情况报告

按照国办有关要求，我部建立政府网站季度抽查机制，并根据《关于开展第一次全国政府网站普查的通知》（国办发〔2015〕15号）、《关于印发政府网站与政务新媒体检查指标、监管工作年度考核指标的通知》（国办秘函〔2019〕19号）规定的网站监测标准，委托第三方评估机构北京开普云信息科技有限公司实施监测与核查工作。现将2020年第一季度抽查情况总结如下。

一、抽查总体情况

文化和旅游部目前管理"文化和旅游部政府门户网站""中国文化网"2家政府网站。根据"抽查数量不少于本地区、本部门运行政府网站总数的30%"的要求，我部每季度抽查1家网站。2020年第一季度，我部对"文化和旅游部政府门户网站"的可用性、信息更新、互动回应和在线服务实用性等情况进行系统核查。

按照国办政府网站季度抽查制度规定，抽查结果分为"合格"与"不合格"。依据监测标准，"文化和旅游部政府门户网站"在监测期内抽查结果为"合格"。经查，"文化和旅游部政府门户网站"信息发布、政策解读及时准确，政务服务运行顺畅，未出现安全、泄密事故等严重问题。此外，为丰富新冠肺炎疫情防控期间人民群众精神文化生活，2月初开设"在线文化艺术服务"专栏，公众可以在线观看全国博物馆线上展览，参观国家博物馆30多个虚拟展厅，查询故宫博物院文物信息，参加国家图书馆线上线下结合的公开课。2月中旬开设"应对疫情支持企业发展政策措施"专栏，及时分类梳理地方支持企业发展的措施，并把有关重要文件全文转载，方便公众及企业查询。同时，通过抽查发现部门户网站在办事服务、留言回应等方面仍有待进一步完善。

二、下一步工作举措

一是优化在线政务服务建设。进一步加强与国家政务服务平台对接，整合汇聚服务资源，充实部政务服务门户内容，完善办事指南要素和搜索功能，提升用户体验。

二是提高网民留言办理效率。进一步加强留言回复督办管理，结合留言需求完善常见问题答问库，为公众咨询提供便利。

文化和旅游部办公厅
2020年5月7日

简析： 这是文化和旅游部办公厅向国务院递送的一份工作报告。该报告的开头点明了开展工作的依据。主体部分首先对抽查情况进行总结分析，然后列出下一步工作的举措。本篇报告“抽查总体情况”部分如能分条列项，则更具有一目了然的效果。

例文2：

×××学院关于图书大楼发生重大火灾事故的报告

省教育厅：

2018年××月××日上午9点20分，×××学院图书馆大楼发生重大火灾事故。砖木建筑的五层图书馆大楼及180万册藏书全部烧毁，直接经济损失1883万元，火灾未造成人员伤亡。

事故发生后，图书馆现场人员及时向市消防队求救，指挥人员疏散。市消防队出动15辆消防车，经过4个小时的扑救，火势才被扑灭。

经调查分析，造成这次事故的直接原因，是电焊工×××在一楼电焊铁窗架时违反电焊操作规程，强行作业，致使电焊火花溅到易燃书籍上，引起火灾。但此次火灾也与×××学院图书馆领导及员工安全思想模糊、安全制度不落实、许多安全隐患长期得不到解决有关。

事故发生后，×××学院领导、教育厅领导先后带领有关人员赶到现场调查处理；×××学院召开紧急防火会议，通报了这起事故，提出了搞好消防安全的紧急措施。要求学院各部门必须把安全工作放在第一位，要树立安全第一的思想，并向全体教师员工进行安全教育，使每个员工都牢固地树立起认真负责的工作观念，认真落实岗位责任制，严格遵守劳动纪律，一丝不苟地执行规章制度和操作规程；并对有关人员视情节轻重，作了相应惩处。

特此报告。

×××学院
2018年×月×日

简析：这是一份情况报告，情况报告一般用于向上级报告工作中出现的重大情况或发生的事故，要写明具体事故的情况、原因、教训、措施等。这篇事故类情况报告首段点明报告缘由，即简要汇报了火灾事件的发生及其后果。第二段对事故发生后的扑救细节适当展开说明。第三段分析造成事故的原因，总结教训。第四段提出要求和防范措施。

析错案例：

关于拨给灾区贷款专项指标的报告

省行：

×月×日，××地区遭受特大洪水袭击，灾情严重。农田受灾总面积达×××多亩，各种农作物损失达×××多万元，农民个人损失也很大。

由于灾情严重，短期内恢复生产有一定的困难，仅靠正常农贷指标难以解决问题。为此，请省行下达专项救灾贷款指标500万元，以便支持灾区迅速恢复生产。

×××银行×××支行（公章）

××××年×月×日

简析：从内容来看，该事项应该用请示而非报告。如将此文修改成报告，还需要注意报告中不能夹带请示事项。

四、写作训练

假如你是班长，请你以你们班级的名义向学校学生工作处递交一份2023年上半年班级精神文明建设工作报告，只写主体部分。（1）要写明工作进程，工作成绩、经验，存在的问题，下一步的工作安排，可分设若干小问题来写，层次分明。（2）实事求是，报告中所列成绩或问题都必须属实，不夸大，也不缩小，并能从中揭示出一定的规律。（3）重点突出，点面结合。（4）在报告中可以写设想、提建议。

第七节　函

导入：函属于平行文，不受机关行政级别和性质的限制，在实际工作中的应用非常广泛。平行机关、不相隶属机关之间商洽工作、联系有关事宜可用函，上下级机关之间相互询问有关问题可用函，机关之间相互答复对方问题可用函，各级机关、团体、单位向有关业务主管部门请求批准事项也可用函。

一、函的含义

函适用于不相隶属的机关之间商洽工作，询问、答复问题，向有关部门请求批准和答复审批事项。

按照发文目的的不同，函可分为两种，一种是去函，是主动提出公务事项如商洽、询问等而发出的函；一种是复函，是为回复对方而发出的函。

二、函的写作规范

（一）基本格式

标题+主送机关+正文+发文机关+日期

（二）基本框架

标题：发文机关＋事由＋函或事由＋函

主送机关：

正文

去函的写法
- 发函缘由：根据、目的、原因
- 主体：商洽或询问事项的内容
- 结语：提出希望、要求。常用“即请函复”“请函复为盼”

复函的写法
- 发函缘由：引用来函“某月某日来函收悉，经研究，函复如下”
- 主体：针对来函答复对方的问题和要求
- 结语：“此复”“特此回复”

×××（发文机关）

××××年××月××日

（三）写作注意事项

1. 标题。公函的标题要求有三要素或二要素，不能只出现文种。要写明是“函”还是“复函”，如《关于询问……的函》是去函，《关于同意……的函》即复函。

2. 主送机关。受文并办理来函事项的机关。复函的主送机关与来函的发文机关应一致。

3. 正文。公函的正文一般分为开头、主体、结尾三部分。去函与复函的写法略有不同。一份函件的主体内容只写一件事。

4. 落款。在右下角写明发函机关名称和日期，并加盖公章。

三、例文分析

例文1：

×××研究所关于建立全面协作关系的函

×××大学：

近年来，我所与你校在一些科学研究项目上互相支持，取得了一定的成绩，建立了良好的协作基础。为了巩固成果，建议我们双方今后进一步在学术思想、科学研究、人员培训、仪器设备等方面建立全面的交流协作关系，特提出如下意见：

定期举行所、校之间学术讨论与学术交流。（略）

根据所、校各自的科研发展方向和特点，对双方共同感兴趣的课题进行协作。（略）

根据所、校各自人员配备情况，校方在可能的条件下对所方研究生、科研人员的培训予以帮助。（略）

双方科研教学所需要的高、精、尖仪器设备，在可能的条件下，予对方提供利用。（略）

加强图书资料和情报的交流。（略）

以上各项，如蒙同意，建议互派科研主管人员就有关内容进一步磋商，达成协议，以利工作，特此传达，务希研究见复。

×××研究所（盖章）

××××年×月×日

简析： 这是一份商洽函。×××研究所和×××大学是两个不相隶属的机构，研究所发函就两个单位之间的进一步合作进行商洽，函中提出五个促进交流的意见。此函缘由清晰，过渡自然，所商洽之事项条条分明，结束语使用得当。

例文2：

国务院办公厅关于同意成立 2022年第4届亚残运会组委会的函

国办函〔2019〕98号

浙江省人民政府：

你省《关于2022年第4届亚残运会组委会人员名单的请示》（浙政〔2019〕52号）收悉。经国务院领导同志批准，现函复如下：

一、同意成立2022年第4届亚残运会组委会（以下简称组委会）及其组成。组委会主席由中国残联主席张海迪、体育总局局长苟仲文、浙江省人民政府省长袁家军担任，执行主席由中国残联理事长周长奎、体育总局副局长李建明、浙江省人民政府副省长冯飞担任。

二、组委会内设机构由组委会根据工作需要自行确定。

国务院办公厅

2019年9月30日

简析：此文为答复函。浙江省人民政府向国务院办公厅递交了《关于2022年第4届亚残运会组委会人员名单的请示》后，国务院就其请示事项作出相关批复，形成此函。

例文3：

关于同意作为“红十一军成立八十周年纪念活动”指导单位的复函

红十一军成立八十周年纪念活动组委会：

《关于请求支持“红十一军成立八十周年纪念活动”的函》收悉。经研究，我部同意作为“红十一军成立八十周年纪念活动”的指导单位。

特此函复。

中共××省委宣传部

××××年×月×日

简析：这是一篇复函，针对收到的《关于请求支持“红十一军成立八十周年纪念活动”的函》作出回复，明确表达了“同意”来函请求事务的态度。

析错案例：

关于请求推荐优秀毕业生到×××建筑设计公司进行实习的函

×××大学：

贵校师资力量雄厚，培养了大批优秀的艺术人才，为我国艺术教育事业做出了巨大贡献。你校培养的学生以基础知识扎实、综合素质高、专业素养好而闻名于业内，受到社会广泛认可和用人单位一致好评。

我公司是本市规模最大的建筑设计单位，业务领域包括：工业与民用建筑、城市规划、环保工程、园林绿化、装修设计等。本公司可以为贵校学生提供良好的实习平台，故请求推荐优秀毕业生到我公司进行实习。学生实习期间，我公司将根据实习表现给予一定的薪酬。

请函复为盼。

×××建筑设计公司

2018年×月×日

简析：这是一份商洽函，由某设计公司发出，请求某大学推荐优秀毕业生到其公司实习。但这份函商洽的内容过于简略，没有把相关情况交代清楚。如果并非所有优秀学生都适合到这个公司实习，那么函中应具体说明希望推荐什么专业的学生，需要几个。而“一定薪酬”，其所指含糊不清。

四、写作训练

根据下文拟写一份同意代培公文写作教师的复函。

关于商洽委托代培应用文写作教师的函

×××人才技术交流发展中心培训部：

据贵部中人培发〔2020〕1号文件，贵部将分期举办新时代公文处理、公文写作创新与办公室岗位技能提升培训班，系统讲授公文格式、拟制、审核、办理、管理、行文规则、注意事项以及常用公文、事务类文书的写作方法，以提升党政机关、企事业单位领导、办公室主任、文秘等工作人员的执行力、沟通协调力、创新力和处理问题的能力等。这个培训项目为我校新开设课程《应用文写作》专任教师提供了一个难得的学习机会。为了尽快提高新课程教师的教学水平，拟选派3位在岗教师参加第9期培训，委托贵部代培。有关经费及其他相关费用，将按时如数拨付。

请函复为盼。

×××大学文学院

××××年×月×日

第八节　会议纪要

导入：召开工作会议，往往是为解决某一问题、推进某项工作，参会人员在会上通报工作情况、讨论议定事项，达成一致意见，或研究定下解决问题的办法、措施。为备查备忘，会议主办方通常要把会议召开的情况用文字的形式保存下来，便于会后进行传达、督促、协调或归档。一般来说，严肃的会议由专人把会议经过详细地记录下来，会后根据会议记录及其他会议材料，整理形成会议纪要。机关团体、企事业单位广泛使用"纪要"这种文书。

一、会议纪要的含义

会议纪要是用以记载会议的主要情况和议定事项的文书，是根据会议记录及其他会议资料，对会议的重要内容、决定事项、主要观点、议定结论等进行综合整理、提炼概括之后，形成的一种指导性、纪实性的文书。纪要是记叙性或介绍说明性的文件，可以是上行文、平行文、下行文，在一定范围内知悉。

二、会议纪要的写作规范

（一）基本格式

标题+正文+参会人员情况+附件（或附录说明）

（二）基本框架

标题：
1.机关名称+会议名称+文种（纪要），例：XX大学党委常委会纪要
2.会议名称+文种（纪要），例：危旧房改造项目推进会纪要
3.关于加强 XX 工作的会议纪要，例：关于加强意识形态工作的会议纪要
4.正副标题式（正标题为文件主题，副标题为“——XX 会议纪要”）
例:落实“以本为本”实现“四个回归”——振兴本科教育会议纪要

正文
1.开头：会议概况
（1）会议召开的时间、地点、召开机构、主持人、会议次数
（2）会议的主要缘由、主要议题等
（3）以“（现将）会议主要情况纪要如下”引入下文
2.主体：会议的讨论情况及结果
（1）会议通报的主要情况
（2）会议的议定事项（需要解决的问题）
（3）会议的程序（讨论、发表意见、投票等）
（4）会议的决议结果（经过研究讨论，形成了什么意见或决定，提出了什么解决办法或措施）
（5）会议的落实要求（明确责任人或责任单位，明确措施见效的时间和呈现形式等）
（6）其他有必要收录的会议情况
3.结尾：会议提出的希望、号召，有时略写

附件：对纪要内容进一步补充说明的相关资料，如名单、方案、计划等
参会人员：参会、请假、列席人员的名单、职务、身份等，有时也列出记录员的有关信息

（三）写作注意事项

1. 准确性。会议的时间、地点，与会人员的职务，要明确、清晰，以便追溯、推动工作。

2. 概括性。文字表达要言简意赅，吃透吃准“纪要”二字，以简洁精练的文字高度概括会议内容和结论，不能把会上发言的所有话语照录下来，与会议无关的发言或表态不纳入纪要。

3. 归纳性。会议代表发言或提出的意见要归纳成点，抓住精髓、要义，既要提炼与会者的一致意见，也要兼顾个别有价值的看法。

4. 条理性。会议形成的意见或作出的决定要明确，有逻辑性、条理性，不交叉、无歧义、不模糊，以便执行落实。

5. 纪实性。纪要虽需要归纳整理，但对会议内容是如实反映的，在整理、提炼、归纳的过程中，遵循会议的原意，表述要恰当，不能加工改造以至于脱离实际。

6. 客观性。纪要通常采用第三人称写法，表现的是参会人员的集体意志，不是主持单位、主持人的主观意愿，而是代表会议作出的集体决议，表述主体通常是“会议”，如“会议认为”“会议指出”“会议要求”“会议同意”“会议研究决定”等。

7. 目的性。写入纪要的决定、措施、要求，是为真正解决问题，不能为纪要而记，解决问题要明确责任人、完成时限、目标效果等。

8. 纪要格式可根据实际制定，但正文中都没有受文单位、主送机关，也没有落款和成文日期。

三、纪要样式

×××县会议纪要

（2021）8号

×××县人民政府办公室　　　　2021 年 12 月 27 日

招商项目服务保障推进工作会议纪要

2021年12月27日上午，×××县人民政府办公室在政府办公大楼南楼会议室召开了招商项目服务保障推进工作会议。会议由县人民政府副县长×××主持，×××局副局长×××、×××部副部长×××、××集团公司副董事长×××、×××局副主任×××、×××单位副科级干部×××共××人参会。会议就招商引资项目落地我县后，相关部门如何按照先前承诺提供服务事宜进行研究。大家就各自所承担的服务项目落实情况和需要解决的问题进行了发言，提出意见和建议。

一、各部门提出意见情况

×××局认为……，××集团公司提出……

二、会议形成的意见（或决定的事项）

会议经过充分讨论，一致达成以下意见（或决定）

1. ……（由×××局负责，12月29日将后续措施报县委办）

2. ……（由×××部负责，12月30日清理完毕）

3. ……（由于××××负责，……）

5. ……

6. ……

参会人员：×××　×××　×××　×××
×××　×××　×××　×××

×××县人民政府办公室　　　　2021 年 12 月 27 日印发

（共印 25 份）

四、例文分析

例文1:

“课程思政”专项建设工作会议纪要

2020年6月4日上午,学院党委书记×××在行政办公大楼会议室主持召开“课程思政”专项建设工作会议,现将会议主要内容纪要如下:

会上,我校校长×××领学教育部等八部委联合印发的《关于加快构建高校思想政治工作体系的意见》和中共中央国务院印发的《关于全面加强新时代大中小学劳动教育的意见》,深入学习“课程思政”建设工作的指导精神。

会议听取了党委宣传部、教务处等部门对我院课程思政工作的专题汇报。与会人员研讨了《××××大学2020年课程思政建设工作实施方案》,确定了“课程思政”系列活动形式,如打造课程思政特色示范课堂、开展专项讲座和线上线下教学工作坊、组织首届课程思政优秀课例展等。

会议审议通过了《“课程思政”示范课程立项项目》《思想政治教育教学改革专项立项项目》。×××书记在会上强调,“课程思政”建设工作是构建我校思想政治教育工作体系的重要组成部分,肩负着“课程育人”的使命,要切实开展好“课程思政”建设工作,并针对学校“课程思政”建设工作提出三点要求:

一是高度重视。“课程思政”建设是落实立德树人根本任务的重要举措,学校教学单位要切实增强立德树人和教书育人的使命感,深刻领会“人才培养体系贯通其中的思想政治工作体系”等重要内容,加强专业教育与思想政治教育、劳动教育等人才培养环节的有机结合,引导学生形成正确的世界观、人生观、价值观。

二是落实到位。贯彻习近平总书记“把思想政治工作贯穿教育教学全过程”的重要论述,把“课程思政”建设作为落实“三全育人”的重要抓手,充分发挥课程育人功能,将思想价值引领融入课堂教学,推动专业课与思政课同向同行,贯彻落实新时代高校劳动教育的新要求,推进劳动教育进课堂、进教材,加强劳动实践,深化学生对劳动本质的理解。

三是引领示范。充分发挥我校教学名师、优秀教育工作者等的先锋模范作用,建好课程思政示范课,以传帮带的方式带动广大青年教师开展课程思政建设工作,以点带面促进我校课程思政文化建设,使学校“课程思政”建设形成更好局面,取得更多成果。

参加人员:×××　×××　×××　×××　×××

列席人员:×××

请假人员:×××

记　　录:×××

简析：这是一次专项工作会议的纪要，因此没有会议次数这个元素。开头第一段点名了会议召开的时间、地点、主持人，简洁明了。纪要清楚地记录了会议上的四件事，一是学习了两个文件，二是听取专题汇报，三是研究讨论了一个工作实施方案，四是审议确定了两个项目，最后记录了会议主持人针对“课程思政”专项工作提出的三点明确要求。因这三点要求是方向性的指导，而非具体的工作安排，因此没有必要列出具体的责任人、责任单位、完成时限、目标要求等，而对会议研究讨论和审议的几项材料，应有详尽而清晰的工作分工、计划等，以便明确地指导和推进工作。

例文2：

×××大学校长办公会纪要

2019年第7期

2019年×月×日上午，我校×××校长在党政大楼801室主持召开本年度第7次校长办公会，现将会议主要内容纪要如下：

一、关于启用“云杰”智慧财务系统的事宜

会议研究，决定于6月1日起正式启用“云杰”智慧财务系统。会议要求，财务处于5月31日前将原系统任务全部清理完成，确保新旧系统无缝衔接。

二、关于培训中心采购设备的事宜

会议研究，同意培训中心5月底前采购一批办公设备（设备信息详见附件1），采购所需×××万元从办公专项经费中支出。

三、关于播音实验室建设项目的相关事宜

会议审议通过教务处提交的播音实验室建设项目购置方案（购置方案详见附件2），所需××万元从一流学科建设经费中支出。

四、关于与××学院开展对口支援的事宜

会议研究，同意与××学院开展对口支援。会议审议通过规划处提交的对口支援协议书（协议书详见附件3），要求重点在学科建设、科研创作方面加强对××学院的支持和帮助。

附件：1. ×××大学培训中心设备采购清单；
　　　2. ×××大学播音实验室建设项目购置方案；
　　　3. ×××大学××学院对口支援协议书。

参加人员：×××　×　×　×××　×××
　　　　　×××　×××　×　×
列席人员：×××　×××
记　　录：×××

简析：校长办公会是大学定期召开的会议，因此纪要标题有明确的期数。正文开头明确地告知会议召开的时间、地点、主持人，简明扼要，让人看了之后就能对会议有个大致了解。所记录的会议内容，分条列出会议决议的事项，要求明确清晰，涉及的金额具体且有出处，相关工作的责任部门明确，会议主要精神表达清楚。

例文3：

×××市住房建设改革委员会领导小组会议纪要

各有关部门：

2021年11月上旬，刘××市长主持召开了全市经济适用住房、廉租住房建设工作会议。会议传达了自治区保障性安居工程工作会议精神，并研究部署了我市公共租赁住房建设有关工作。

一、关于落实2022年公共租赁住房建设任务问题

会议决定，2022年完成1000套公共租赁住房建设任务，项目选址在花江区北侧、尚峰区南侧，公共租赁住房小区定名"安居花园""乐业花园"，全部由财政投资建设，由×××集团×××项目公司代建。

二、关于公共租赁住房租金标准问题

会议研究，同意我市公共租赁住房项目的月租标准为："安居花园"为10元/平方米，"乐业花园"为8元/平方米，试行2年。

三、关于公共租赁住房保障对象基本条件和保障范围问题

会议研究，同意依照2021年度我市城镇居民年人均可支配收入指标值，测算确定保障对象范围。此项工作由住房和城乡规划建设局牵头，财政局、人力资源社会保障局配合。

××市住房建设改革委员会领导小组

2021年11月10日

简析：本篇纪要存在的问题主要有三个方面。一是标题不明晰。从内容上看，召开本次会议的机构应是×××市住房建设改革委员会领导小组，本次会议的名称是"全市经济适用住房、廉租住房建设工作会议"，因此纪要题目有2种选择：如果要体现机构，应指明这是第几次会议，或第几期纪要，如"×××市住房建设改革委员会领导小组第6次会议纪要""×××市住房建设改革委员会领导小组会议纪要（2021年第6期）"均可；如果体现本次会议的名称，可改为"×××市经济适用住房、廉租住房建设工作会议纪要"。二是格式不对。纪要不需要写发文对象、主送单位，也不写落款单位及日期，这一点与通知、请示、

报告、函等公文有显著区别。三是内容不明确。会议时间不应用“上旬”这类模糊的表达，而是明确到某月某日，甚至上午还是下午，如必要还须点明具体的时间点。文中提到项目选址在花江区北侧、尚峰区南侧，不太明确；而“安居花园”“乐业花园”分别在哪个区也没有写清楚；“全部由财政投资建设”，需要的建设经费也应该明确下来；另外，项目预计落成时间未提及，会议讨论的重要内容记录不完整。

五、写作训练

请模拟学校体育运动委员会召开第××届运动会筹备会，讨论决定运动会有关事项（包括但不限于：开幕式、闭幕式议程，运动会项目及时间安排，奖项设置，场地安排，裁判员名单，应急预案，宣传方案等），并拟写一份会议纪要。

第二章　事务类文书写作

事务类文书指法定行政公文范围之外，并在国家机关、企事业单位、社会团体的日常行政事务中经常且大量使用的公务文书种类。事务类文书的写作，主要遵循约定俗成的惯例，不像法定公文受到规范性的严格约束。事务类文书不能独立地作为文件公布，但可以作为正式文件的附件公布。

第一节　工作计划

导入：从国家到基层单位，各部门年初都要制订全年的或者阶段性的工作计划。而个人也要为自身的生活、学习和工作做出明确的计划。制订计划，能让我们的生活、学习和工作有条不紊。

一、工作计划的含义

计划，是通过对未来工作所作的预想、预测，来确定工作的目标、内容、方式、步骤等。此外，如“规划”“纲要”“方案”“安排”“打算”“要点”“设想”等，都属于计划类文体。不同文体的侧重点有所不同，在拟写计划时，要根据具体的情况，选取不同的名称。

二、工作计划的写作规范

（一）基本格式

标题+正文+落款

（二）基本框架

标题
- 1. 单位名称+时段+内容+工作计划
- 2. 时限+内容+工作计划
- 3. 单位名称+内容+工作计划
- 4. 单位名称+时限+工作计划
- 5. 内容+工作计划

正文
- 前言：指导思想、背景、根据、目的、意义等。
- 主体：目标和任务、措施和方法、步骤和时间安排。
- 结语：提出希望、发出号召。

×××（署名）

××××年××月××日

（三）写作注意事项

计划类文书写作要素，包括背景、目的、意义、要求、任务、措施、步骤、时限等。但在结构上，一般由标题、正文和落款三部分组成。

1. 标题。计划的完全式标题包含四要素：单位名称、计划时限、计划内容、工作计划。切忌把目标当作工作计划的标题。

2. 正文。计划的正文一般包括前言、主体、结语三个部分。（1）前言用以说明为什么要制订计划，一般用简洁的文字阐明制订计划的指导思想、背景、依据、目标、意义等，言简意赅，忌空话、套话。（2）主体。主体用以回答“做什么”“怎么做”“何时完成”的问题，是计划的核心。撰写计划，要求具有指导性与可操作性，切忌笼统空谈。（3）结语。结语一般写为完成目标任务而提出的希望、号召，展望前景，也可以作补充性说明，如执行计划应注意的事项等。可不写结语。

3. 计划的表现形式以直观好用为原则，可根据需要选用条文式、表格式、文表结合式等。

三、例文分析

例文1：

教育部2016年工作要点

2016年教育工作的总体要求是：全面贯彻党的十八大和十八届三中、四中、五中全会精神，以邓小平理论、“三个代表”重要思想、科学发展观为指导，深入学习贯彻习近平总书记系列重要讲话精神，按照“五位一体”总体布局和“四个全面”战略布局，牢固树立和贯彻落实创新、协调、绿色、开放、共享的发展理念，全面贯彻党的教育方针，紧紧围绕提高教育质量这一战略主题，以立德树人为根本任务、以促进公平为基本要求、以优化结构为主攻方向、以深化改革为根本动力、以健全法治为可靠保障、以加强党的领导为坚强保证，加快推进教育现代化，为全面建成小康社会发挥关键支撑作用。

一、切实加强党的建设，全面维护教育系统和谐稳定（略）

二、始终贯彻落实立德树人根本任务，着力提高教育质量（略）

三、坚持改革创新，不断为教育事业发展注入动力活力（略）

四、坚持协调发展，不断优化教育结构（略）

五、坚持共享发展，切实保障广大人民群众接受教育的权利（略）

简析：这是一个要点式计划，首段阐述了制定这一计划的总体要求和依据，接下来分五点说明2016年教育工作的要点。这种提纲挈领式的摘要，不需要陈述具体详细的实施步骤。由于简便易行，很多单位都是以要点的形式来展现工作计划。

例文2：

2020年春季艺术采风计划

艺术设计的灵感来源于生活，一些经典的现代设计作品无不体现了传统艺术与现代技术的完美融合。我们在“读万卷书“的同时，也应“行万里路”。现在学院将组织我们外出采风，去发掘民间传统艺术设计素材和元素，获得创作灵感，特制订采风计划如下。

一、采风的任务目标

（一）考察云南不同风格的环境艺术设计、民居建筑、城市建筑及室内外环境、空间设计。了解当地建筑设计内部的功能、组合，空间划分与分割的处理手法。

（二）考察当地室内装饰材料的选择、照明设计、陈设品设计、色彩设计、家具款式的选用等。

（三）通过实地考察，了解古建筑、古民居的本体建筑设计和景观规划以及如何用现代的科技和设计手法去保护、复原、再造古建筑、古民居，学习、积累和提炼更好的设计方法。

（四）收集和挖掘民间传统艺术设计的素材和元素，建构自己的设计特质，创作个人汇报设计作品1个。

二、采风的方法措施

（一）在采风过程中，必须做考察参观记录，记录方式为：采风日记、速写、摄影、摄像。

（二）在教师的带领、指导、讲解和示范下参观、考察、交流和创作，开展采风活动，具体做法如下:

1. 完成速写10幅，拍摄采风照片，进行动态摄像，记录采风过程及参观考察主要内容。

2. 收集各类有特色的设计资料20种（景观、室内、建筑、园林、装置、城市导识等）；收集个人设计作品素材，构思、创作个人设计作品1个。

3. 撰写采风日记（可结合插图）。

4. 结合考察内容和所学专业知识，归纳总结采风成果，制作PPT成果汇报1份，要求图文并茂，汇报目录如下:

（1）云南民居建筑类型及民族特色

（2）大理古城与“洋人街”

（3）丽江古城建筑特征及空间环境

（4）走近香格里拉

（5）速写作品、个人作品设计、个人感想

三、步骤进度

（一）时间安排：大学二年级下学期第8、9周。

（二）采风路线：云南大理—丽江—香格里拉。

（三）在采风过程中，每天坚持摄影、录像，每天完成速写1幅，每天写1篇采风日记，每天收集各类有特色的设计资料2种。

（四）第8、9周收集个人汇报设计作品素材，采风结束后两周内完成个人设计作品创作1个。

（五）采风结束后两周内，制作PPT成果汇报一份上交老师。

我希望本次通过采风，有更多新的发现和收获，为我的创作插上灵感的翅膀！

计划人：×××

2020年×月×日

简析：采风是艺术类大学生的重要实习项目，可以使学生接触自然风情、民俗文化、历史文物、传统艺术等。在采风之前，先写一份计划，带着问题与目标去，方能保证行有所依、行有所获。上文首段明确采风的目的和意义，主体部分按“采风的任务目标”“采风的方法措施”“步骤进度”的层次展开，具体详尽，是一篇较为规范的采风计划。

四、写作训练

根据自己的学业需要，写一篇工作计划。

第二节　工作方案

导入：当一个大型项目或大型活动确定下来以后，往往需要做一份设计合理且具有可执行性的工作计划，一般被称为工作方案。在现代管理学中，决策层基于科学理性立场，往往需要从不同角度设计出的多种工作方案，用来比较参考。

一、工作方案的含义

工作方案是应用文写作的计划性文体之一，主要是对重要、复杂和大规模的工作做统筹规划。方向性、指导性和可执行性，是工作方案的主要特征。方案要对工作做全面部署，是内容最为详细复杂的一种计划。

二、工作方案的写作规范

（一）基本格式

标题+正文+落款

（二）基本框架

标题
- 1. 全称式标题：由单位、事由、工作方案三要素构成
- 2. 简明式标题：由事由、工作方案二要素构成

导语：简明扼要地交代预案或方案制订的目的、意义和依据

主要内容
- 1. 交代时间、地点、内容、方式、主题以及主办、协办单位等基本情况
- 2. 对相关活动、相关工作按阶段或进程做具体的部署安排
- 3. 相关问题的处理原则与解决办法

×××（发文机关）

××××年××月××日

（三）写作注意事项

1. 制订工作方案时，确定目标是重要环节。制定工作方案不能就事论事，应将资料查阅、调查研究和现代预测技术等科学方法有机结合起来，这是合理确定工作方案目标的前提和基础。

2. 拟制工作方案，最好能借助专业智囊团的相关资源，特别是要主动寻求相关智库的智力支持，不能仅仅依靠写作班子的聪明才智。

3. 工作方案一经发布，即具有行政权威性。做工作方案时，应广泛搜集各种资料和理论政策的依据，基于不同立场和视角形成若干方案，并分析其利弊，以便在领导审示后调整出最优方案。如果只做一种方案，被领导否决后就显得很被动。

例文：

第十二届广西体育节工作方案

为全面贯彻落实《全民健身条例》《全民健身计划（2016—2020年）》，深入实施健康中国和全民健身国家战略，响应在每年8月8日“全民健身日”加强全民健身宣传，组织开展全民健身活动的号召，自治区人民政府定于2020年8月至11月期间在全区范围内举办第十二届广西体育节，特制订本方案。

一、指导思想

深入学习贯彻习近平新时代中国特色社会主义思想，积极落实国家新冠肺炎疫情防控工作部署，助推广西大健康和文旅产业发展，科学有序恢复体育赛事和活动，推动体育行业复工复产，广泛开展疫情防控常态化下的全民健身活动，促进群众体育事业繁荣发展，加快推进健康广西和体育强区建设，为推动广西经济社会高质量发展贡献力量。

二、活动主题

运动助健康　体育促发展。

三、举办单位

主办单位：自治区人民政府。

承办单位：自治区体育局，广西体育总会，各市、县（市、区）人民政府，中国铁路南宁局集团有限公司。

协办单位：各设区市体育行政主管部门、体育总会，中国铁路南宁局集团有限公司体育协会，各县（市、区）体育行政主管部门、体育总会。

四、重大赛事和活动内容

（一）开幕式和全民健身日活动（略）

（二）重大体育赛事活动（略）

（三）百万体育健身消费券惠民活动（略）

（四）闭幕式（略）

五、工作日程

（一）2020年8月8日前后（略）

（二）2020年8月—11月（略）

（三）2020年11月（略）

六、组织机构

（一）成立第十二届广西体育节组委会（略）

（二）组委会成员单位工作职责（略）

七、工作要求

（一）加强组织领导，压实各方责任（略）

（二）优化赛事组织，广泛动员发动（略）

（三）加大宣传力度，提升活动成效（略）

八、活动经费（略）

广西壮族自治区人民政府

2020年8月6日

简析：这是一个工作方案。本方案利用多重标题，列举出方案的必备要素，将活动的目标依据、指导思想、活动主题、举办单位、活动内容、工作日程、组织机构、工作要求、活动经费，都详细地写了出来，使人一目了然，没有疑义。

四、写作训练

请你找一份国家级大型文艺演出活动的工作方案，指出其在写作上的特点。

第三节　策划案

导入：假设请你负责组织一场元旦游园活动，那么你事先就要对整个活动有通盘思考，包括活动目标、组织方式、拟用资源、时间安排、活动应急措施、活动预算等。将思考结果形成文字，就是策划案。策划案如同导演的剧本，是工作人员完成任务的文本依据。

一、策划案的含义

策划案又称活动策划案，是对未来的活动或者事件进行规划和筹备，为组织者展现活动指导思想、具体安排和实施方案的书面材料。在日常写作时，策划案经常被写成“策划书”。

二、策划案的写作格式

（一）基本格式

标题+正文+落款

（二）基本框架

	标题：时间+单位+内容+策划案（一般为关于××××的策划案）
正文	1. 活动背景、目的、意义、主题 2. 活动开展的时间、地点、形式 3. 活动内容。详细介绍活动的具体内容、流程、所需资源 4. 工作人员安排与资金预算 5. 注意事项与应急预案
	×××（策划人） ××××年××月××日

（三）写作注意事项

1. 标题。即策划案的名称，一般包含时间、单位、内容、策划案等要素，根据需要可使用正副标题。

2. 活动背景、目的、意义、主题，四者要贯穿一致。不能因其“务虚”，而轻率为之。

3. 活动内容。活动内容是策划案最主要的部分，要详细介绍活动的具体内容，按照逻辑顺序叙述整个流程，包括前期准备、事中安排、后续事务、所需资源等。这一部分要反复调整结构和次序，以防内容混杂。

4. 工作人员安排与资金预算。人员要分工合理、责任明确，预算要全面、精确。要避免出现人员安排遗漏或经费预算缺漏的情形。

5. 注意事项与应急预案。对于后勤、安全可能出现的紧急情况，要考虑周全的应对措施，不能抱着侥幸的心理。

6. 策划案的书写应紧扣主题，重点突出。一场活动只完成一个主要目标。写法应简单易懂，具有可操作性。此外还力求有一定的创新性。

三、例文分析

例文：

××××大学第十二届学生社团文化节
开幕式策划案

一、活动背景

学生社团作为培养学生兴趣爱好、繁荣校园文化生活的第二课堂，已经成为大学生丰富校园生活、参与学校活动、延伸求知领域、扩大交友范围的一种重要方式。现在我校社团已突破百个，许多优秀社团以其特有的思想性、艺术性、趣味性、多样性等特点吸引着众多学生参与其中。学生们在活动中锻炼自身能力，提高自身素养。在学校的关怀和指导下，社团质量逐渐提高，新一届社团招新工作顺利完成，社团整体呈现积极向上蓬勃发展的景象。第十二届学生社团文化节更是为打造精品社团，丰富校园文化生活，塑造广艺社团文化氛围，提供了良好的机会。

二、活动主题

展示优秀社团，推介新兴社团，宣传社团文化，提高社团影响力。

三、活动时间

××××年×月×日上午9：00开始。

四、活动地点

××××大学北校区。

五、活动宣传

1. 海报：完成海报宣传的设计方案，分别张贴于三大校区的海报宣传栏处，内容要反映出社团文化节开幕式情况及所有社团名称（最好在开幕式前的一个月完成）。

2. 校媒体：联系校广播站、学校官网及各二级学院网站，通过广播、网站首页新闻等方式进行线上线下联合宣传。

3. 自媒体：利用社联、学生会等组织及各社团的微博、微信公众平台，制作鲜明特色的电子宣传稿，在微博、微信平台进行线上推广宣传。

4. 展板：在各校区入门位置放置宣传展板，如南校区可参照社团招新时的布置，在音舞楼对面空地放置展板，展板还可用来展示各社团风采，在宣传文化节的同时也可宣传各社团独特的社团文化（开幕式前一周到位）。

六、细节统筹

1. 确定邀请对象，提前一周发出邀请函，要求宣传部同学提前两周设计出邀请函。邀请对象：（略）。

2. 提前一个月将社团文化节的策划书发给各个社团（最好召开由社团负责人参加的大会部署任务），由各有意向参加表演的社团自行选送节目至策划部，再由策划部选定最终参加开幕式表演的社团节目，并由社联干事群体考核节目质量。所有甄选工作，在开幕式两周前结束。

3. 策划部成员提前制作好活动节目单，确定好座位安排，首先下发给参加表演的各社团，统筹各社团的表演时间、道具等情况，根据实际情况再对节目单的安排进行进一步改善，力求达到最好效果。另外，提前三周请宣传部同学设计节目单，要求开幕式前两周必须上交最终的节目单设计方案。

4. 开幕式前一周开始进行彩排，请秘书部成员统筹好各社团表演人员的时间安排，并通知各参加演出的人员按时参加开幕式彩排，彩排时要求主持人、表演者等工作人员及音响、电脑等设备全部到位，但要控制时间和音量等因素，避免扰民。希望最好能够集体彩排两次以上，增加默契度，避免不必要的错误。

七、活动流程

1. 播放暖场音乐及创意倒计时视频；

2. 各受邀社团出场；

3. 主持人上场主持，邀请学校领导上台讲话；

4. 学校领导致辞并宣布开幕式正式开始；

5. 播放优秀社团整合宣传片，宣传片要简短，不啰嗦，充分展示社团特色文化；

6. 宣传片中的优秀社团表演；

7. 主持人串词，进入中场游戏时段，组织小游戏，游戏中表现突出者会得到精美小礼品；

8. 播放新兴社团推介宣传片，展示新兴社团的风采，号召大家加入和支持新兴社团；

9. 新兴社团社长做简单宣讲介绍，并推出与社团文化相关的特色表演；

10. 结束表演：歌舞串串烧表演，引燃全场，完美谢幕。

八、现场人员安排

1. 主持人2位以上，轮流进行主持。

2. 按照座位表分区设定坐标，各坐标点安排社联工作人员3—4位，做好各坐标点监督和联系工作。

3. 入场、出场工作人员10位，做好解释现场流程、引导人员入场和登记到场社团的工作。

4. 现场纪律维护人员20位。

5. 现场摄影人员、流动摄影5人和定位摄影2人。

6. 医疗后勤保障人员2人。

九、活动预算（略）

十、风险评估及解决措施（略）

简析：这份策划案对活动背景、活动主题、细节统筹、活动流程、人员安排、经费预算等板块考虑细致，表述周详，安排合理，操作性强。相关工作人员参照这份策划案，能很快明确自己在活动中的角色和任务。

析错案例：

×××学院十大读书明星评选活动策划案

书籍是人的精神食粮，大学是读书的黄金时期。在世界读书日即将到来之际，为了了解同学们的读书情况，鼓动同学们广泛阅读各类书籍，提高广大学生的读书积极性，提高同学们的自我修养，并帮助同学们养成终生阅读的习惯，×××学院配合学校“读书月”活动，进行十大读书明星评选，并以此为契机，进一步强化学风建设。

一、活动时间

××××年4月10日—16日　宣传、组织、策划

××××年4月25日—30日　初评、推荐

××××年5月12日14：00　评选

二、活动对象

×××学院全体同学。

三、基本要求

1. 有良好的阅读习惯和浓厚的阅读兴趣，充分利用课外时间，保证每天至少有2小时的阅读时间。能在班级或学校发挥模范带头作用，在读书月各项活动中发挥重要作用。

2. 积极参加学校、学院组织的阅读活动，认真阅读推荐书籍，经常向学校图书馆、学院×××学生书屋借阅书籍，能撰写较为深刻的读后感。

3. 读书量大：统计到学校图书馆、学生书屋借阅次数以及到学生书屋的读书时间。

4. 读书质量高：做好“读书摘记”，撰写读后感、书评；至少参加一次学校科研立项活动，将读书成果总结、归纳、提升为科研立项结题论文。

5. 学以致用，视野开阔，学习成绩优异。

四、活动流程

1. 各班以班级为单位组织全体同学利用课余时间读书。

2. 在班级"读书沙龙"活动中，每位同学对读书月期间所读书目进行介绍、发表见解，在班级刊物上积极投稿，并被征用，积极参加读书月各项活动。

3. 每班推选1人参与学院评比，并于××××年4月30日12: 00前将其简介及所读书目交学院分团委。

4. ××××年5月12日14: 00组织统一答辩，由专业教师、专家组成评委会，评选出"人文学院十大读书明星"。

五、评选标准

1. 表达流畅，语音标准，生动活泼。(1分)

2. 层次清晰，中心明确。(2分)

3. 仪表得体，举止大方。(1分)

4. 现场问答自如，有个人见解，观点鲜明。(4分)

5. 读书笔记、心得有真情实感、真知灼见。(1分)

6. 活动月参加活动综合情况。(1分)

六、奖项设置

本次活动设读书明星奖10名，"最佳阅读者"奖若干名，为获奖者颁发证书及奖品。

×××学院

××××年3月29日

简析：这是一份还有待完善的策划案。如何检验一份策划案是否写得好？假设自己是组织活动的工作人员，根据策划案，就能够将整个活动执行起来，这就算好。这份策划案在结构上中规中矩，但有许多地方值得推敲。1. 首段"鼓动"应改为"鼓励"。2. 组织评选的场地不明确。3. "基本要求"的第2、第4点重复啰唆。4. 各个环节应该指定相关负责人。5. 经费预算未写。

四、写作训练

你所就读的大学决定于××××年×月×日举办一次"校园十大歌手"大赛，请你为此写一份策划案。

第四节　工作总结

导入：我们在日常工作中，经常要通过撰写工作总结整理一段时间以来的工作情况，及时归纳经验，总结不足，指导今后的实践。

一、工作总结的含义

工作总结，是党政机关、企事业单位、社会团体及个人对过去一定时间内的实践进行回顾反思、分析评价，总结经验教训，从而得出规律性的认识，以指导下一阶段实践的一种事务性文书。

二、工作总结的写作规范

（一）基本格式

标题+正文+署名和日期

（二）基本框架

标题： 单位名称+时限+事由+工作总结

正文

前言：简要介绍基本情况、交代背景、点明主旨、说明过程、总体评价等
主体：1. 基本做法（做了什么）
2. 成绩、经验（做得怎样）
3. 问题、教训（分析评价）
结语：展望前景，提出今后努力的方向、打算。

×××（署名）
××××年××月××日

（三）写作注意事项

工作总结不是法定公文，不受公文格式的约束，但必须遵守在长期文书工作实践中形成的约定俗成的写作规范。

1. 标题。工作总结的标题比较灵活，主要有公文式标题、文章式标题、双标题。工作总结的标题可以生动些，但不必追求文采。

2. 正文。工作总结的正文一般分为前言、主体和结尾。前言包括交代背景、点明主旨、说明过程、总体评价等基本的信息。主体由基本做法、成绩和经验、问题和教训组成。结尾主要指出存在的问题和今后努力的方向。

工作总结的正文所述事实应材料准确、实事求是、主次得当、重点突出、评价客观中肯。在陈述事实的基础上分析概括，发现新亮点，总结规律，切忌单纯罗列材料，挖掘不深，叙述肤浅，写成流水账。

三、例文分析

例文：

×××大学2018—2019学年工作总结

过去的一年，我校始终坚持以习近平新时代中国特色社会主义思想为指导，与时俱进，开拓创新。以提高教育教学质量为中心，以“创品牌、促均衡、提质量、树形象”为工作重点，在各级教育主管部门的精心指导下，在全体师生的共同努力下，取得了可喜的成绩，圆满完成了学期初所提出的各项目标任务。现总结如下。

一、基本做法与成效

1. 加强教师的政治理论学习。（略）

2. 养成良好的师德规范。（略）

（一）加强师德建设，全面提升教师形象。

（二）加强班子建设，全面提高工作效率。（略）

（三）加强教师队伍建设，全面提高教师素质。（略）

（四）加强德育工作建设，全面提高学生思想道德水平。（略）

（五）加强教学管理，全面提高教学质量。（略）

（六）加强安全教育，确保学校正常的教学秩序。（略）

二、工作中存在的困难与不足。（略）

总之，在上级的领导下，通过全校师生的共同努力，一年来，我校的各项工作都取得了长足的进步，得到了上级领导的充分肯定，先后获得区级“教学示范校”“教育教学先进单位”称号。今后，我们将在加强学校硬件建设的同时，进一步加强师资队伍建设，努力打造“名师”，用教研教改锻炼教师，用教师魅力熏陶学生，用学生质量发展学校，为争创一流规范化学校而努力奋斗。

×××大学（印章）

2019年7月3日

简析：该篇总结采用公文式标题。正文部分既概述了“基本做法与成效”，也分析了“工作中存在的困难与不足”，涵盖了工作总结所需的两大基本要素。

析错案例：

学生会上半年工作总结

半年来学生会在精神文明和物质文明方面做了许多工作，取得了很大成绩。半年来，主要做了以下工作：动员组织全院学生学习十八大文件；安排、落实全年学生会工作计划；推行、落实学生会干部工作责任制；修建学生会专用宣传栏；与外单位建立了联系；解决学生会工作资金不足问题；美化环境，栽花种草；办了一期计算机技术培训班；调整了工作人员，开始试行干部招聘制。

半年来，在工作繁杂，头绪多而干部少的情况下，能做这么多工作，主要是：

一、团结一心。全体学生会干部都能同甘共苦，劲往一处使。工作中有不同看法，当面讲、共同协商。互相间有意见能开展批评与自我批评，不犯自由主义。

二、不怕困难。本届学生会刚刚起步，困难很多，人员力量薄弱，资金不足；工作没有打开等。为此，我们共同想办法，外联部同学不辞辛苦，放弃自己的休息时间，忍饥挨饿受冻，四处联系，终于解决了今年所需要的资金，打开了工作局面，使学生会的工作上了台阶。

×××学生会

××××年×月×日

简析：这份总结问题较多，结构不完整，内容空洞。一是，只有前言和经验总结，其余部分缺失。二是，材料不足，许多内容没有具体展开。文中所述“推行、落实学生会干部工作责任制”等做法，没有提供相关支撑材料。至于这些工作怎么开展，成绩如何，有什么教训，也都没有交代清楚。三是，“团结一心”“不怕困难”这两点经验，不具有典型性、指导性、借鉴性，应写具体经验。

四、写作训练

请从班级干部的角度，为自己所在班级写一份年度工作总结。

第五节　述职报告

导入： 干部、职工、员工在任期间，需要阶段性地向上级主管领导和所在部门汇报工作，使上级和所在部门充分了解自己的工作，作为考核、评价、任免的依据。这个汇报形成书面文稿，就是述职报告。通过写述职报告，干部、职工、员工可以认真回顾过去，实事求是地进行自我总结，自我评价，自我鉴定，从而改进工作。

一、述职报告的含义

述职报告是党政机关、团体、企事业单位的干部和专业技术人员向主管领导部门、人事部门、专家组、本单位的职工群众陈述、汇报个人或单位在一定时期内履行现岗位职责情况，以及对德能勤绩进行自我评述的事务性文书。

二、述职报告的写作规范

（一）基本格式

标题+称谓+正文+署名和时间

（二）基本框架

标题
- 1. 公文式标题：姓名+时限+事由+述职报告
- 2. 文种式标题：述职报告
- 3. 文章式标题

称谓：

正文
- 前言：报告任职的基本情况
- 主体：汇报所履行的职责、实绩、经验、不足
- 结语：一般用谦逊式语言结尾

×××（述职人）

××××年××月××日

（三）写作注意事项

述职报告的写法与工作总结有相似之处，但也有自身的一些特点。

1. 标题。述职报告的标题主要有三种写法，一是公文式标题“姓名+时间+事由+述职报告”；二是文种式标题，只写“述职报告“四个字；三是文章式标题，在标题中体现述职报告的观点、经验或教训。述职报告的标题忌虚浮。

2. 称谓。在正文下方顶格书写。根据述职的场合或主管述职考核工作的部门、机关来确定称谓写主送机关，还是写领导。

3. 正文。由前言、主体、结语三个部分组成。正文所述要有切实根据，在作相关评价时，不故意压低或故意抬高自己。(1) 前言。简要说明任现职以来的基本工作情况，并作总体评价。一般以“现将本人任职期间的情况报告如下”引出下文。(2) 主体。主体是述职报告的核心，主要围绕职责要求，陈述任职期间的工作完成情况、工作实绩、存在问题、经验与教训。(3) 结语。结语可与开头相呼应，总结全文，简要说明今后努力的方向，并用“以上述职，请予审查”“述职完毕，请批评指正”等作结束语。

4. 述职报告要真实反映个人的德、能、勤、绩情况，要分清主次，有详有略，突出重点。自我评价应恰如其分，名副其实，措辞力求谦虚诚恳，给领导和群众留下良好的印象。

三、例文分析

例文：

×××党支部书记李××2019—2020年述职报告

尊敬的各位领导、老师们：

大家好！2019年1月，通过党支部民主选举，我被推选为新一任支部书记。在过去一年中，在校党委的正确领导下，我带领×××党支部的同志们认真学习和贯彻国家各项重要决策和党的各大会议精神，坚持贯彻执行“三会一课”制度，通过思想教育学习活动，永葆党员先进性。现将本人任职期间的情况报告如下。

一、不断深化理论学习

1. 组织支部党员参加单位开展的各项党建活动。(略)

2. 组织开展主题教育活动，独立集中进行了五次专题研讨。(略)

二、加强师德师风建设与廉政思想教育（略）

三、推进党的思想理论向实践有效转化（略）

四、加强组织建设（略）

五、学习先进楷模事迹（略）

六、党建与教学科研融合，努力推进课程思政

1. 举办“迎建国70周年大学生原创诗歌征集活动”。（略）

2. 《艺术概论》课程教学走进美术馆。（略）

3. 举办“策划书实践教学--母亲节活动”。（略）

4. 依托教材编写推进课程思政。（略）

5. 党建与科研融合。（略）

总的来说，2019—2020年×××党支部取得了不错的成绩，但同时我的工作也存在着许多不足。比如所组织的党日活动形式不够多样化、未带领×××教研室第二课堂进入常规化，未以实际行动营造浓郁的科研氛围。对此，提出以下整改方案：（略）。

在今后的工作中，我将努力工作，克服困难，带领×××党支部打造优秀的科研型党支部。

李××

2020年×月×日

简析：本篇述职报告结构完整，首段介绍了任职期间的基本工作情况，正文部分详细陈述了具体做法与取得的成绩，同时指出存在的不足，并提出相应整改措施。最后一段展望未来，表明决心。

析错案例：

2017年个人述职报告

各位领导、各位老师：

回顾当班主任的这一年，我心中时常在反思，我在本职工作中应该做些什么，做了些什么，做好了什么？有了这些追问，使我的工作更有意义。为今后更好地工作，现将一年的工作做如下汇报。

一、完善师德

“德高为师，身正为范”，为人师表，以德为首。在工作中，告诫自己，要爱岗敬业，乐于奉献，廉洁从教，为人师表。坚守高尚情操，知荣明耻，严于律己，以身作则。衣着得体，语言规范，举止文明。保持平常心，力求做工作中不计较个人得失。

二、虚心学习

作为一名教师，要给学生一滴水，自己得先装满一桶水。我勤奋地读书、勤奋地工作，不断地反思自我，鞭策自己不断进步。在教学方面和班级管理方面，都取得了很大的进步。

三、教研务实

进行教改探索，精心制订以人为本的校本教研计划，组织新型的教学研究活动，通过学习新理念，借助网络平台，分析案例、集体备课，提高课堂教学水平。

以上是我的个人述职，请领导们批评指正。

黄××

2018年1月1日

简析：这篇述职报告写得比较粗糙，通篇务虚不务实，缺乏具体的材料支撑，从中看不出述职者在过去一年做了什么，取得了什么成绩。而且，文中也未总结经验、不足与改进措施。

四、写作训练

假设你是学生会主席，请就自己的工作写一篇述职报告。

第六节　调查报告

导入：调查报告是机关、机构运行过程中常用的事务性文书，在实际工作中使用频率非常高，也是报刊上常见的新闻体裁。调查报告可以作为领导决策的依据，可以用来推广新生事物、先进典型，也可以用来揭露社会问题和事实真相。

一、调查报告的含义

调查报告，就是针对某一现象、事件、问题或经验，进行深入调查分析，发现其本质特征和基本规律，然后将情况、分析和结论整理成文的一种陈述性应用文体。

二、调查报告的写作规范

（一）基本格式

标题+正文+落款

（二）基本框架

标题
1. 公文式标题：调查机关＋事由＋调查报告
2. 文章式标题

正文
前言：调查的目的、对象、内容、方式、时间、地点、背景、主要经过等。
主体：根据调查的材料、问题的性质，得出经验、结论、意见等。
结尾：概括全文，针对问题，提出建议。

×××（署名）
××××年××月××日

（三）写作注意事项

1. 标题。调查报告的标题，或标明调查的对象、内容、范围，或概括主旨，表明观点，常见格式为“关于××××的调查报告”。但有些行政性强、权威性强的调查报告，直接写作“××××调查报告”。调查报告的标题忌繁杂。

（1）公文式标题。主要有两种形式：一种是“调查机关+事由+调查报告”；一种是“事由+调查报告”。

（2）文章式标题。文章式标题又分为单标题和双标题（正副标题）。单标题直接以标题呈现全文核心观点或调查报告的内容、范围。双标题由主标题和副标题组成，主标题一般是文章式标题，点明调查报告的主旨；副标题一般是公文式标题，由调查对象、范围和文种组成。

2. 正文。调查报告多由前言、主体、结尾组成。正文的写作忌违反真实，或调查材料不完整。（1）前言。调查报告的开头部分，概括交代基本情况。包括调查的缘由、目的、对象、范围、经过、方法、结论等。（2）主体。主体部分需要在大量调查事实、数据的基础上归纳分析，并总结经验教训。（3）结尾。常采用的写法有：总结式结尾、号召式结尾、建议式结尾、启示式结尾、补充式结尾，也可以没有结尾。调查报告的结尾忌喊空洞口号，或提出没有切实针对性的建议。

3. 写法。调查，是调查报告的写作前提。常用的调查方法有开调查会、个别访问、问卷调查、实际考察、网上调查、查阅资料、听取汇报等。调查报告的基本写作步骤是：(1) 选题；(2) 制订调查计划，选择调查方法，实施调查；(3) 收集调查得来的信息；(4) 分析、研究信息；(5) 得出调查结论，拟定写作提纲；(6) 按照格式，写出调查报告。

三、例文分析

例文1：

关于大学生心理健康问题的调查报告

一、调研目的和意义

近几年，随着生活节奏不断加快和社会竞争日益激烈，大学生面临的学习、生活、情感和就业压力明显增大，由此产生的心理问题日益突出，直接影响到大学生的健康成长和高校的校园稳定。接连发生的大学生意外事件引起全社会关注，大学生的心理健康成为一个不容忽视的问题。为了解我校大学生的心理现状，分析造成大学生心理困扰的主要问题，为我校今后有针对性地加强大学生的心理教育提供决策依据，从而引导大学生形成健康的心理素质，促进他们更好地应对人生、社会的各种问题和矛盾，我校团委决定对我校大学生心理状况进行专题调研。

二、调研方法：问卷调查

此次调研以问卷调查的形式展开，采取随机抽样的方法，调查对象为我校所有年级的学生。回收的有效答卷为540份。

三、调研内容（基本情况）

（一）您是哪个年级的学生？（ ）

1. 大一　2. 大二　3. 大三　4. 大四

分析与总结：由上表可以看出，答卷人数各年级比例基本均衡，具有普遍性和代表性。

（二）请问您的性别？　（ ）

1. 男　2. 女

分析与总结：这次调查对象男女比例各为50%，有利于从性别角度了解和分析大学生的心理健康状况。

（三）请问您理解“心理健康”这个概念吗？

1. 非常了解　2. 有点了解　3. 知道一点点　4. 很不清楚

分析与总结：很多学生对于“什么是心理健康”，既不关心，也不了解。可见，大学生在心理健康方面的知识有待增加。

（四）请问您是否感到生活非常紧张？（　）

1. 是，经常觉得压抑　2. 否，没有这种感觉　3. 偶尔出现这种状况

分析与总结：多数学生感到生活紧张，压力大。少数学生只是偶尔感到紧张，个别学生甚至没有这种感觉。可见，社会竞争造成大学生心理压力加大，是普遍现象。但小部分学生应给予自己适当的压力，保持前进的动力。

……

四、问题分析

学生心理健康问题主要表现在以下几个方面：

（一）抗挫折能力差，引发压力难以适应症。（略）

（二）受失恋等情绪的困扰，诱发冲动控制障碍症。（略）

（三）个性偏执、情绪敏感，易诱发孤独、失落症。（略）

（四）经济条件的差异导致心理落差，引发烦恼、自卑症。（略）

（五）毕业生就业压力大，引发焦虑、恐惧症。（略）

五、保障大学生心理健康的几点建议

（一）学校要高度重视大学生的心理健康保护机制建设。（略）

（二）充分发挥学校心理咨询机构的作用。（略）

（三）开展大一新生心理健康调查，做好心理问题的早期发现与预防。（略）

（四）把心理素质教育渗透于各科课程教学。（略）

（五）改善学生常见的人际交往障碍。（略）

（六）加强对大学生的就业指导。（略）

（七）劝导大学生建立科学的学习、生活方式。（略）

（八）开设调适当代大学生情感问题的课程（略）

美术学院平面设计2班团委

××××年××月××日

简析：这是一份格式较为规范的调查报告，标题为“事由+文种”类型的公文式标题。第一部分阐明了对大学生心理健康状况进行调查的背景、意义。第二部分详细介绍了使用的调查方法和调查对象。第三部分介绍调研的内容，将问卷上的内容一一列出，并对每一问题的答卷情况进行初步分析。第四部分“问题分析”是在上一部分基础之上展开的深度分析，总结出大学生常见的五个心理健康问题，包括现象、成因。第五部分，立足于解决问题，提出八条保障大学生心理健康状况的建议。全文结构完整，分析得当。

例文2:

包茂高速陕西延安“8·26”
特别重大道路交通事故调查报告

2012年8月26日2时31分许，包茂高速公路陕西省延安市境内发生一起特别重大道路交通事故，造成36人死亡、3人受伤，直接经济损失3160.6万元。

事故发生后，党中央、国务院高度重视，马凯、孟建柱等领导同志先后作出重要批示，要求全力抢救伤员，迅速查明事故原因，认真做好善后工作，维护社会稳定。

按照中央领导同志重要批示精神和《生产安全事故报告和调查处理条例》（国务院令第493号）等有关法律法规规定，2012年8月29日，国务院批准成立了由国家安全监管总局牵头，监察部、公安部、交通运输部、工业和信息化部、全国总工会、内蒙古自治区人民政府、河南省人民政府、陕西省人民政府组成的国务院包茂高速陕西延安“8·26”特别重大道路交通事故调查组（以下简称事故调查组）。事故调查组聘请了有关专家，并邀请最高人民检察院派员参加了事故调查工作。

事故调查组通过科学严谨、依法依规、实事求是、周密细致的现场勘察、检验测试、技术鉴定、调查取证、综合分析和专家论证，查明了事故发生的经过、原因、应急处置、人员伤亡和直接经济损失情况，认定了事故性质和责任，提出了对有关责任人员及责任单位的处理建议和事故防范及整改措施建议。现将有关情况报告如下：

一、基本情况

（一）事故车辆驾驶人情况。（略）

（二）事故车辆情况。（略）

（三）事故道路情况。（略）

（四）事故相关单位情况。（略）

二、事故发生经过及应急处置情况

（一）事故发生经过。（略）

（二）事故应急处置情况。（略）

三、事故原因和性质

（一）直接原因。（略）

（二）间接原因。（略）

（三）事故性质。（略）

四、对事故有关责任人员及责任单位的处理建议

（一）司法机关已采取措施人员。（略）

（二）建议给予党纪、政纪处分人员。（略）

（三）对相关单位和人员的行政处罚建议。（略）

五、事故防范和整改措施建议

针对事故暴露出来的问题，为进一步细化工作措施，切实落实企业安全生产主体责任和相关部门监管责任，有效防范类似事故再次发生，特提出以下工作建议：

（一）高度重视道路交通安全工作。（略）

（二）进一步加强长途卧铺客车安全管理。（略）

（三）进一步加强危险化学品运输安全管理。（略）

（四）加大道路路面秩序巡查力度。（略）

（五）着力提升道路运输行业从业人员教育管理水平。（略）

（六）尽快完善道路交通安全法律法规和技术标准。（略）

国务院包茂高速陕西延安“8·26”特别重大道路交通事故调查组

2013年4月11日

简析：这是一篇揭露问题的调查报告，分为六个部分：第一部分，简要介绍事故情况、处置措施及处理原则。第二部分，提供事故车辆驾驶人、事故车辆、事故道路、事故相关单位的基本资料。第三部分，根据调查结果，陈述事故发生经过及应急处理情况。第四部分，分析事故发生的直接原因、间接原因，并确定事故的性质。第五部分，之后提出对事故责任者的处理建议。第六部分，最后提出事故防范和整改措施建议。全文措辞严谨，井井有条，堪称范文。

例文3：

火灾事故调查报告

××××年×月×日×时，××公司××厂房电机短路起火。该位置系两面铁皮夹泡沫的非阻燃材料，因高温作用，墙体内的泡沫燃烧，高温导致大量烟尘产生，引燃室内的地毯和木地板。

××公司××厂房车间本就是一个封闭的空间，××室又进一步形成一个更为封闭的小空间，致使浓烟积蓄更多，为救援带来极大的阻挠。

火灾发生后5分钟，消防队接到报警电话，消防队立即组织两车九人在12：58到达火灾现场。由于室内烟雾非常浓，起火点与起火物质均不明确，又被该分厂人员告知用水施救会损坏设备，针对此情况，消防人员采用灭火器实施救援。在使用大量灭火器无效的情况下，现场请示刘总，立即使用水进行施救，在尽量保证设备的情况下于13：27分左右将火扑灭。在明火扑灭后，消防队使用专业排烟设备进行排烟，通过较长时间的排烟，顺利将室内烟雾排空，使得此次火灾事故得以成功处置，并将财产损失降到最低。

事后，公司组织调查组对火灾现场进行初步勘察，从火灾现场痕迹来看，有可能是厂房旁的空气压缩机过热发生故障，造成电气线路短路起火，并引燃地面油污和隔热层里的泡沫，且现场可能工作人员缺位，未能及时发现火情，从而造成了火势的蔓延、扩大。

同时，通过此次火灾事故，我们也要从中吸取教训，各单位对各类电气设施，特别是重点部位和死角的电气设施要加大检查力度，及时发现和排除隐患。各职能部门也需要加大督促、检查、考核力度，共同努力，确保公司的生产安全。

××公司火灾事故调查组

××××年×月×日

简评：这是某公司内部成立的事故调查组递交的一份火灾事故调查报告，但看起来像一份简单的情况汇报，而不是严谨的事故调查报告。首先，从结构上看，一个完整的安全事故调查报告应包括陈述事故经过、分析事故发生的原因、指出教训、事故处理意见等基本要素。本文对事故经过描述得非常详细，但对事故发生原因的分析过于简略，并且没有提出处理意见。其次，本文在提及事故原因时，两次用了推测性词语“可能”，没有体现出以调查为写作基础的严肃性。

四、写作训练

结合你的专业，选择一个主题进行调查，写作一份调查报告（2000字左右）。可与同学组成小组，分工协作。

第七节　简报

导入：简报也属于新闻的一种，可以上报、下达、交流情况，它是党政机关、社会团体、企事业单位编发的一种内部流转的材料，一般不作为正式文件使用。

一、简报的含义及特点

简报就是简要报告。简报是一种内部文件，作为刊载各类宣传交流类文书的信息载体，主要用于沟通情况、汇报工作、交流经验。

“简报”是个统称，除“××会议简报”“××简报”之类的名称之外，作为内部刊物的“××信息通报”“××情况交流”“××工作”“××简讯”“内部参考”等都属于简报的性质。一份简报，其版面一般由报头、报核和报尾三部分构成，具有真实、准确、简明、迅捷的特点。

二、简报的写作规范

（一）基本格式

报头+报核+报尾

（二）基本框架

报头：

××××简报　（简报名称）

（××期）（期号）

××××部办公室编（主编单位）　　××××年×月×日（印发日期）

报核：

目录（若只有一篇文章，则不必标“目录”字样）

按语：××××××××××××××××××××××××××
×××××××××××。

××××××××××(标题)

正文：××××××××××××××××××××××××××
××××××××××××××××××××××。

报尾：

抄送：××××　××××　××××（发送范围）
××××　××××　××××　××××　××××　××××

印发份数

×××办公室　电话：××××××××　邮箱：××××××××

（三）写作注意事项

简报的编写，既要“编”又要“写”。所谓“编”就是编排、选材，一个单位或者系统在日常工作中有很多问题和情况，这些问题和情况不能全部上简报，编写者要注意编选材料。所谓“写”包括按语及消息性文稿的写作。简报的“编”，要有主题，入编的若干材料不能杂乱无序。简报的“写”，应有主旨，不能逐篇评论。

1. 按语的写作。一般分两类：批示性按语和说明性按语。

批示性按语，常常是领导机关对一些具有典型意义的事件或问题作出的评论，表达其看法、意见或要求。如：

编者按：本期编发了××、××、××等地陆续报来的关于交通问题的材料。这些问题具有典型性。现汇编如下，供各地学习研究。

说明性按语，常常是对简报中某些重要文稿的说明或提示性文字，用以介绍作者身份、说明相关情况、交代事件背景、表明刊载目的等，帮助人们更好地理解简报内容。如：

编者按：根据中央领导同志的意见，现将中国人民银行关于东南亚金融风暴的报告摘要如下，供各单位参阅。

2. 简报文稿的写作。简报文稿，往往是报道新人新事，其实质为消息性文种，可仿照消息进行写作。

3. 简报的编选。立足于部门或单位工作全局，精心选择最具典型性和时效性的材料；编写要迅速，简报作为刊载各类宣传交流类文书的载体，要快速反映新情况、新问题，分享传播新方法、新经验，以起到指导工作的作用。

三、例文分析

例文：

交通运输行业新闻宣传简报

（第四季度第三期）

部新闻办　　　　　　　　　　　　　　　　　　　　　　　2013年1月31日

2013年第一季度，行业新闻宣传工作的重点是：宣传各地交通运输部门贯彻落实党的十八大精神的具体做法；做好春运、两会期间重要时段的交通运输新闻宣传工作；加强舆情监测分析和研判，提高舆论引导的及时性、权威性和公信力、影响力，为营造交通运输事业

又好又快发展的良好氛围提供舆论支持。

山西：行业热点舆论引导有力

山西交通运输厅加大对治理超限、交通科技创新、节能减排、法制建设、廉政建设、安全监督等方面专项工作成效的宣传力度。重点宣传依法治理短途非法超限超载百日专项行动，推动山西治超深入进行，巩固并发展山西治超成果。近几年，山西治超工作走在全国前列，治超经验在全国推广。2012年继续加大治超宣传力度，为巩固和发展治超成果创造良好氛围，推出一系列举措。一是发挥《中国交通报·山西交通》、山西电视台和山西交通网的作用，突出全省治超工作的宣传。二是积极配合省治超办开展全省范围内的集中采访报道活动，开设专栏，编发治超新闻稿件。三是积极引导社会媒体加大治超宣传力度，正在协调《人民日报》策划报道治超经验。

江西：舆情监测程序不断完善

江西交通运输厅把办好《江西交通宣传参考》作为一项重要工作来抓，在深入细致上下功夫，及时把各大媒体关于（江西）交通改革发展的报道、评论、经验等进行收集整理编发，并发厅领导及厅机关处室负责同志参考，每月摘要1期发至各市交通运输局、公路局和厅直属单位。重特大及敏感舆情动态第一时间被编辑成舆情专报发厅领导、有关处室和相关单位，相关部门协调督促有关单位及时应对处置。2012年，江西交通舆情热点分布主要集中在以下几个方面：一是农村改渡建桥扫尾工程。少数地区由于资金等原因，农村公路建设和渡改桥工程扫尾工作尚未完成。一些人不理解，到网站报社等媒体投诉曝光。二是高速公路管理方面的问题。比如天价清障费、标志标牌缺失、封路、收通行费等。三是恶劣天气条件下公路保畅通工作引发司乘人员误解。四是工程质量问题引发网络炒作。五是交通改革工作引发的舆情，特别是资产处置、机构改革等问题。

福建：积极向社会各界通报发展成就

福建省交通运输厅加强与新闻媒体的沟通合作，积极利用主流媒体、新闻发布会等权威平台，向社会各界通报交通运输发展建设成就。他们积极联系新华社福建分社，与该分社在交通运输等方面开展合作，签署战略合作协议。与人民日报社、中央电视台、中国新闻社等中央驻闽记者站，福建日报社、福建电视台、海峡都市报社等省内主要媒体保持经常性互动，及时向他们提供新闻素材、新闻线索，扩大新闻宣传效应。邀请13家驻闽中央主要媒体、省内主流媒体领导座谈，通报福建省交通运输“十一五”以来发展情况、“十二五”发展目标任务、福建交通运输行业安全生产总体形势及相关情况。

……

中国交通报社：推出服务民生系列报道

中国交通报社2012年第四季度的宣传报道工作主要围绕着“十八大”报道、交通工作会报道和服务民生报道这几方面进行。一是开展日常出行不安全习惯调查。最近，“中国式过马路”引发了公众的关注。其实，在日常出行中，不少被忽视的不良习惯也在每天上演、并严重影响安全，如：边走边打手机、车内不当装饰、车窗抛物、旅游景区车船驾驶者缺少安全培训等。中国交通报社编辑通过网上及电话调查，汇总日常出行中常见的不安全习惯；约请相关人士分析，借鉴国内外管理经验，提出改善和提高安全出行的方法。二是关注年底农民工工资发放。中国交通报社结合保障和改善民生的行业发展重要主题，报道交通运输行业促进就业、增加收入的成果，以及各地保障工资不拖欠的做法、经验。三是冬季交通服务“温暖出行”报道。十八大提出在改善民生和创新管理中加强社会建设。交通作为服务性行业，服务社会、服务民生的工作很多，话题也很多。冬季交通运输如何让旅客更安全、更舒适，能够“温暖出行”，城市公共交通、长途客运、航空服务等部门都各有办法。

报：部领导、部新闻办成员

发：各省（市、区）交通运输厅（局）、部属各单位、部内各司局

编辑部：交通运输部新闻办新闻中心

电　话：010-65293751　　邮　箱：mocxwb@126. com

简析：本篇简报对山西、江西、福建等地交通运输行业的新闻宣传进行简要集中的报道，结构完整，事实清晰。

四、写作训练

请结合校园近期开展的各种有意义的活动，为学校创办的“×××简报”撰写一篇简报文稿。

第八节　电话（短信息）记录单

导入：由于时间紧急或不方便文来文往，单位之间需要办理的公务，也经常以电话（短信息）的方式告知。接到电话（短消息）的一方，要记录下电话（短消息）内容，并择要填写到电话（短消息）记录单（笺）里。电话（短信息）记录单是使用范围广泛，使用频率较高的一种应用文。

一、电话（短信息）记录单的含义

电话（短消息）记录单是通过记录整理对方办理公务的电话（短消息）内容，形成文字并填写到固定格式表格中的文种。

二、电话（短信息）记录单的写作规范

（一）基本格式

标题+正文（要点）

（二）基本框架

标题：一般为“内容摘要”

正文

1.有关处理原则和处理方式的建议
2.分条目简要列举要处理的事务
3.事务处理的要求（如时间限定）

（三）写作注意事项

1. 电话记录单里录入的是电话（短信息）的内容摘要，应尽量摒弃客套语、应酬语和修饰语。

2. 电话记录单应对与事务相关的单位、人员、时间、地点等要素交代清楚，不能出现要素缺漏。

3. 电话记录单里提出的事务办理要求，要明确且有可执行性，不能有含混不清之处。

4. 凡是来电（消息）内容引起疑惑之处，通话双方一定要沟通清楚，直至没有疑义。

三、例文分析

电话记录笺

2023年×月×日　　　　编号：

/	姓名	单位/部门	职务	电话号码	通话时间
去（来）电人	吴××	××自治区纪委监委第三监督检查室	科长	×××××××××××	
接电人	孟××	××大学纪委办、监察处	科长	×××××××××××	

内容摘要: 9月23日，吴科长电话通知我校纪委，要求提供以下材料。因材料涉及多个部门，建议请多部门分别提供。具体如下: 1. 马克思主义学院的办学情况（简介），领导重视的情况。（建议马克思主义学院提供） 2. ×××校区食堂承包的会议纪要和会议记录。（建议党政办、财务国资办提供） 3. 学校与×××银行签订的合作协议。（建议党政办提供） 4. ××××年到××××年学校与其他银行解除合同及签订合同的情况（如果签订合同的数量不多，请附上合同）。（建议党政办提供） 5. ××××年××月，召开本科教育工作大会的会风、会纪情况（会议由教务处牵头召开）。建议由教务处提供。 6. ××××年艺考报考人数。（建议招生办提供） 以上材料需×月×日前提交三室。
处理意见:
领导批示:
备注:

四、写作训练

请虚拟一次公务办理场景，并按照以上表格填写一份电话（短消息）记录单。

第三章　新闻传播类文书写作

新闻指公开传播新近变动事实的信息；传播指传授信息的行为和过程。凡在公众场合或通过大众传媒公开发布，以播散信息为目的并追求扩大社会影响力，符合约定俗成规范要求的文稿，均可称为新闻传播类文书。新闻传播类文书以新近变动的事实为依据和来源，传播类文书以扩大社会影响力为目标。

第一节　消　息

导入：消息是以最简练的文字，迅速及时报道新闻事实的体裁，也是新闻文书中最基本、最常用的一种文体。

一、消息的含义

新闻就是对新近发生的重要事实的报道或评述。广义上包括消息、通讯、特写、评论、专访、报告文学、调查报告等。狭义就是指消息。消息就是用概括性的叙述方式、简明扼要的文字、迅速及时地报道新近发生的事实的一种新闻文体。

二、消息的写作规范

（一）基本格式

标题+导语+主体+背景+结尾

（二）基本框架

标题
- 1. 单行标题（正题）
- 2. 多行标题（引题+正题+副题）

正文
- 1. 导语：用最简洁的语言介绍新闻的主要信息，揭示主体，引领全篇
- 2. 主体：导语之后对消息内容作进一步叙述（扩展）或说明的部分，也是发挥主题、表现主题的决定性部分
- 3. 背景：交待新闻事件发生的历史条件和环境
- 4. 结尾

（三）写作注意事项

消息是一种叙事性文体，具备记叙文应有的六要素，即时间、地点、人物、事件的起因、经过和结果。消息结构由标题、导语、主体、背景、结语组成，其中标题、导语、主体必不可少，背景和结语有时蕴含在主体里面，不必要单独写，视情况而定。

1. 标题。标题是新闻（消息）的主旨，是文章内容的提要。新闻（消息）标题要醒目，能引起观众注意。消息的标题当简洁，通俗易懂，忌生涩。

（1）标题的构成：

引标题又称眉题、肩题 +	引标题的作用是交代形势，说明背景，烘托气氛，引出主题
正标题又称主题、母题 +	正标题是整个标题的中心，是一则消息中最主要事实或思想的概括
副标题又称辅题、子题	副标题一般是对正题的补充，用来提要式地说明重要事实或事件的结果，有时也用来说明主题的来源和依据

2. 导语。导语是消息的第一句话或第一段文字，是消息的开头。如果有电头："新华社某地某日电"或"本报讯"，导语就紧接在电头之后。消息的导语要简明扼要地叙述消息中

最主要、最新鲜的事实，要能概括全文的基本内容。忌语法复杂，造成歧义。

3. 主体。主体是消息的主干和中心，是导语之后对消息内容做进一步叙述（扩展）或说明的部分，也是发挥主题、表现主题的决定性部分。写作要求：（1）要做到线索清楚、层次分明。（2）以叙述为主，用事实说话。（3）要做到通俗易懂，生动耐看。语言要浅显、朴实，不使用晦涩难懂的词语。

4. 背景。消息的背景主要是指新闻事件发生的历史条件和环境。背景材料的交代要为表现主题服务，简明扼要，灵活多变。要有助于突出、烘托、阐述、深化主题，增强说服力。有利于提高新闻事件的意义和价值，增强新闻的知识性、趣味性和可读性。

5. 结尾。消息的结尾主要有五种写法：（1）归纳式结尾。（2）点题式结尾。（3）反问式结尾。（4）评论结尾。（5）引语式结尾。

三、例文分析

例文1：

西藏喜庆“百万农奴解放纪念日”

（据新华社3月28日电） 28日上午，布达拉宫广场上彩旗飘扬、鲜花绽放。来自西藏各族各界的13 280名代表身着节日盛装，在布达拉宫广场上隆重纪念首个西藏百万农奴解放纪念日。

上午10时，西藏百万农奴解放纪念日庆祝大会举行，西藏自治区主席向巴平措主持会议，来自各界的代表先后登台发言。

西藏自治区党委书记、西藏军区党委第一书记张庆黎说，西藏民主改革50年来的伟大历程波澜壮阔，各项事业取得了举世瞩目的伟大成就，创造了五十年跨越上千年的人间奇迹，一个崭新的社会主义西藏屹立在世界屋脊。

民主改革50年来，西藏已经站在新的历史起点上，新的伟大目标是到2020年实现全面建设小康社会，到新中国成立100年时同全国一道实现现代化。

1959年3月28日，在以达赖为首的西藏反动上层发动武装叛乱后，中华人民共和国国务院颁布命令，宣布解散原西藏地方政府，由西藏自治区筹备委员会行使西藏地方政府职权。由此，在中国共产党领导下，西藏各族人民进行了平叛和民主改革，彻底废除了政教合一的封建农奴制度，掀开了西藏历史崭新的一页。

简析：这则消息语言概括性强，将庆祝的盛况和场面准确、生动地报道出来。主体部分材料典型，适当穿插了描写、议论的表达方式，说服力很强。

例文2：

我院××××年秋季气排球比赛落下帷幕

经过半个多月的激烈角逐，我院××××年秋季气排球比赛于×月×日落下帷幕。本次比赛共有33支队伍报名参加，分南校区和北校区两个赛区，前两名进入总决赛。经过小组赛和淘汰赛，南校区的院办一队、二队和北校区的美术学院一队、二队分别囊括了两个赛区的冠亚军，在总决赛中相遇。强强相遇，双方都铆足了劲，经过激烈拼杀，院办一队、二队双双聚首总冠军战，最终院办一队获得冠军。

气排球作为我院传统的体育运动项目，深受广大教职工的喜爱。此次比赛不仅极大地推动了群众体育和全民健身活动的开展，丰富了教职工的业余文化生活，也增进了各部门之间的交流和友谊，促进了和谐校园的建设和发展。

简析：本则消息结构完整清晰，标题是单一型实标题，交代了消息的主要内容。正文第一句为导语，对基本内容进行了简要概括。接下来是消息的主体，这是对导语的扩展和补充，对气排球比赛的细节进行陈述。第二段第一句话是消息的背景，第二句为结语，对气排球比赛的意义进行了评价。这则消息的标题如果改作“我校××××年秋季气排球比赛成功落幕”，就更具有新闻性。

四、写作训练

中国速度震惊世界
刘翔夺得奥运会男子110米栏冠军
12秒91：破奥运纪录，平世界纪录

（网易体育8月28日电）我国选手刘翔在奥运会男子110米栏决赛中，凭借凌厉的起跑、流畅的过栏技术和最后阶段强有力的冲刺，以12秒91的成绩夺得冠军。

一声枪响！刘翔第一个弹出，美国选手特拉梅尔紧随其后，刘翔率先跨过第一个栏，但第一赛道的阿伦和第六赛道的特拉梅尔几乎与他并驾齐驱。赛程进入一半后，刘翔已开始领先，紧随其后的是上届冠军加西亚和特拉梅尔。在跨倒数第四个栏的时候，刘翔的大腿碰了一下栏杆，但这没有影响刘翔的过栏节奏和速度。在进入最后三个栏时，刘翔开始加速，凭借流畅的过栏，刘翔的速度越来越快，相反其他选手的冲刺明显弱于刘翔，刘翔与后面选手的距离开始越拉越远，最终刘翔以较大优势第一个冲过终点！

本项目的世界纪录是由英国选手科林·约翰逊在1993年8月20日创下的12秒91，奥运会纪录是12秒95。刘翔不但刷新了奥运纪录，还平了世界纪录。刘翔创造的这个奇迹，是我国乃至亚洲田径短跑项目上的重大突破。

请根据上面这则报道“刘翔夺冠”的消息，分析它的标题组成，识别导语、主体、背景和结语，并指出导语和主体在内容上的联系。最后，以该文为例，写一篇本地或学校最近的消息。

第二节　通　讯

导入：除上一节的消息外，新闻媒体采用最多的另一种体裁是通讯。通讯比消息更深刻、更详尽、更生动。优秀的通讯作品可以在读者中产生更广泛、更深远的影响。我们熟悉的《谁是最可爱的人》就是抗美援朝时期的一篇“战地通讯”。

一、通讯的含义

通讯是一种生动详细地报道新近发生的重要事件或涌现的新闻人物的文体，是宣传党的方针政策、交流经验、鼓舞人民斗志、推动和谐社会建设的有力工具。通讯是介于消息和文艺作品之间的一种文体。

通讯讲求真实性、时效性和一定的文学性。与消息相比，通讯更加详细、具体地报道新人新事，容量更大，写法更加灵活，题材更加丰富多样，所选人物或事件既要有典型意义，又要有更多的细节描绘，可灵活运用描写、抒情、议论等多种手法。通讯和一般文章没有太大差别，无固定写作格式。通讯之所以属于新闻文体，主要是由于它取材于真实的、具有典型意义的新近人物或者事件。

二、通讯的写作规范

（一）基本格式

标题+正文

（二）基本框架

<table>
<tr><td colspan="2" align="center">标题：文章式标题</td></tr>
<tr><td>正文</td><td>正文作为通讯的主体部分，要用足够典型且有极大说服力的事实作为依据，并通过大量细节来充分表现通讯的主题</td></tr>
</table>

（三）写作注意事项

1. 标题。通讯的标题可直接突出新闻事实，也可曲笔达意，亦可提问，引人深思，其写法不拘一格，重在可读性强，要吸引人，鲜明体现通讯的主题。拟通讯标题，要谨防出现题不对文的倾向。

2. 正文。相比于消息，通讯结构更自由、开放，更"去程式化"，没有一成不变的模式。只要按照特定的行文逻辑，将事件表述清楚即可。要写好通讯，需要注意如下几点：

第一，写通讯需要认真收集素材。要特别注意从素材中发现典型人物和典型事件，发现有价值的细节。对通讯素材，可以进行文学性提炼，但切忌造假。

第二，写通讯需要有良好的记叙文写作基础，要写得细致些，要注意铺陈、结构和语言的文学性，要学会综合使用多种表现方式。忌叙事呆板，语言无味。

第三，写通讯还要注意安排恰到好处的评论和恰如其分的抒情。精辟的议论，真挚的抒情，可以使人物事件增添光辉，生动有力地揭示和深化原有材料的意义。

三、例文分析

例文1：

为中国喝彩

吴绮敏　吕志星

一锤定音。中国人会永远记住世贸组织（WTO）第四届部长级会议主席卡迈勒手中木槌敲下的时刻——北京时间2001年11月10日23时39分。这一天，中国终于走完了15年入世之路。

历史会永远记录下2001年11月11日。这一天，外经贸部部长石广生代表中国政府签署《中国加入WTO议定书》，中国代表团与世贸组织官员同庆同贺。万千感慨，几多欣慰。

中国入世，被称为多哈会议的“最大亮点”。近两日，中国代表的一举一动，都成为各国媒体关注的焦点。10日表决，11日签字，每一个重要时刻来临之前，新闻中心的中外媒体记者就会纷纷涌向厅内的大屏幕电视前，一个个摄像机、照相机、录音机都摆开阵势；会场门外的走廊被堵得水泄不通，为了能拍到中国官员的照片、提上一个问题，记者们屡屡冲破保安的“封锁”，甚至挤倒了走廊里的桌子。一时间，石广生的发言稿成了新闻中心最“走俏”的素材，找不到发言稿的外国记者纷纷向中国记者求援。可以毫不夸张地说，全世界都在关心这个属于中国、属于WTO的新起点。中国首席谈判代表龙永图在此由衷地道了一声：“爽！”荷兰代表团的一位农业部官员对本报记者说：“中国入世对全世界来说都是一个好消息。你们谈判得太久了，你们理应成为WTO大家庭的成员。”西亚地区社会经济委员会顾问、埃及人希拉勒激动地对本报记者说：“30年前，我在纽约见证了中国重返联合国时令人激动的场面；如今，我能够目睹中国走向国际社会的又一个重要事件，真是荣幸！”

“中国热”洋溢在多哈。卡塔尔记者、日本记者、瑞典记者、约旦记者……在喜来登饭店的会场内外，时时瞄准着中国代表团的官员甚至中国记者。他们想知道中国人此时的感受，想知道中国未来的变化，想知道中国作为WTO成员将发挥什么样的作用。WTO成员的部长或贸易代表在发言中，都对中国入世表示热烈欢迎，对中国将成为该组织的一个建设性成员充满信心。卡塔尔人更为中国人在他们的国土上实现15年夙愿而感到骄傲，他们对中国客人给予了格外的关照和热心。当地报纸、电视台不仅突出报道了对石广生部长的专访，甚至还频频刊出、播报对中国记者的访谈录。国际社会的热情，印证了WTO总干事穆尔的话：“中国入世是本次会议的最大收获。”

“milestone”（里程碑），这是WTO各成员代表评价中国入世时使用最多的词汇，哥伦比亚代表甚至称这是国际社会在21世纪的第一个里程碑。从会议开幕式上第一个发言的卡塔尔埃米尔哈马德殿下，到“一锤定音”之后上台致贺词的各成员代表；无论他们来自发展中成员，还是来自发达成员，无不表示出一个共同的看法——“拥有12亿多人口的中国加入世贸组织，是WTO实现真正成为全球性组织目标的最重要的跨越。”

光阴荏苒30年，从中国重返联合国，到中国加入世贸组织，中国人终于完成了全面走向世界、融入世界的漫漫征途。展望未来，人们将会看到中国以负责任、重承诺的形象，在联合国，在世界经济的“三大支柱”——世界银行、国际货币基金组织和世界贸易组织中，作为广大发展中国家的一员，为制定公正、合理的国际政治、经济新秩序做出贡献。

（《人民日报》2001年11月12日）

简析：这篇通讯全面而详细地展现了中国入世的巨大影响，通过细节渲染，表现了“入世”这一时刻的神圣、人们激动的心情以及这一事件的重要意义。

例文2：

徐朝旭：大漠戈壁“信息尖兵”

他是官兵眼中的“科研帅才”，他是研究室里的“拼命三郎”。他怀着对边疆信息化事业一腔热情，在西北科研战线上谱写出一曲曲动人的旋律。他，就是新疆军区某部高级工程师徐朝旭。

提到徐朝旭，那可是西北科研战线上的“名人”，不到40岁的他就享受了国务院政府特殊津贴。他曾先后攻克10多项信息化前沿科研课题，荣获包括军队科技进步奖一等奖在内的9项科研大奖。在徐朝旭办公室，这位大校军官正专注地盯着电脑屏幕，丝毫没有觉察我们这些不速之客。书柜中，陈列着大大小小的科研奖杯、奖状和获奖证书，不由得让人对眼前这位专家肃然起敬。

1987年，徐朝旭从解放军信息工程大学毕业后，来到了西北军营。初入部队的徐朝旭踌躇满志，一心想为军队现代化建设贡献力量。

在部队，徐朝旭很快就担任了某科研项目的负责人。他满怀信心地和科研小组人员投入科研攻关。然而一年过去了，课题却毫无进展。同他一起攻关的几名战友纷纷质疑项目的可行性，有的渐渐选择了转行，此时的徐朝旭也感到很沮丧。领导的鼓励，给了他信心和力量。攻关继续，天道酬勤。经过坚韧不拔的探索与尝试，他们终于找到了攻克科研堡垒的“金钥匙”，并成功摘取了军队科技进步二等奖。

从此，徐朝旭便同科研喜结良缘。2003年，徐朝旭担负了某项重大课题研究任务。这是一个全新的信息化前沿课题，没有前人经验可供借鉴，没有现成资料可供查询，要想取得成功，必须闯出一条科技创新之路。生性不肯服输的徐朝旭，决心啃下这块硬骨头。可是一年过去了，徐朝旭和他的团队在荆棘险丛中，却连连遭遇“拦路虎”。就是说，所有研究基本没用。但徐朝旭没有气馁。他掷地有声：“实验失败并不可怕，战场上失败才是最可怕的失败！”徐朝旭依然坚守在实验室。

一次，课题在攻关阶段遇到一个关键技术难题。不知熬了多少个不眠之夜，分析了多少万组数据……半年后，这个曾经让人望而生畏的科研项目终于被一举攻克。经专家鉴定，达到国际先进水平。徐朝旭和他的团队一举摘取了军队科技进步一等奖。徐朝旭“出名”了。因突出贡献，他荣立了一等功。许多军内外单位纷纷慕名而来，许以优越条件聘他去工作。面对唾手可得的名利，徐朝旭总是一笑置之，又坚守在属于自己的战斗岗位上。

（新华网2011年11月3日）

简析：这篇通讯灵活地运用描写、抒情、议论等手法，渲染气氛，刻画细节，描绘、摹写人物对话，既用细节引人入胜，又能详略得当地突出主题。

四、写作训练

请根据校园新近发生的事件写一篇通讯。

第三节　简　讯

导入：顾名思义，就是篇幅短小的通讯，其文体特点是简洁明快，新闻媒体也经常使用。

一、简讯的含义

简讯是指200字以内的短消息。简讯虽短，却是一个完整的消息，要讲清楚何时在何地何人因何故发生了何事。

二、简讯的写作规范

（一）基本格式

标题+导语+主体+结尾

（二）基本框架

标题
- 1. 单行标题（正题）
- 2. 多行标题（引题+正题+副题）

正文

1. 导语：用最简洁的语言介绍新闻的主要信息，揭示主体，引领全篇
2. 主体：导语之后对消息内容作具体叙述或扩展说明的部分，表现全篇消息的主题思想
3. 结尾：对简讯内容的小结，由于篇幅限制和写作要求，这一部分也可以不写

（三）写作注意事项

1. 标题。标题概括简讯的重点，写法和要求与新闻消息基本相同。

2. 导语。导语是简讯开头的一段话，要求用极简明的语言概括简讯的主要内容。导语的写作，力求做到"立片言以居要"。忌概念化、公式化、数字堆砌式以及与标题重复。

三、例文分析

例文：

我校举行×××学习社揭牌仪式

4月28日上午，在我校主校区××大楼××楼××室举行了×××学习社揭牌仪式。

活动共分三个环节，首先由×××学习社社长美术教育20级（2）班×××同学发言，他介绍了×××学习社创办宗旨、发展历程和运作情况。随后，校团委书记×××为学习社揭牌，×××、×××、×××、×××等四位教授为第一批受聘学习社主任、副主任的同学颁发聘书。

×××学习社的揭牌，标志着我校第二课堂教学实践进入深化发展阶段。（学生会社团部）

简析：这篇简讯包含了新闻要素的5W：何时、何地、何事、何人、做什么。不仅要素内容都能交代清楚，行文也较简洁。

四、写作训练

请以某一次校园活动为主题，写一篇简讯。

第四节　新闻评论

导入：所谓评论，就是发表意见。新闻评论是社会各界对新近发生的新闻事件所发表的言论的总称。新闻评论会以社论、评论、评论员文章、短评、编者按、专栏评论、评述等多种形式出现在新闻媒介上，我们常见的有政治评论、军事评论、经济评论、社会评论、文教评论、国际评论等等。新闻评论对社会上的一些有价值的新闻事件具有总结、表态、监督等作用。新闻传播类文书，特别是新闻评论，要明确坚持马克思主义新闻观，反对西方资产阶级自由化的新闻立场。

一、新闻评论的含义、特点及分类

新闻评论是针对新近发生的重要事实、被广泛关注的实际问题或当前社会上普遍存在的问题发表观点和看法的新闻文体。新闻评论具有新闻时效性、现实针对性和说理性的特点。新闻评论的分类：按作者地位分，可分为权威评论、编者评论、读者评论。按内容分，可分为时事评论、思想评论、新闻述评。

二、新闻评论的写作规范

（一）基本格式

标题+正文

（二）基本框架

标题： 文章性标题

正文

开头：简明扼要地叙述事实
主体：就事件进行精致深刻的评论
结尾：总结，升华

（三）新闻评论写作要求及注意事项

1. 选题要新。"题"既指题材又指题意，包括两点：一是评论对象要新，陈年往事不是不可以评论，但不能算新闻评论；二是阐发的观点要新颖深刻，若乏新论，何必勉强评说？

2. 正文要据事立论、事论结合。所谓据事立论，就是说评论要以真实叙述为基础；所谓事论结合，是指叙述精粹，评论深透，相得益彰。写好正文可分五步：第一步吃透材料，选取角度（选）；第二步标题醒目，彰显主旨（标）；第三步概述材料，简明扼要（叙）；第四步评析材料，精到深刻（评）；第五步总结全文，提出倡议（结）。新闻评论正文的写作，要避免事论分离。

3. 评论的立意宜大处着眼，小处着手，将其提升至理论高度，切忌架空议论。

4. 新闻评论的文字表达，既要灵活运用理论文章的写法，以理服人，又要借鉴文学表现手法，以情感人。但也要注意情理表达两张皮的问题。

三、例文分析

例文：

实现更加充分更高质量就业

李心萍

中国经济在实现高质量发展的过程中，催生了大量的新机遇，我们有能力保持并延续就业形势的稳定态势。

人社部前不久公布的三季度数据显示，1—9月份全国城镇新增就业1045万人，完成全年目标任务的95%，相比去年同期增加147万人，增幅为16%。 今年以来，我国就业形势保持总体稳定、好于预期，三季度恢复态势更加明显。一方面，城镇新增就业完成情况快于时序进度，另一方面，三季度全国城镇调查失业率月均值为5.0%，回落至疫情前水平。同时，高校毕业生就业水平总体平稳，农村劳动力外出务工规模基本稳定，脱贫劳动力务工总量持续增加。

观察就业与宏观经济的关联，不仅要看总量和规模，更要看结构和质量。近年来，我国就业结构不断优化，第三产业已成为吸纳就业的主力军。以2020年末的数据为例，第三产业就业人员占比已达47.7%。进入今年三季度，服务业进一步恢复改善，9月份，服务业从业人员指数环比上升0.5个百分点，有效扩大了就业容量，为稳定就业形势提供了坚实的基础。与此同时，今年以来，经济持续恢复激发新动能较快成长，为就业拓展了新空间。例如，前三季度工业机器人产量同比增长57.8%，带动“工业机器人系统操作员”“真空电子器件零件制造及装调工”挤入三季度“最缺工”的100个职业榜单。又如，绿色经济、直播带货等新产业、新业态的快速发展，带动“碳排放管理员”“直播销售员”“互联网信息审核员”等新职业成为“香饽饽”。新的岗位需求大幅增加，为劳动者拓宽了就业渠道。

一系列数据表明，中国经济在实现高质量发展的过程中，催生了大量的新机遇，我们有能力保持并延续就业形势的稳定态势。同时也要看到，当前全球经济复苏和新冠肺炎疫情防控仍然存在较多的不确定性，国内经济稳定恢复的基础仍需进一步巩固，就业形势面临一定风险和不确定性。散发疫情导致部分接触性、聚集性服务行业恢复仍会受到限制，用工需求偏弱，将对就业产生一定影响。尤其是在就业总量压力之下，就业结构性矛盾依然较大，劳动力市场高技能人才短缺，企业“招工难”与劳动者“求职难”矛盾交织。展望未来，机遇与挑战并存。这要求我们全力稳增长促就业，用好财政和货币政策，让减税降费、援企稳岗、普惠金融等惠企政策落到实处，推动经济稳定恢复，稳定市场主体，为就业创造良好条件。

随着我国经济发展质量效率提高、经济结构不断调整、产业转型升级，未来要在进一步优化就业结构上下功夫。当前就业结构性矛盾的症结，在于劳动力需求与供给不匹配，部分劳动者技能不足。因此，加快提升劳动者技能素质，既是当务之急，也是长远之计，需要打出“组合拳”。既要营造氛围、完善评价制度、畅通发展渠道，吸引更多劳动者走技能成才之路，从源头上提高技能人才培养比例；也要从在岗职工入手，通过常态化、大规模的职业技能培训，提升市场内劳动者的技能素质，加快推进技能人才队伍建设。

就业，一头连着经济大势，一头连着千家万户，是最大的民生工程，是社会稳定的重要保障。随着“十四五”就业促进规划等政策的落地实施，我们有信心也有能力保持就业大局稳定，实现更加充分更高质量就业。

（《人民日报》2021年11月12日）

简析： 这是一篇分析当前就业形势的新闻评论。开篇援引人社部的权威数据，作为分析问题的基础。接着从“就业结构和就业质量”的角度，论述全国就业形势整体向好。然后指出就业形势所存在的问题，以及如何去解决。最后站在党和政府的立场上，表明对“十四五”期间就业形势的信心。全文针对群众普遍关心的问题，以切实可靠的资料和数据说话，论述角度明晰，逐层推进，分析切中要害，是新闻评论的范例。

四、写作训练

请以近期发生的重要新闻事件为对象，写一篇新闻评论，要求观点鲜明、结构完整。

第五节　海　报

导入： 新电影马上上映，一般会推出电影海报。不仅影讯可以通过海报进行宣传，讲座、答辩、赛事、书讯以及便民活动等，都可成为海报的发布内容。

一、海报的含义

海报是一种具有宣传广告性质的招贴。据说，海报这个名称起源于上海。从前，人们把职业性的戏剧演出称为“海”，把非职业演员（票友）转为职业演员称为“下海”。于是，有关戏剧演出消息的张贴物，就被称为“海报”了。

二、海报的写作规范

（一）基本格式

标题+正文+落款

（二）基本框架

海报可以不拘一格，一般格式包含标题、正文和落款。海报的语言要求简明扼要，篇幅要短小精悍；形式要做到新颖美观，有视觉冲击力；海报的版式可以做些艺术性的处理，以吸引观众；文中可以用些鼓动性的词语，但不可夸大事实。

（三）写作注意事项

1. 海报的标题写法较多，大体可以有以下一些形式：其一，单独由文种名构成。直接写上“海报”字样。其二，直接由活动的内容承担题目。如“舞讯”“影讯”“球讯”等。其三，可以是描述性的文字。如“×××再显风采、×××旧事重提”。

2. 正文。海报的正文要求写清楚以下一些内容：第一，活动的目的和意义。第二，活动的主要项目、时间、地点等。第三，参加的具体方法及一些必要的注意事项等。

3. 落款。要求署上活动主办单位的名称及海报的发文日期。

三、例文分析

例文1：

简析：这是电影《加勒比海盗》的宣传海报。电影海报往往会配上简单的宣传画，将电影中的主要人物形象地描绘出来。本张海报以图片为主，文字为辅，主体部分突出影片主角以及故事发生的环境——大海，以深色渲染紧张的气氛。影片的播放信息则以文字的方式穿插于海报的上端与下端。

例文2：

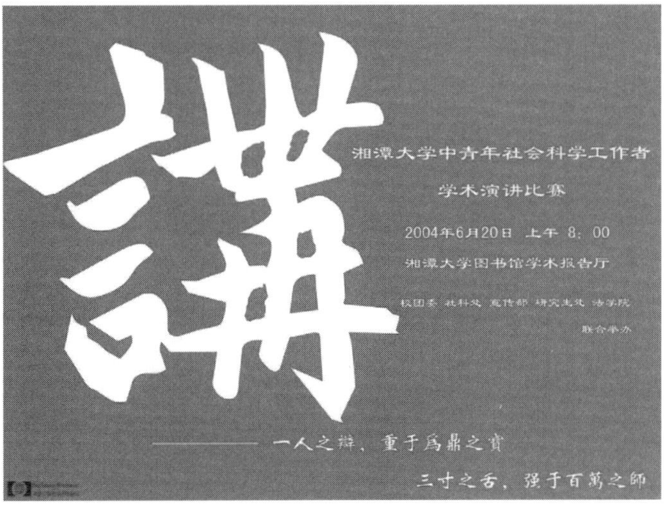

简析：文艺晚会、讲座和比赛等海报与电影海报大同小异。海报的设计往往新颖别致，引人入胜。需要特别注意的是，如有赞助商和协办单位，也需在海报里有所体现。

四、写作训练

请以学校或者所在二级学院名义，根据将要举办的演出、赛事等活动制作一份海报。

第六节 启 事

导入：不论是机关团体，还是企事业单位以及个人，有事情想让众人知道或者请求帮助，都可以写成一种类似公开信的文字，在电台、报纸上发表，或者张贴在指定的公共场所，这种文字一般被称为“启事”。

一、启事的含义

启事是指机关、团体、企事业单位或个人向公众告知某一信息并希望公众支持和协助办理的一种公告性文书。

二、启事的写作规范

（一）基本格式

标题+正文+落款

（二）基本框架

标题
- 1. 单位名称+事由＋启事
- 2. 事由+启事
- 3. 启事

正文

正文部分为启事的具体内容，应说明启事的目的、意义、原因、内容、要求、联系方式等基本信息。

×××（署名）
××××年××月××日

（三）写作注意事项

1. 标题。“单位名称+事由+文种”式用于公务事项的启事、声明，标题中加上单位名称，其宣传、告知效果更加明显。

2. 正文。启事的正文，都要写明有关事项并提出要求，防止出现时间、地点、联系人、联系方式等要素缺失。其写法主要有以下两种：第一，直陈式写法。一段成文，语言简洁。一般用于找寻类、开业停业类、征婚类的启事。第二，总分式写法。内容比较多的启事、声明，常常采用这种写法。

3. 落款。户外张贴启事 ，属于机关单位的要加盖公章；报刊上发启事声明，以当天报刊日期为准，可以写日期。

启事的写作要求：第一，陈述要严谨，以防读者误解。第二，语言要得体。启事是告知性、祈请性的文书，切忌态度生硬，切忌使用命令的语气。第三，声明语气应庄重严正，结构要简单，语言要简洁，忌啰唆冗长。

三、例文分析

例文：

启　事

一、《南方文坛》刊发各类关于文艺理论与批评的文章，欢迎海内外同仁赐稿。

二、惠稿一式二份，电子稿用 Word 格式，请发至：nfwt@tom.com；打印稿请寄：530023 南宁市建政路 28号南方文坛杂志社，请文末注明作者的姓名、单位、个人邮箱、电话以及通联地址。

三、三个月后未接到采用通知，稿件可自行处理。编辑部有权删改采用稿，不同意者请特别说明。切勿一稿多投。

四、本刊已加入《中国学术期刊（光盘版）》和“中国期刊网”。作者著作权使用费与本刊稿酬一次性付给。如作者不同意将文章编入该数据库或本刊结集出版，请在惠稿时申明。

五、近年，不断有单位和读者反映，有人冒用本刊名义征稿。本刊声明如下：本刊从未设立其他采编点或分支机构，也未委托任何单位或个人编辑出版《南方文坛》杂志，本刊对冒用本刊名义进行收费和征稿的单位和个人将保留起诉权利。

敬请广大作者和读者注意，谨防上当受骗。

《南方文坛》编辑部

2020年10月20日

（《南方文坛》2020年第6期）

简析：这是一篇公开发表的杂志社启事，将征稿的范围、征稿要求、投稿方式以及相关事项等一一列出，并且针对有人冒用杂志社名目征稿的现象做了特别声明。启事信息完整清晰，了无疑义。

析错案例：

寻物启事

本人在校医院挂号时，将随身所带书包（红色、双背带）丢失，内有英语课本、英汉词典、眼镜等物。考试临近，心急如焚。有捡拾者请与本人联系，不胜感谢。

失主

2020年5月4日

简析：1. 未描述清楚遗失物品英语课本、英汉词典、眼镜的特征。2. 未写联系方式，捡拾者无法联系失主。

四、写作训练

远景网络有限公司于10月1日开业。这是一家提供汉语言知识教育教学服务的专业知识型网络公司。10月1日至31日开业期间，对新会员赠送免费大礼包、对老会员赠送180天免费使用权。公司地址：广州市解放路49号，电话：020-87654321。 根据以上材料，写一则开业启事。

第七节　演讲稿

导入：当今社会，人才济济，演讲是一种表达自我观点、展示自我能力和个人魅力的有效途径。无论在校生竞选班干部、社团领导，还是人们在实际工作中介绍自己的工作情况和经验，都需要进行公众演讲。演讲的底稿就叫演讲稿，演讲稿广泛涉及政治、经济、学术、公关、生活等方方面面，具有宣传、交流、教育和欣赏等作用。

一、演讲稿的含义及特点

演讲稿又称演说词、演讲词，是演说者在公共场合或集会上就某一问题宣传自己的主张、表达自己的感情或阐述某种事理的文稿，具有针对性、宣讲性、鼓动性的特点。

二、演讲稿的写作规范

（一）基本格式

标题+称谓+正文

（二）基本框架

标题
- 1. 会议场合+演讲
- 2. 文章式标题

称谓：

正文

开头：提问式，释题式，临场生发式
主体：拟写提纲，层次清晰
结尾：归纳总结，升华延伸，号召希望

×××（署名）
××××年××月××日

（三）写作注意事项

1. 标题。演讲稿的标题，既要求概括地揭示文稿的内容或主旨，又要求有一定的吸引力，避免平淡俗套无新意，尤忌宣传标语式的口号。演讲标题有两种常见写法：（1）会议场合+演讲式。（2）文章式标题，可有正副标题。

2. 称谓。根据听众对象选用适当的称谓。如“各位领导”“各位来宾”“女士们、先生们”“同志们”“朋友们”“各位代表”“同志们”等。如果没有足够把握，演讲时一般不在称谓上出新。

3. 正文。演讲稿、讲话稿的正文，一般包括开头、主体和结尾三个部分。演讲稿也可以根据个人具体情况设计得新颖有个性。

（1）开头部分。常用写法有两种：一是开门见山法，即直接提出主题或表明基本态度，使听众首先得到总体性的印象，要防止由于直入主题而造成的语气生硬突兀。二是迂回曲折法，提出问题，使听众产生兴趣，或叙述具体事例以造成悬念，或使用格言、幽默、笑话等。幽默是演讲的法宝，但使用不当，效果会适得其反。

（2）主体部分。主体一般分为若干层次。层次安排有三种常见方式：一是排比式，把演讲、讲话的中心论点分解成若干个分论点，逐一阐述和论证；二是对比式，围绕演讲的中心论点从正反两方面展开阐述和论证；三是递进式，利用因果、时间、逻辑、情感等关系，对分论点循序渐进地展开论证。

（3）结尾部分。要善于运用情感色彩浓郁的词语或修辞手法增强鼓动性，以给人留下深刻的印象。结尾部分是演讲稿的结束，行文措辞力求简洁明快，切忌拖泥带水。

4. 整体要求。演讲稿的写作要求，一是心中有听众；二是主题鲜明集中；三是能以理服人，以情动人；四是强化语言的可听性。演讲虽然是一言堂，但不能自说自话，而要不时地传达与听众互动的意愿。切忌将演说辞写成课堂讲义。

三、例文分析

例文：

联合国秘书长瓦尔德海姆的一分钟演讲

为了悼念周恩来，联合国下半旗，这是我决定的。原因有二：一是，中国是一个文明古国，它的金银财宝多得不计其数，它使用的人民币多得我们数不过来，可是它的总理周恩来没有一分钱的存款！二是，中国有十亿人口，占世界人口的1/4，可是它的总理周恩来没有一个孩子。你们任何国家的元首，如能做到其中一条，在他逝世之日，总部将照样为他下半旗。

（选自钱毅《一分钟的演讲 一世的精品》，《写作》2006年8月30日）

简析：这篇演讲稿的写作背景如下：1976年1月8日，周恩来总理与世长辞，设在美国纽约的联合国总部下半旗志哀，这是自1945年联合国成立以来的空前之举。一些国家的外交官在联合国大厦门前的广场上向联合国总部发出质问："我们国家的元首去世，联合国大旗升得那么高；中国的总理去世，为什么要为他下半旗？"当时的联合国秘书长瓦尔德海姆挺身而出，站在联合国大厦门前的台阶上，发表了为时不足一分钟的演讲。他一讲完，转身就走。广场上的外交官个个哑口无言，随后响起了雷鸣般的掌声。瓦尔德海姆的演讲为什么会产生如此良好的效应呢？因为他的演讲言简意赅、切中要害，具有震撼人心的力量。

四、写作训练

请你以校长的口吻，撰写一篇在毕业典礼上的讲话稿，字数在2000字以内。

第八节　倡议书

导入：假如你对某个活动有积极的思考、良好的建议，希望得到人们的支持和响应，比如环保、公益、晨读等，那么你可以以个人名义或以机构的名义向相关人群发出倡议。倡议书是日常生活中经常被使用的文种，可张贴，可散发，可广播，可刊登，可宣读，具有极强的传播性，从而起到广泛的宣传作用。

一、倡议书的含义

倡议书是由某一组织或个人拟定，内容为提议社会成员共同去做某事，希望人们给予支持和响应的文书。

倡议书具有公开性、广泛的群众性、响应者的不确定性等特点，往往具有积极的、昂扬的、奋进的思想内容，预期能够产生强烈的社会反响，对社会的精神品格和个人的精神品质具有激励作用。

二、倡议书的写作规范

（一）基本格式

标题+称谓+正文+落款

（二）基本框架

标题 ｛1. 倡议书；2. 事由+倡议书｝

称谓：

正文
- 开头：倡议的目的、背景、意义
- 主体：倡议的具体内容
- 结尾：表达决心，提出希望

×××（署名）
××××年××月××日

（三）写作注意事项

1. 标题。倡议书的标题有两种写法，一是由文种“倡议书”单独组成；二是由倡议的内容和倡议书组成，如《全民健康生活方式行动倡议书》。

2. 称谓。依据倡议对象选用合适的称呼。如果倡议对象范围广泛，可以使用涵盖性较大的称谓，如“全市广大共青团员、青年朋友们”等；特指性的倡议书，则指明有关单位或组织名称。

3. 正文。倡议书的正文一般由开头、主体、结尾等三部分构成。(一) 开头部分。说明倡议的背景、目的、意义等，以便倡议对象了解倡议者的动机。然后用“特提出如下倡议”之类的语句过渡到下文。(二) 主体部分。明确写出倡议的事项，对于倡议事项较多的情况，可以按序号分条列出。还要交代倡议的具体内容和可行性措施等，说明如何参与倡议活动。主体部分一般不作具体叙述，也不必深入论证。(三) 结尾部分。倡议书的结尾部分，一般要诚恳表达倡议者的决心，对倡议对象提出希望等。

三、例文分析

例文：

华为中国区党总支倡议书

华为公司一直积极倡导“以奋斗者为本”“以客户为中心”的企业文化，我们每位华为人都要保持奋斗者精神，围绕客户开展工作。

公司的发展是建立在我们对客户负责的基础上，我们坚决反对内部复杂的层级关系！各级干部更要成为公司文化的践行者，不以公司赋予的工作职位沾沾自喜，更应意识到自己肩上的责任、履行自己的职责、不辜负公司给予的信任与期望，建设简单健康、聚焦工作、充满活力、风清气正的组织氛围！

在此，积极倡议所有员工在日常工作中，建立简单健康、聚焦工作的简单关系！我们积极倡议：

称呼简单化：从称呼简单化开始，不要动辄用“总”的称呼。

称呼改变不仅仅是称谓的变化，且意味着如下的导向：员工不以领导为中心，是以客户为中心；主管不要找感觉，要有一颗平常心、聚焦职责的担当与践行，避免等级观念的形成；建设平等对话的简单关系，形成简单、平等的沟通环境。

交往简单化：人际交往中行为简单化。在日常的工作交往中积极倡导厉行节约，杜绝迎来送往，坚决抵制送礼等使组织关系恶化的行为出现。

不打听与传播小道消息：聚焦工作，干好自己的工作。日常交往中，不互相打听与传播与工作无关的小道消息，尤其是关于干部任命、薪酬、奖金、定岗定级等信息。

不要捂盖子，积极反映问题：敢于担当，积极反映问题、解决问题的干部是好干部。只有共同发现问题、解决问题，组织才能不断改善短板、积极健康地发展。

我们倡议中国区所有员工积极响应，在工作中保持一颗平常心，坚持“奋斗者文化”、发扬奋斗者精神！简简单单做事、清清白白做人！

我们倡议各级组织致力于构建聚焦工作的简单关系、打破层级，与大家建立积极、平等、公平对话的组织氛围！

我们倡议全体员工以关怀客户为导向、不以关注主管为导向，建立对内平等对话、对外以客户为主的简单、健康的组织关系！

称呼的改变是我们构建简单健康、聚焦工作组织关系的开始，我们积极倡议全体党员、全体员工从自身做起，共同为组织的建设发展而努力！

（《华为人》第218期，2009年12月04日）

简析：这是华为公司中国区党总支向全体员工发出的一份倡议书。倡议目的明确，就是号召大家建立“简单健康、聚焦工作”的良性人际关系，致力于营造一个风清气正的工作环境，倡议内容明确，最后用了三段“我们倡议”的排比，造成一种激昂的气势，具有一定的鼓动性。

四、写作训练

最近××市正在开展创建“全国文明城市”的活动，请你以当地高校学生代表的名义写一份倡议书，倡议广大市民积极参与创城活动。

第四章　礼仪文书写作

礼仪文书指出于礼仪目的或用于礼仪场合而形成的文书，是常见的应用文体。礼仪文书应当遵守礼仪规定，并准确、适当地传达出对礼仪文化的理解和认同。礼仪文书虽有较强的应酬性质，但所涉及的时间、地点、人事等相关信息，均应确切可靠。礼仪文书的写作，不能简单抄袭套用现成的格式，而要切合具体人事和具体情境。

第一节　欢迎词

导入：有朋自远方来，不亦乐乎！通过致欢迎词，使来宾感受到热情和礼貌，是举办会议和活动的惯例。

一、欢迎词的含义

欢迎词是指在宴会、酒会、座谈会等公共场合或仪式上，主人为对宾客到来表示欢迎而发表的友好讲话。

二、欢迎词的写作规范

（一）基本格式

标题+称呼+正文+落款

（二）基本框架

标题	1. 欢迎词 2. 活动内容+欢迎词
称呼：	
正文	开头：事由和欢迎语 主体：阐述宾主双方相关立场、观点、目标等，或介绍来宾成就 结语：向来宾表示欢迎，致以良好祝愿
	×××（署名） ××××年××月××日

（三）写作注意事项

1. 标题。欢迎词的标题可只写文种名称，即“欢迎词”，也可以用“活动内容+欢迎词”的方式，欢迎词的标题在致辞时不用说，但刊布时则不可少。

2. 称呼。礼仪文书，称呼都要用得妥帖，第一可以用尊称，写明宾客姓名，并在姓名后加上职务、头衔或爵位等，个人姓名一定要写全名，以示尊重。第二可以用泛称，如“各位女士、各位先生、各位来宾”，或者是“女士们、先生们”等。欢迎词的称谓，忌讳因出新而显得油滑不严肃。

3. 正文。欢迎词正文一般分为三部分：第一部分写事由和欢迎语，即因何举行宴会、欢迎仪式或会议等，何人在何时、以何种身份或代表谁对来宾表示热忱的欢迎，用简单的语句表达即可。第二部分是欢迎词的主要内容，在宴会、欢迎仪式等非会议场合，可以先叙述宾客到来的意义和作用，双方交往的情谊与合作的成就；在公事交往场合，对初次来访者，可先行介绍本组织的基本情况，而后表达欢迎之意，最后则要向来宾表示对保持双方交往或发展友好合作关系的意愿和展望。如果在会议场合，则说明召开此次会议的任务、内容、意义与作用等。正文的语言应当准确、概括，多使用亲切、赞美之词。但切忌让人感到肉麻。第三部分是结语。用敬语再次表示欢迎和祝愿，要简短明确，以突出欢迎的主旨。

三、例文分析

例文1：

在G20杭州峰会晚宴上的欢迎词

中国国家主席 习近平

（2016 年 9 月 4 日）

尊敬的各位同事，各位来宾，女士们、先生们、朋友们：

大家晚上好！ 这是一个让人期待的夜晚。在20国集团领导人第11次峰会召开之际，我们相聚西子湖畔。我谨代表中国政府和人民，代表我夫人，并以我个人的名义，对各位贵宾的到来表示热烈的欢迎。

杭州，素有“人间天堂” 的美誉，湖光山色，人文美景，俯拾皆是。西湖十景，或近观，或远眺，引人无限遐思，流连忘返。连通这些美景的，是一座座历史悠久、造型优美的桥，本届峰会会标的设计灵感就来源于此。二十国集团就宛若一座桥，让大家从四面八方走到了一起。

这是一座友谊之桥，通过这里我们把友谊的种子播向全球，增进互信、互爱，让彼此的距离不再遥远。

这是一座合作之桥，通过这里我们共商大计、加强协调、深化合作、谋求共赢。

这是一座未来之桥，通过这里我们同命运共患难，携手前行，共同迎接更加美好的明天。

杭州与在座各位的国家有着密切的联系，我在这里举几个例子。400多年前，1583 年，意大利人利玛窦来到中国，他于1599年记述了“上有天堂、下有苏杭”的说法，据说这是首个记录、传播这句话的西方人。

也是四百年前，德国的克雷费尔德市就同杭州开始了丝绸贸易。

一百四十年前，1876年的6月，曾经当过美国驻华大使的司徒雷登先生出生于杭州，在中国生活了五十多年，他的骨灰就安放在杭州半山安贤园。

九十多年前，1924年4月，印度诗人泰戈尔先生游览了西湖，特别喜欢并写下了不少诗，其中一首写得特别好：“山站在那儿，高入云中，水在他的脚下，随风飘荡，好像请求他似的，但他高傲地不动。”他还表示想在西湖边买个小屋，住上几天。

二十多年前，1992年10月，南非前总统曼德拉先生来到杭州，游览了西湖后，表示愿意在这里住上一辈子。

此时此刻，我们汇聚杭州，承载着各国人民的厚望和期待。我们为了共同的使命而来，当前是世界经济和国际经济合作的重要转折点，二十国集团要勇于担当，敢为人先，构建创新、活力、联动、包容的世界经济，引领新一轮强劲增长。我们为了更紧密的伙伴关系而来，同舟共济的伙伴关系、伙伴精神，是二十国集团最宝贵的财富。我们要秉持共赢理念，着眼促进增长和发展的长远目标，不断增进理解，扩大共识，凝聚合力。我们为了人类命运共同体的愿景而来，当今世界正在发生前所未有的深刻变革，二十国集团有责任引领世界前进步伐，有责任带动全球发展潮流，有责任为实现人类共同繁荣和进步作出更大贡献。

尊敬的各位同事，女士们、先生们、朋友们：

我们知道，二十国集团成员具体国情、发展阶段不同，就像杭州的山山水水，各具其态。世界经济的起落波动，就像西湖的晴晴雨雨，乍起还歇。共同应对复杂局面，绝非易事，但只要我们不畏浮云，极目远望，就能看到山明水秀、无处不美的景色。只要我们彼此包容，守望相助，就能无论晴时好，雨时奇，都坚定前行，共抵彼岸。

秋日的杭州，仍可感受到夏季的热情，看到盛开的荷花。中国宋代诗人曾描写西湖荷花是："接天莲叶无穷碧，映日荷花别样红。"今天下午，我们已经开始了富有成效的讨论，明天的交流同样令人期待。钱塘江我们路过了，最具魅力的是七八月的潮水，我们二十国集团领导人齐聚钱塘江畔，要做世界经济的"弄潮儿"，以我们的智慧引领世界发展潮流，为全球经济治理书写新的篇章。

现在，我提议，大家共同举杯，为世界经济的美好未来，为20国集团携手合作，为杭州峰会圆满成功，也为各位嘉宾和家人的健康，干杯！

（岳海翔《重温习近平主席在G20杭州峰会晚宴上的欢迎词》，
《秘书之友》2017年第2期）

简析：这是一篇文情并茂的欢迎词。行文用"友谊之桥""合作之桥""未来之桥"，对与会各国之间的友好关系作了巧妙解读，并回顾了与会各国与杭州之间的历史渊源，通过追忆增加亲切感，最后点出主题，阐述了这次会议所肩负的历史责任。全文寓情于理、情理交融，犹如一篇优美的散文诗。语言美是这篇欢迎词的突出特色，可以破除人们"公文就是板起面孔讲官话"的刻板印象。

例文2：

在创新港开学典礼上的讲话

西安交通大学校长王树国

尊敬的老师们、亲爱的同学们，各位嘉宾：

欢迎你们来到这片神奇的土地。

在中国西部科技创新港建设之初，国务院原副总理刘延东同志就寄予重托：希望在中国西部科技创新港这片神奇的土地上创造奇迹。今天，我们就站在了这片神奇的土地上。

首先，非常感谢陕西省、西安市以及社会各界对我们的大力支持，他们为创新港的建成付出了辛勤的努力。

当然，我还想感谢意大利米兰理工大学校长费鲁其奥•莱斯达教授，今天他带领米兰理工大学所有在校领导和20多位教授来到西安交大，推进双方全方位合作。

为什么？他们的执行副校长础垛•多娜德拉教授告诉我，古丝绸之路长安是起点，罗马是终点，21世纪我们又走在了一起，这是一个神奇的相遇，也是历史的进步。大家看，旁边那栋设计新颖的建筑就是西安交大-米兰理工大学联合设计学院，它是一个梦幻的建筑。刚才费鲁其奥•莱斯达校长发言的时候说，我们要共同设计未来。希望同学们闲暇之余可以去看看，那里能够带给你无限的遐想，让你感觉到世间有那么多新的东西需要我们去创造。

今天，在校的所有院士都来出席开学典礼，他们为谁而来？为你们而来，因为你们是国家的未来，民族的希望。在你们这个群体中，还有近700位留学生，大家为了世界更美好的明天而汇集在一起，不分彼此，不分你我。希望你们能在这片神奇的土地上，尽情地挥洒汗水，放飞梦想，为社会的未来积攒聪明才智，以便走上社会后能够为社会所用。

我想跟大家分享的第一点，是在这个创新的时代，人应该有一点“亮剑”精神。面对第四次工业革命的到来和社会未来之需求，你们要拿出一点“亮剑精神”，敢于面对困难和挑战，看看自己是否具备创新的能力，自己的知识是否能够满足社会发展的需求。在这里，我们期待来自不同学科的专家学者和你们一起，促进学科交叉与融合，诞生新的学术方向、瞄准学术前沿、产出优秀的学术成果，服务于社会。

其次，我们还要知道，我们应该如何“亮剑”。我曾经看过一篇文章，让我感慨万千，那是一位教授写给他退学学生的信。他是这样写的：你退学了是你的失败，也是我的失败。我最大的失败是当初选择了你，因为你向我表明你是聪明的，你是追求知识的，你愿意在这个方向上发挥你的聪明才智，但是我错了，你不是如此。你追逐的是名利、是个人利益，你不关心社会，不关心未来。你不知道知识是严谨的，当你弄懂的时候你可以尽情地去演讲，当你不懂的时候你应该闭嘴。

其中的道理不言而喻。“亮剑”就要有“亮剑”的本领，有“亮剑”的目标，知道剑指何方、如何出剑，剑离鞘必胜，否则就是花架子，愚弄自己也愚弄了他人，更愚弄了社会，大家一定要明白其中的道理。那么本领从何而来？希望你们在这片土地上，和老师们一起，聚焦社会需求、世界前沿，挥洒汗水、积攒才能；要有家国情怀，将个人的使命担当和国家的未来紧密结合在一起。

最后，你们还要知道为什么来这里？这个时代需要你们，国家民族需要你们，家人也需要你们。你们是社会的未来和脊梁，要承担未来事业的建设和发展，所以必须刻苦磨炼自己。苏格拉底有一句名言：人要知道自己是无知的。大家一定要有自知之明，只有这样才能刻苦学习，磨炼自己，让自己成为一个有用的人，而不是满足于眼前的点滴收获和业绩。当你取得一点进步和成绩的时候，千万不要把尾巴翘起来，要知道人外有人、天外有天。你应该力求成为这个时代的佼佼者，同龄人中的佼佼者，尽管不是所有人都能达到这个目标，但是每个人心中都应该朝着这个目标前进，这样整个社会才会前进。

希望同学们记住，我们为什么而来，为什么而战，如何去战。当一个浪潮到来的时候，很多人容易被冲昏头脑，忘乎所以，殊不知这个社会是复杂的，社会的运行是有规律的。当你为了满足自己一时欲望的发泄，而破坏了整个社会的发展时，总有一天你会懊悔，因为你将成为这个时代发展的罪人。国家如此，区域如此，整个世界都是如此。

不要逆潮流，不要只关心自己，不要过多地苛求别人帮助你。社会是一个命运共同体，你中有我，我中有你，你帮了社会，社会才会回报你。不要苛求所有人都应该帮我，自以为我是孩子，父母应该帮助我；我是学生，老师应该帮助我；我还年轻，老人应该帮助我，如此之想，不足以成事，将会成为“废青”。我们不应该如此，我们应该努力成为优秀的青年，成为这个时代的脊梁。我相信你们有此决心和梦想，在这片神奇的土地上追逐梦想。

由衷地祝愿大家，谢谢各位！

（搜狐网，https://www.sohu.com/a/339625679_348945）

简析：2019年9月7日，中国西部科技创新港迎来首批西安交通大学新生，西安交通大学2019级研究生开学典礼在此隆重举行。校长王树国致欢迎词时，主要从“文化交流”“科技创新”“社会责任”这三个方面，表达了他对青年学子的期望。讲话中用了“亮剑”“废青”“命运共同体”等流行的词语，还援引了成为舆论热点的教授回信，很接地气。

四、写作训练

假如你是学校学生会会长，你想在新生欢迎晚会上对新生说些什么呢？请给202×级新生写一篇欢迎词。

第二节　欢送词

导入：会议或活动结束时，主办方一般要致辞对来宾的配合表示感谢，并表达对再次相逢的期待。

一、欢送词的含义

欢送词是指在宴会、酒会、座谈会等公共场合或仪式上，主人于宾客回归或亲友出行之际而发表的讲话稿，或刊印在公开发行刊物上的文字材料，它属于演说类文书。

二、欢送词的写作规范

（一）基本格式

标题+称呼+正文+落款

（二）基本框架

标题
- 1. 欢送词
- 2. 活动内容+欢送词

称呼：

正文
- 开头：事由和欢送语
- 主体：阐述宾主双方交往事件及其意义
- 结语：向来宾表示感谢和欢送，并致以良好祝愿

×××（署名）
××××年××月××日

（三）写作注意事项

1. 标题。标题可只写“欢送词”，也可以用“活动内容+欢送词”，如“在×××会上的欢送词”“×××在×××会上的欢送词”。欢送词的标题在致辞时不用说，但刊布时则不可少。

2. 称呼。写法与欢迎词一致。

3. 正文。正文一般分三部分。第一部分表明事由，说明举行何种欢送仪式，以什么身份代表哪些人向宾客表达欢送之情。第二部分是欢送词的主要内容，对欢送对象表达情谊。若欢送对象是来访团体、个人、商务合作伙伴或其他公务交往对象，可以在这一部分回顾和阐述双方在合作上取得了哪些突破性进展和良好效益，以及给己方带来的深远影响等，措辞要饱含肯定和赞扬。若欢送对象是亲朋好友、同事、同窗，这一部分应适当表达情谊，给予对方鼓励、勉励、期望和祝福，但切忌用语过分，让人感到虚假。第三部分是结

语。再次表示祝愿、感谢、欢送之情，用语要简短明确，以突出欢送的主旨。

4. 落款。写法和要求与欢送词的落款部分相同。

5. 近年来，各大学校长、院长向毕业生所致欢送词，往往篇幅较长，格式自由且耐人寻味，有些欢送词因为话语别致，思想精深，而产生了较大的社会影响，呈现欢送词的新格局。

三、例文分析

例文：

梦想走出校园
——朱苏力致2009届法学院毕业生欢送词

你们就要走出校园了，我首先代表北大法学院和全体老师祝贺你们，也感谢你们多年的努力，造就的不仅是你们，还有我们此刻的成就感，但还想唠叨几句。话题是几年前看电影《天下无贼》留下的，一直耿耿于怀。

影片中，傻根忠厚老实，对所有人都没戒心、不设防。怀了孕的女贼（刘若英饰）突然良心发现，想保护傻根，生怕他了解了生活真相，会失望、受伤或学坏，愿意他“永远活在天下无贼的梦里”。男贼（刘德华饰）则认为，不让一个人知道生活的真相，就是欺骗；生活要求傻根必须聪明起来；而一个人只有吃亏上当受过伤，才能重获新生。他强悍地反问：“‘傻根’他凭什么不设防？他凭什么不能受到伤害？凭什么？就因为他单纯，他傻？”

这是两种教育理念的尖锐论战。都有道理，道德高下也并非一目了然。今天中国几乎所有的父母、老师更多偏向刘若英。不是不知道生活有阴暗面，但怕年轻人学坏，不让他们接触，最多来些话语谴责。我们太注意区分知识的善恶，似乎只要严防死守，像对付SARS或“甲流”一样，或是装上个“绿坝”什么的，就不会有人感染，就能消灭病源，最终培养出一批时代新人，全面提升人类的道德水准和生活质量。

鸵鸟战术不可能成功，校园也非净土；我只是担心有人被忽悠了。真傻还不要紧，傻人有傻福，想想傻根，而“天真是冬天的长袍”，能帮助我们抵御严冬。我最担心的是，过于纯洁、单一、博雅或“小资”的教育，一方面让人太敏感、太细腻，一方面又会让人太脆弱。考试不好都“很受伤”，那考不上大学呢？求职或求爱被拒呢？更别说其他了。瓷器太精致了，就没法用，也没人敢用。生活中谁还没个磕磕碰碰？！

也确实很难接受刘德华的“残酷教育”，更无法实践。影片中，刘德华也没做到。他还是倒下了，为保护梦着天下无贼的傻根。更可怕的是，刚听罢“无毒不丈夫”，一转身，理论联系实际，活学活用，李冰冰就满含热泪恳请原谅，把自己的导师交给了警察；老奸巨猾的黎叔只能连连感叹“大意了”。两个字：报应！

莫非我们和刘若英一样，“怕遭报应，想做点善事积点德”。但一时的善良会不会变成长远的残忍？而且，我们真的善良吗？或只是为了证明我们善良，其实证明的是我们的虚幻、虚弱或是虚伪？

这是教育的深刻且永远的两难。由此才能理解中国古代的“易子相教”、斯巴达教育以及毛泽东的“大风大浪培养革命事业接班人”。但这还只是生活磨难的替代品；严苛不让人长记性，吃一堑才能长一智。我有时甚至怀疑，今天大学搭起的知识殿堂，只是暂时搁置、部分隔离，更多是推迟了你终将面对的严酷现实，也缓解了我们内心深处的疑虑和不安。

知识也未必能走出这个困境，尽管我们常常王婆卖瓜，说什么“知识改变命运”。这话没错，但弄不好也会甚至很会误人子弟。它夸大了知识、博学、思想和理念的作用，捎带着也就夸大了知识传授者的意义，却低估了行动的意义，更严重低估了行动者的艰难。其实，至少我，或许还有其他老师，选择校园并不只因为酷爱学术、追求真理，还有部分是因为读书比做事、特别是比做成事更容易，也更惬意。校园教育注定是残缺的。它确实拓展了你某些方面的想象和思辨能力，却也可能因此弱化了你应对和创造生活的能力。

出于责任，而不是愧疚，我把这些困惑和担忧，包括自身局限，都告诉你们。希望你们重新审视并尽快走出校园。不要只用规范的眼光看世界。生活世界一定不规范，有时还抵制规范。不要把符合逻辑的话都当真或太当真。如果没有准备，一旦遇上忽悠行家或策略高手，甚至卑鄙小人，你就会手足无措。无论是消极无为，还是同流合污，即便愤世嫉俗，那也是行动力的丧失。说不定，一次情感创伤就毁了你的善良和未来。

你就得像宋丹丹说的，“做……人就是要对自己狠一点”。请记住，是对自己。要抗造，经得起摔打，顶得住飞来横祸或无妄之灾。“好人一生平安”也就一支歌，听听就行了。出门被车撞的，并非都是，其实基本不是不肖子孙或贪官污吏。就算民主法治能让国家长治久安，也消除不了办公室政治。就算在安徒生童话里，你也得走到结尾，才能“从此过着幸福的日子”。

这并不是说放弃诚实和善良，只是老百姓说的“害人之心不可有，防人之心不可无”。真正的善良只能出自知情的选择和坚持。

这些话冷峻，却不冷酷，更非冷漠。怎么可能不希望你们每个人都一帆风顺？！只是既然你走进了这个校园，生活在这个世界，你就注定不是为重复昨天的故事，听从教科书的安排。我们只能创造你的此刻，你要创造的却是自己的未来；你要实现的，不是别人（包括父母）对你的期持，而是，最好是，你对自己的期待。你必须有能力承担起想象中你独自无力承担的责任，即使是为人子/女、为人夫/妻、为人父/母或为人师/友。

而且你们是共和国的年轻公民！你们当中应当产生，也定会产生这个国家和社会各行各业的精英，甚至领袖。我们的共和国很快将迎来她的六十周年，但凭什么说你的今生今世或此后，中国就不再遭遇汶川，（世界各国）就没人折腾了，就没人打西藏或台湾或南海的主意了，或贪娄不再引发其他什么全球危机，人类就此与“9·11”决绝，一路高歌，直奔历史的终结。

过去一年来，我强烈地感到，中国不是正走向，而是被推上更大的世界舞台。主要还不是“奥运”，而是金融海啸，当然还有索马里护航、盘算中的收购悍马或沃尔沃。即使看似波澜不惊，也意味着波澜壮阔、波诡云谲的挑战。不尽是机遇，一定有莫测的风险、陷阱、圈套，弄不好还有灾难。

而所谓精英，就是人们感觉良好，他却见微知著、小心翼翼，默默为整个社会未雨绸缪，这就是先天下之忧而忧。仅有理想、知识或爱心还不够，你们必须，也相信你们会坚定、冷静、智慧和执着；还必须有人准备在紧要关头挺身而出、当仁不让，承担起对这个民族乃至人类的责任，直至为之献身，这就足后天下之乐而乐。

我不是推荐这条路，我只是指出有这么个选项。和天下的父母差不多，其实，我们更愿意你们平平安安；也算想过，却未必期待你们成为英雄。英雄路注定坎坷，更是狭窄。无人允诺，更没法保证。你选择了，终点就是成功，而不是悲壮。至少，我的这番婆婆妈妈，在很大程度上，恰恰是想到了，你们当中也难免有人失落、失意甚或失败。

但无论如何，我们都祝福你们！北大法学院祝福你们！

也无论如何，我们都尊重你们各自的选择；并相信你们会无怨无悔。

（《法制资讯》2009年7月30日）

简析：这篇欢送词有几个特点：一是，从影片《天下无贼》引出相关道理，话语有趣。二是，讲话切合毕业典礼的情境。校园重视知识和理想，校门外的社会重视行动和价值，要做好适应社会的准备。三是，勉励毕业生进入社会后不能放弃梦想，要有当仁不让的精英意识。该演讲紧密结合世风时事，以生动活泼的语言，指出北大学生应该肩负的社会责任。

四、写作训练

请以某大学校长的名义给2023届毕业生写一篇欢送词。

第三节　开幕词

导入：不论召开什么重要会议，或开展什么重要活动，按照惯例，一般都要由主持人或主要领导人致开幕词，宣布会议或活动正式开始。

一、开幕词的含义

开幕词是指在大型会议或重大活动中，由主持人或参加的主要领导人代表组织者发表的具有宣告性、方向性和引导性的致辞。

二、开幕词的写作规范

（一）基本格式

标题+称呼+正文

（二）基本框架

标题
- 1. 开幕词
- 2. 事由+开幕词
- 3. 致辞人+事由+开幕词
- 4. 文章式标题

称呼：

正文
- 开头：对参加活动者表示欢迎
- 主体：介绍活动目标、宗旨、任务，提出希望等
- 结语：表示号召、鼓舞、祝愿之意

（三）写作注意事项

1. 标题。标题可以有四种不同的写法。第一，可以简单写明文种，即“开幕词”；第二，由“事由+开幕词”构成，如《×××会议（或活动、比赛等）开幕词》；第三，由“致辞人+事由+开幕词”构成，如《×××同志在×××会议（或活动、比赛等）上的开幕词》；第四，文章式标题，可以设主标题和副标题，如《我们的文学应该站在世界的前列——中国作家协会第四次会员代表大会开幕词》。在标题之下，通常用括号注明会议开幕的年月日。开幕词刊布时，还应在标题下注明致辞人姓名。

2. 称呼。一般使用泛称，如“各位女士、各位先生、各位来宾”“女士们、先生们”“代表们”“同志们”等。开幕词的称呼语忌故意出新而使人感到油滑不严肃。

3. 正文。正文包括开头、主体和结语三部分。正文所述内容要指向所有听众，谨防顾此失彼。

开头部分，可以开门见山地宣布会议或活动等开幕，也可以插入介绍会议（活动、比

赛）的规模及相关人员的身份。同时要对会议召开（活动举办）表示祝贺，并对所有参加人员表示欢迎。一般来说，开头部分无论繁简，都要独立成段，与主体部分分开。

主体部分，这是开幕词的核心内容。通常包括三项内容：第一，概括介绍会议（活动）背景和准备情况，阐明其性质和意义，说明会议（活动）的目标、宗旨及要解决的问题。第二，阐明会议、活动的指导思想、主要任务等，简单介绍会议议程和活动流程等安排。第三，向参加人员提出相关要求，以保证会议（活动）顺利举行。以上内容的写作顺序和繁简安排，可根据具体情况进行调整。最后要对会议（活动）的结果提出希望和要求，或者畅想未来。

结语。开幕词的结束语要简短、有力，富于鼓舞力量。一般使用具有号召性和鼓动性的句子，在写法上常以呼告语另起段落。

三、例文分析

例文1：

北京奥运会开幕词

刘　淇

各位代表、各位来宾，同志们：

在全国人民以巨大的热情认真贯彻奥林匹克精神的大好形势下，一百多年的梦想终于实现。在世界各地体育事业专家、教授、学者沐浴春风、辛勤耕耘、踌躇满志地迈出新的步伐的时候，我们第29届中国北京奥运会开幕了。在此令13亿华夏儿女欢欣的美好时刻，我们向生活、工作、奋斗在世界各地的奥委会员和所有体育工作者，表示亲切的问候，向当选并出席本次奥运会的全体代表，表示热烈的祝贺，向光临奥运这一民族盛事的国家领导及各方贵宾表示热忱的欢迎和诚挚的感谢！

出席本次奥运会的24个国家和地区的398名代表以及4 200多名运动员参加，来自世界各地，代表着世界几万名会员，代表着一支属于现在、更属于未来的体育队伍。今天我们大家在鸟巢欢聚一堂，共商发展和繁荣世界体育的大计。按照大会预定的议程，同志们在奥运会期间，要认真学习奥运精神，简单讲，奥运倡导的不仅仅是竞技荣誉，更为重要的是和谐发展。认真参赛，听取各国领导的讲话，深刻领会奥林匹克精神，从体育事业兴旺发达和民族振兴的高度，充分认识体育建设的重要性和迫切性，进一步明确体育工作的前进方向与美好前景，树立信心，鼓足干劲，为世界体育的发展与繁荣作贡献。我们这次代表大会还将审议通过第二十九届常务理事会的工作报告，讨论修改奥运会章程，并按照新的会章选举产生第三十届奥委会和主席团，以及宣布第三十届奥运会的主办者。我们每位代表要认真履行自己的光荣职责，完成奥运会的各项任务，促进奥运会圆满成功。

同志们，从1979年恢复席位以来到2004年，中国体育健儿已经参加6届夏季奥运会，获得了112枚金牌、96枚银牌和78枚铜牌。中国还参加了8届冬季奥运会，一共获得了4枚金牌、16枚银牌和13枚铜牌。中国运动员在奥运赛场上的出色发挥，证明了我国竞技体育的实力和水平。现在，在中华民族全面振兴、迎来光辉灿烂新纪元的历史时刻，振兴中华体育、再创世界体育辉煌的历史责任落在了我们肩上！

2008中国北京奥运，这是伟大的历史使命，是需要我们呕心沥血为之奋斗才能实现的艰巨目标！体育教练的肩膀，这头压着时代的重任，那头挑着人民的厚望，我们是极为活跃的文明创造力。体育是我们生命的活力所现。第29届中国北京奥运会也为体育运动员施展才华提供了广阔的舞台和很好的条件。在这样的舞台和条件下，我们要实事求是地制定规划，满怀信心地赛出水平、赛出风格。体事恰如长江水，后浪永远推前浪。在四年后的第30届奥运会中，面对充满挑战的21世纪，我们更要紧握风云百年的积淀，以更高的成绩突破2008中国北京奥运的今天！

同志们，我们这次奥运会一定要发扬民主，加强团结，相互勉励，交流经验，明确目标，脚踏实地，鼓足干劲，把这次奥运会办成民主、团结、和平、繁荣的大会，办成振兴中华、再创辉煌的民族誓师盛事，办成世界奥运会史上一次具有突破性意义的盛会。

预祝大会圆满成功。谢谢大家！

简析：2008奥运会开幕词紧扣北京和奥运这两个关键词，既介绍了本届奥运会的基本情况，又重点论述了此次奥运会在北京举办对于东道主中国的重要意义，并且将奥运精神与中华民族的精神结合起来进行阐述。

例文2：

×××大学第八届校园艺术节开幕词

尊敬的各位领导、各位来宾、老师们、同学们：

今天，我校第八届校园文化艺术节开幕了，在这里我代表学校对本届艺术节的开幕表示热烈的祝贺！对在本次艺术节筹备期间付出辛勤劳动的全体老师、全体同学表示衷心的感谢！对各位领导、各位来宾的到来表示热烈的欢迎和最诚挚的问候！

老师们、同学们，我们知道，文化能使人的道德更加高尚，艺术能使人的生活更加精彩。我校有相当一部分有艺术才华的学生，在本次艺术节中他们将展示自己的才华和创造力，为我们的校园文化注入文化内涵，营造团结、和谐、积极向上的校园文化氛围，使我校“愉快学习、幸福生活、健康成长、全面发展”的教育理念得到落实。第八届艺术节的主题是“亮出你的风采，为成功做准备”。学校举办艺术节的目的就是为张扬同学们的个性、展示同学们的才华而搭建的广阔舞台。

老师们、同学们，举办校园文化艺术节活动，是我校德育序列教育的一项重要内容，同学们在艺术的海洋里体验美，在体验中感悟美，从而获得道德的提升和人格的升华。我们有理由相信，本次艺术节，一定会有更多的同学展示自己的才华，为我校艺术教育水平的提升打下良好的基础，它必然会成为我校一道亮丽的风景线。

在各级领导的关心支持下，我校全体师生员工齐心协力、努力拼搏，取得了可喜的成绩：校园环境进一步美化，办学条件逐步得到改善，教育教学质量稳步提高，素质教育健康发展，校园文化氛围日益浓厚。学校各项工作得到了长足的进步和发展，呈现欣欣向荣的喜人面貌。

老师们、同学们，回首往昔，我们豪情万丈；展望未来，我们信心百倍。今天，我们举办校园文化艺术节，充分展现我校良好精神风貌和素质教育的丰硕成果。希望老师、同学们能以这次活动为契机，敬业奉献、奋勇争先，在教育科学的征途上继续努力，永不停息，在求学之路上刻苦拼搏，永攀高峰！我相信，不懈的努力必将结出丰硕的果实，××大学的明天会更好。

最后，祝各位领导、各位来宾身体健康、家庭幸福！祝老师、同学们工作顺利、学习进步！预祝我校第八届校园文化艺术节圆满成功！

谢谢大家！

（百文网，https: //www.oh100. com/a/201207/117649. html）

简析：这篇校园艺术节的开幕词，结构清晰合理，层次分明。致辞扼要指出此次活动的目的、意义与影响，也对所取得的成果做了展望。致辞结合学生朝气蓬勃的特点对学生进行了激励。措辞得当，语言生动活泼，充满激情。尤其在文章倒数第三段中提出的希望，给人心潮澎湃之感。

四、写作训练

请给2025年××××大学校园文化艺术节写一篇开幕词。

第四节　闭幕词

导入：重要会议或重大活动结束时，一般要安排代表性人物致闭幕词，总结会议或活动取得的成绩（成果），并预估其对未来的影响。

一、闭幕词的含义

闭幕词是指在大型会议或重大活动中，由有关领导人、德高望重者或重要来宾对会议、活动的圆满举办所作的具有总结性、评估性和号召性的致辞。

二、开幕词的写作规范

（一）基本格式

标题+称呼+正文

（二）基本框架

标题
1. 闭幕词
2. 事由+闭幕词
3. 致辞人+事由+闭幕词

称呼：

正文
开头：简要说明活动（会议）的完成情况
主体：总结概括活动（会议）取得的成果
结尾：表达号召、鼓舞、祝愿的意思

（三）写作注意事项

1. 标题与称呼的写法，可参照前述开幕词相关内容。

2. 正文。包括开头、主体和结尾三部分，闭幕词正文内容不易太多，忌冗长演说。

开头部分，是闭幕词的引言，一般写得比较简洁，通常独立成段，说明会议、活动的进程情况，完成预定任务的情况。

主体部分，是闭幕词的核心部分，通常包括三项内容：第一，概述会议或活动的进行情况，恰当地评价会议或活动的成果、意义及影响；第二，写明会议通过的主要事项、基本精神，或者活动所达到的预期目标和凝聚的力量，会议或活动的重要性与深远意义等；第三，向参加人员提出贯彻会议精神的基本要求，号召对活动主旨精神的继续支持等。上述三方面的内容一般不可缺少，且顺序基本固定。

结尾部分，通常比较简单，一般先以坚定语气发出号召，提出希望，表示祝愿等；最后郑重宣布会议闭幕。语言要简短有力，语气应富于鼓舞力量。

三、例文分析

例文：

北京奥运会闭幕词

亲爱的中国朋友们：

今晚，我们即将走到16天光辉历程的终点。这些日子，将在我们的心中永远珍藏，感谢中国人民，感谢所有出色的志愿者，感谢北京奥组委。

通过本届奥运会，世界更多地了解了中国，中国更多地了解了世界。来自204个国家和地区奥委会的运动健儿们在光彩夺目的场馆里同场竞技，用他们的精湛技艺博得了我们的赞叹。

新的奥运明星诞生了，往日的奥运明星又一次带来惊喜，我们分享他们的欢笑和泪水，我们钦佩他们的才能与风采，我们将长久铭记再次见证的辉煌成就。

在庆祝奥运会圆满成功之际，让我们一起祝福才华横溢的残奥会运动健儿们，希望他们在即将到来的残奥会上取得优秀的成绩。他们也令我们倍感鼓舞，今晚在场的每位运动员们，你们是真正的楷模，你们充分展示了体育的凝聚力。

来自冲突国家竞技对手的热情拥抱之中闪耀着奥林匹克精神的光辉。希望你们回国后让这种精神生生不息，时代永存。

这是一届真正的无与伦比的奥运会，现在，遵照惯例，我宣布第29届奥林匹克运动会闭幕，并号召全世界青年四年后在伦敦举办的第30届奥林匹克运动会上相聚，谢谢大家！

（百文网，https://www.oh100.com/a/201604/324155.html）

简析：这是国际奥委会主席罗格先生为北京奥运会所致的闭幕词。文中高度赞扬了本次奥运会的重大历史意义和所取得的成果、运动员的优异成绩以及他们在奥运会中所体现的奥林匹克精神。最后用“无与伦比”称赞了北京奥运会，宣布闭幕，并提出了号召，希望在伦敦奥运会再相聚。全文虽简短，但字里行间饱含肯定与赞美，充满激情和希望，富有号召力。

四、写作训练

请为你身边的一次大型活动写一篇闭幕词。

第五节 请柬

导入：作为向相关单位或个人发出邀约请求的礼仪性文书，在不同的场合有不同的形式。一种是请柬的形式，单位和个人都可以使用，侧重于礼节性的活动，如迎宾宴、开幕式和婚礼等。一种是邀请函的形式，多为单位发出，主要用于邀请对方参加大型的公务活动。请柬在形式上更追求个性化与创新，而邀请函在写法上比请柬更为详细。

一、请柬的含义

请柬又称“请帖”“柬帖”，有时也称“邀请书”，是邀请某单位或个人前来参加会议或出席某种有意义的活动的一种应用文。

二、请柬的写作规范

（一）基本格式

封面+称谓+正文+结尾+落款+附项

（二）基本框架

封面：请柬

称谓　（被邀请者单位、姓名、职务或尊称）：

正文　写清活动的名称、时间、地点及需要准备或者注意的事项

结尾　写上礼节性邀请语。诸如“敬请光临”“恭候光临”等

×××（署名）

××××年××月××日

（三）写作注意事项

1. 标题。请柬的款式和装帧都十分讲究，一般用特种纸对折起来的款式，外面是封面和封底，里面是内容。标题有“请柬”二字，一般写在封面正中（有的还在封面做一些艺术加工，如图案装饰、字体描金或烫金等）。

2. 称谓。在里面第一行顶格书写被邀请者单位、姓名、职务或尊称。

3. 正文。交代活动的时间、地点和内容。最后以“敬请光临指导”等句子收尾。

4. 结尾。可以写上“此致敬礼”等客套语。

5. 请柬除了常规横式书写，也有用竖式写的，书写顺序是由右向左竖行写。

6. 请柬如有封面，应留下联系人的地址、联系方式（电话、微信、QQ等）。具有公务性质的请柬，往往在落款前留下联系人及其办公电话。

三、例文分析

例文1：

请　柬

×××台启：

　　兹定于公历2012年*月*日（星期*）

　　　　农历××月××

　　举行婚宴庆典，诚挚恭请阁下光临。

　　　　新郎：××××

　　　　新娘：××××

　　　　婚宴地址：

　　　　婚宴席设：

（新郎）××××（新娘）××××　敬邀

简析：此文为结婚请柬，内容简洁明了，使宾客对相关婚宴信息一目了然。至于请柬的外在形式，可以根据喜好进行设计。

例文2：

邀 请 函

×××先生（女士）：

为纪念鲁迅先生诞辰×××周年，我会定于20××年×月×日至×月×日在××市××宾馆举行鲁迅作品学术研讨会。欣闻您对鲁迅作品素有研究，诚望届时光临赐教。

恭候回音。

××××学术研究会（印章）

20××年×月×日

简析： 此文为邀请函。邀请函的内容相对于请帖来说更加详细，要写活动的原因、内容、时间、地点、费用、联系地址等，还有注意事项。单位发出的邀请函，还要盖上公章。一般来说，主办方发出邀请函后，会要求被邀者回复是否接受邀请。

四、写作训练

请写一份邀请函，请老师参加你的毕业展演活动。

第六节　感谢信

导入： 人的一生会遇到很多值得我们由衷感恩的事情。写一封感谢信吧，它可以使人与人之间这份美好情谊长久地留存纸间，历久弥香。

一、感谢信的含义

感谢信是书信的一种，是在得到有关单位或个人给予的关心、支持或帮助后，向对方表示感谢的信函。它可以用于单位、团体之间一方答谢另一方的协作与援助，也可以用于个人感谢对方的奉献与帮助。感谢信具有感谢与表扬双重意思，可以单纯地表达感激，也可以通过表扬的形式来感谢。

二、感谢信的写作规范

（一）基本格式

标题+称谓+正文+落款

（二）基本框架

<table>
<tr><td colspan="2">**标题：**感谢信
致×××的一封感谢信</td></tr>
<tr><td colspan="2">**称谓：**</td></tr>
<tr><td>**正文**</td><td>1. 开头：简要叙述感谢的缘由
2. 主体：具体展开被感谢者的事迹，怀着感激的心情赞颂对方的好品德、好作风，并表示向对方学习的态度与决心
3. 结尾</td></tr>
<tr><td colspan="2">×××（署名）
××××年××月××日</td></tr>
</table>

（三）写作注意事项

1. 标题。可直接用“感谢信”，也可以用“致×××的一封感谢信”。

2. 称谓。写被感谢者单位名称或个人姓名，可冠以适当的称呼。

3. 正文。正文一般有三个层次，先陈述事实，写清楚对方在什么时间、地点，由于什么原因，对自己或单位有什么支持和帮助。然后评价事实，指出从事件中体会到了对方哪些好思想、好品德、好风格。最后表示谢意和向对方学习的态度、决心。感谢的原因要具体，忌笼统。

感谢信正文的写作要求，一是叙述要清楚，包含人物、时间、地点、事件、结果和积极的影响等要素。二是感情要真挚，语气要诚恳。表达谢意的语言要朴实，对对方帮助与支持所产生的客观影响的评价要恰如其分，符合实际，不要用溢美之词。三是语言要精练，表达要得体，篇幅不能太长。

4. 结尾。结束语一般用表达敬意、感谢的话语，如“此致敬礼”“致以崇高的敬意”等。

三、例文分析

例文1：

感谢信

××部队全体指战员：

我县上月遇到了特大洪涝灾害，许多地区被淹，人民生命、国家财产受到了严重的威胁。在这危难之际，你部全体干部、战士连夜赶赴我县，投入紧张的抗洪抢险之中。

十几个日日夜夜，你们发扬“不怕牺牲，排除万难”的献身精神，始终冒雨战斗在抗洪抢险的第一线，谱写了许多可歌可泣的动人事迹。你们的奋力救援，有力地保住了我县人民的生命和财产，使我县上万亩良田和几百座房屋免于被洪水冲毁，使我县最后战胜了洪涝灾害，赢得了抗洪斗争的胜利。你们这种急他人所急、助人为乐、无私奉献的精神值得赞扬和学习。为此，特向你们表示衷心的感谢！

我们决心向你们学习，在党的领导下，积极恢复生产，重建家园，以实际行动报答你们的关怀和帮助。

此致

敬礼

×××县人民政府（代章）

××××年×月×日

简析：这份感谢信首句交代感谢的事由，接着详细陈述××部队全体指战员抗洪抢险的事迹，并阐述了这些事迹所产生的良好效果，颂扬官兵们的美好品德，表达对他们的谢意和向他们学习的决心。全文层次清晰，言简意赅。

例文2：

感谢信

××××大学音乐教育学院负责同志：

为帮助我校排练艺术节节目，你们及时给我们派来了×××老师、×××老师，协助我们编排歌舞。他们工作认真，耐心指导，亲自示范。在两位老师的帮助下，大家的水平有了很大提高，排练出了很多精彩的节目，使我校艺术节获得了很大成功。

现在两位老师回去了，我们代表贵校全体师生向二位老师及你们表示衷心感谢，并希望今后继续得到你们的大力支持。

此致

敬礼

×××二中校长办公室（盖章）

××××年×月×日

简析：这篇感谢信结构完整，内容清晰。但失误在于用词不当，如“你们及时给我们派来了×××老师、×××老师”中的“你们”应改为“贵校”。“我们代表贵校全体师生向二位老师及你们表示衷心感谢”中的“贵校”应改为“我校”或“本校”。

四、写作训练

根据所给材料，写一篇感谢信。

××××大学影视与传媒学院广告设计专业2022级同学在班委会的组织和带领下，从2022年3月起，经常到青秀小区参加社区服务活动，如打扫卫生，帮助孤寡老人买米买菜，受到小区居民的高度赞扬。请你以小区居委会的名义，给××××大学影视与传媒学院写一封感谢信。

要求：1. 符合感谢信的基本格式。 2. 写清楚感谢的基本原因。 3. 用得体的语言写出感激之情。

第七节　贺　信

导入：对科研任务的成功、重要工程的竣工、重大会议的召开或在赛事中取得的优异成绩以及重要节日、寿辰等表示祝贺，都可以写贺信。贺信的种类较多，最常见的是上级单位写给下级单位和所属职工的贺信，或以单位、组织的名义写给在某一方面做出突出贡献的团队或个人的贺信。此外，某单位有庆典、重大活动或取得突出成绩时，业务相关单位可以写贺信向其表示祝贺。

一、贺信的定义

贺信是对对方在某一方面所取得的成就、突出贡献表示庆贺或给予表彰的信。

二、贺信写作规范

（一）基本格式

标题+称谓+正文+落款

（二）基本框架

标题：贺信 / 祝贺+主要事项内容

称谓：

正文
开头：简要陈述道贺事由，以“值此……之际，谨代表……向……表示热烈祝贺”之语引出下文
正文：概括分析事项的重要意义，肯定成绩
结尾：提出希望

×××（署名）
××××年×月×日

（三）写作注意事项

1. 标题。可只写“贺信”二字，也可以“祝贺”二字加主要事项内容。

2. 称谓。单位写单位完整名称，个人写个人姓名及职务。

3. 正文。正文开头大多是“值此……之际，谨代表……向……表示热烈祝贺”之类的表述。中间可结合形势，概括分析事项的重大意义，肯定成绩，并提出希望。贺信内容可适当溢美，但要把握分寸，不要让人感觉到吹捧之意。

贺信与贺电在本质上并无太大区别，用书信形式发出的为贺信，用电报形式发出的为贺电。

三、例文分析

例文1：

中共中央　全国人大常委会　国务院　全国政协　中央军委关于庆祝广西壮族自治区成立60周年的贺电

中共广西壮族自治区委员会、广西壮族自治区人大常委会、广西壮族自治区人民政府、广西壮族自治区政协、广西军区：

值此广西壮族自治区成立60周年之际，中共中央、全国人大常委会、国务院、全国政协、中央军委向广西壮族自治区各族干部群众和各界人士，向人民解放军驻广西部队指战员、武警广西部队官兵和政法干警，向所有关心支持广西壮族自治区建设发展的同志们和朋友们，致以热烈的祝贺和亲切的慰问！

1958年广西壮族自治区成立，是我国民族关系史上的一座丰碑，开启了广西各族干部群众在党的领导下共同当家作主、建设壮美广西的历史新篇章。60年来特别是改革开放以来，广西实现了翻天覆地的历史性巨变。经济实力显著增强，基础设施日新月异，开放合作全面拓展，各项社会事业全面进步，脱贫攻坚取得决定性进展，各族人民生活水平显著提高，社会保持和谐稳定。生态文明建设成效显著，山清水秀生态美成为广西金字招牌，祖国南疆的生态安全屏障作用日益突出。民族区域自治制度优势充分发挥，中华优秀传统文化广泛弘扬，各民族交往交流交融更加深入，中华民族共同体意识更加牢固。党的建设全面加强，执政基础更加巩固。特别是广西始终坚持国家利益高于一切，始终屹立在保疆卫国第一线，主动融入和服务国家总体发展战略，为维护祖国领土完整和繁荣昌盛作出了重要贡献。今天的广西，红土地涌动滚滚春潮，北部湾迸发勃勃生机，各族人民心连心、手拉手，紧紧拧成一股绳，不断加快脱贫奔小康步伐，昂首阔步走在中国特色社会主义康庄大道上。

六十载风雨兼程，一甲子硕果累累。广西壮族自治区60年的辉煌成就来之不易，经验弥足珍贵。这离不开党中央、国务院的坚强领导，离不开全区各族干部群众的不懈奋斗，离不开全国人民的真情帮助。实践证明，只有坚持中国共产党领导，坚持中国特色社会主义，坚持全面深化改革开放，坚持民族区域自治制度，坚持铸牢中华民族共同体意识，才能实现广西发展进步，实现“中华民族一家亲，同心共筑中国梦”。

中国特色社会主义进入新时代，广西同全国一样站在新的历史起点上。党和国家历来高度重视广西发展，十分牵挂广西各族干部群众。特别是党的十八大以来，习近平总书记多次对广西工作作出重要指示批示，为进一步做好广西工作提供了重要遵循。希望广西各族干部群众始终高举中国特色社会主义伟大旗帜，以邓小平理论、“三个代表”重要思想、科学发展观、习近平新时代中国特色社会主义思想为指导，全面贯彻党的十九大和十九届二中、三中全会精神，牢固树立“四个意识”，坚定“四个自信”，坚决维护习近平总书记的核心地位、坚决维护党中央权威和集中统一领导，坚决贯彻落实党中央、国务院决策部署，解放思想、锐意进取、攻坚克难，扎实做好富民兴桂各项工作，努力在推动经济高质量发展上迈出新步伐，在保障和改善民生上取得新进展，在加强生态环境保护上见到新成效，在实施开放带动战略、助推“一带一路”建设上开创新局面，以大开放赢得大发展大跨越，同全国一道进入全面小康社会，在实现“两个一百年”奋斗目标、实现中华民族伟大复兴中国梦的新征程上作出新的更大的贡献！

驻广西人民解放军、武警部队和政法队伍是保卫边疆和维护广西社会安定的重要力量。要始终牢记使命、不负重托，继续发扬优良传统和作风，维护和促进民族团结，巩固和加强军政军民警民团结，为广西改革发展稳定再立新功。

让我们更加紧密地团结在以习近平同志为核心的党中央周围，不忘初心、牢记使命，守望相助、砥砺奋进，不断谱写新时代祖国南疆繁荣发展新篇章，开创八桂大地更加美好的未来！

祝广西壮族自治区兴旺昌盛！

祝广西各族人民幸福安康！

全国各族人民大团结万岁！

中共中央

全国人大常委会

国务院

全国政协

中央军委

2018年12月10日

（新华社北京12月10日电）

简析：这是中共中央、全国人大常委会、国务院、全国政协、中央军委庆祝广西壮族自治区成立60周年的贺电，贺电中对广西壮族自治区成立60周年表示祝贺，并通过回顾历史，分析现状、展望未来，充分肯定了广西的发展和努力，最后致以诚挚的祝愿。

例文2：

开业贺信

×××信息产业公司：

正值我市建市100周年之际，贵公司落成开业，这是我们信息产业界、也是全市人民的一件喜事。在此谨向你们致以热烈的祝贺！

信息产业是未来的主导产业，是搞活经济的中坚力量。作为营业面积、资金规模居我市前列的贵公司，对满足人民群众的信息需求、繁荣我市经济贸易必定起到重要的作用。

祝贵公司开业大吉，生意兴隆！

此致

敬礼！

×××公司全体员工

××××年×月×日

简析： 本文简洁明了地指出了该信息产业公司开业的重要意义，祝贺语的措辞恰如其分。

四、写作训练

××××大学舞蹈学院300名学生参加了庆祝中国共产党成立100周年文艺演出《伟大征程》，圆满完成任务，顺利归来，请你代表学校给舞蹈学院写一份贺信。

第五章　职场文书写作

职场文书指个人在求职或职业发展过程中，按照程序和规范要求提交或用于公开陈述的文稿。职场文书对求职和升迁具有参考意义。写作职场文书，是个人职业生涯发展的基本技能。职场文书的写作，要在尊重事实的基础上，做到以真情感人，以成绩服人，以志向动人，切忌浮夸。

第一节　求职简历

导入： 无论毕业求职还是更换工作，都要制作简历。制作一份得体的简历，可以在众多求职简历中脱颖而出。那么，写好简历的技巧又有哪些呢？

一、求职简历的含义

简历是用来说明学习经历、工作经历等个人相关情况的常用事务文书，通常作为求职信的附件。

二、求职简历的写作规范

（一）基本格式

标题+正文+落款

（二）基本框架

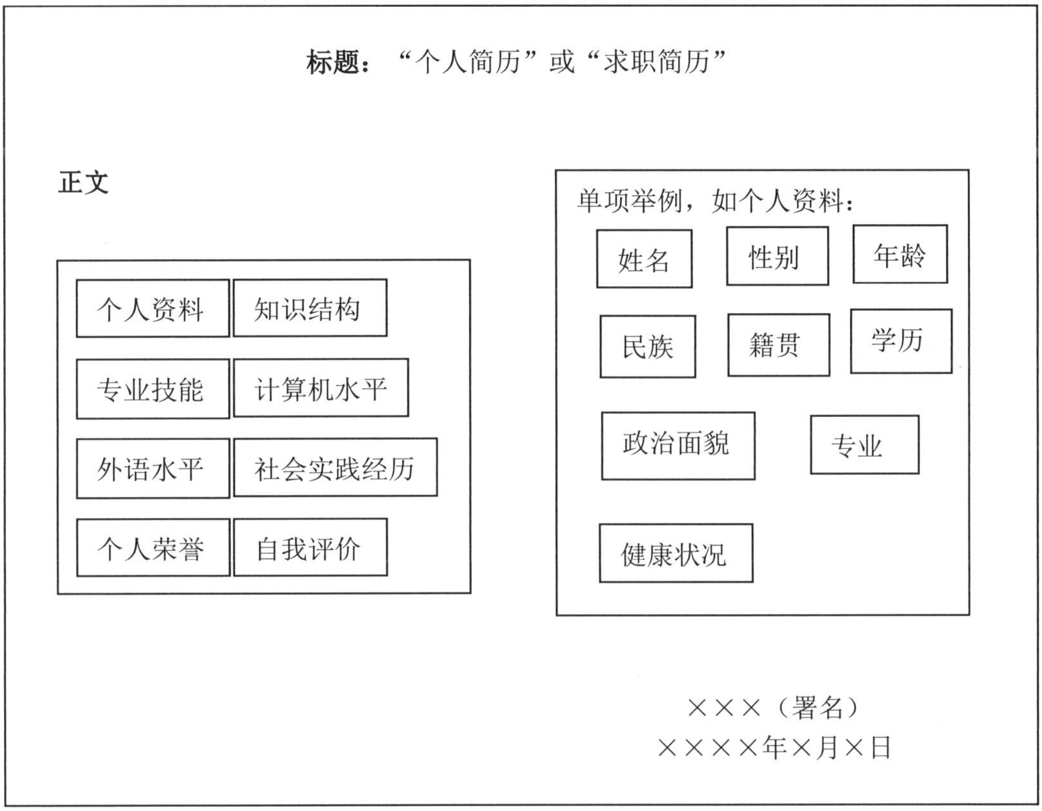

（三）写作注意事项

1. 力求简洁，落款处姓名最好手写签名，以示尊重。

2. 不必冗长。人力资源管理者看简历，停留在每份简历上的时间一般不到20秒。简历篇幅越长，越没有重点，被关注的可能性越小。简历篇幅在1页A4纸之内较为得体。

3. 避免格式化的简历。来自下面几个渠道的简历模本区分度和识别度不高：学校就业指导部门统一提供的，打字复印店公开的样本资源，网上下载的格式文本和封面图样，求职指导书登载的简历样本。好的求职简历一定要有个性化设计。

三、例文分析

例文：

照片

姓名：×××

求职意向:产品经理

生日：××××年×月×日

现居：广东深圳

学历：大学本科

专业：视觉传达

手机：×××××××××××

微信：××××××××××

微博：××××××××××

邮箱：××××××××××

个人简历

教育背景

2013.09—2017.06　××大学　企业管理专业　本科

2013.09—2017.06　××大学　平面设计专业　选修

工作经历

2013.09—2017.06　××有限公司　策划专员　策划总监

工作描述:

1. 项目进行期，制定短期目标，进行项目进度管理，引导团队成员完成各项任务；

2. 负责项目的推广，内测期利用微博与讲座进行宣传推广，获得310个客户；

3. 善用目标激励与情感激励，参赛小组至今仍保持良好的团队氛围。

校内实践

2013.09—2017.06　××工程学院会计办公室　行政助理

工作描述:

内务支持：负责复印、扫描文档，收发传真，收发信件、文件，快递等。

活动支持：负责学校员工活动，会议安排，组织文体活动等。

证书奖励

通用技能证书：英语四级证书、普通话二甲证书、机动车驾驶证。

专业技能证书：Adobe认证设计师资质，WPS年度最佳设计师。

活动荣誉奖励：2014年湖北省“创青春”创业计划移动专项赛银奖。

自我评价

良好的公共关系意识，善于沟通，具备活动策划和组织协调能力。

良好的心态和责任感，吃苦耐劳，擅于管理时间，勇于面对变化和挑战。

良好的学习能力，习惯制订切实可行的学习计划，勤于学习，不断进步。

简析：简明扼要是这份简历的最大优点，所有文字条目，都围绕“求职意向：产品经理”而展开，其他无关经历一律省略。在排版上，所有内容在一张A4纸上呈现，一目了然，简洁美观。

析错案例：

个人简历

应聘单位（职位）：

照片

姓名：××× 性别：男 政治面貌：中共党员

籍贯：××× QQ：×××××××××××××

手机：134×××××××× 电子邮箱：×××××××@163. com

毕业院校：×××大学 学历：硕士研究生

专业：硕士，区域经济学；本科，工商管理（技术经济方向）

教育背景：

(1) 2009年9月—2012年7月，就读于×××大学商学院区域经济学专业，硕士研究生；

(2) 2005年9月—2009年7月，就读于×××大学商学院工商管理（技术经济方向）专业，获管理学学士学位，班级综合排名：2/64。

主要学生干部经历：

(1) 2009年9月至今，担任×××。(2) 2010年4月—2011年9月，担任×××。(3) 2006年6月—2007年6月，担任×××。(4) 2006年3月—2006年6月，担任×××。(5) 2005年9月—2006年3月，担任×××。

科研项目及论文发表情况：

主持课题：2010年×××省（区）教育厅研究生创新项目×××。

参与课题：(1) 国家自然科学基金项目×××。(2) 教育部人文社科课题×××。(3) 广西软科学研究项目×××。(4) 广西南宁市物价局2011年课题×××。

论文发表：(1) 第一作者《中越边境×××》。(2) 独著《边境城市×××》。(3) 独著《少数民族×××》。(4) 第一作者《新型农村×××》。(5) 第一作者《CAFTA建成后×××》。(6) 第二作者《广西铝工业×××》。(7) 第三作者《关于广西×××》。

主要工作（实习）经历：

(1) 2011年7月—2011年9月，在×××商务厅口岸办实习。参与编写《×××》，完成×××任务。(2) 2010年3月—2011年11月，兼职老师。讲授×××课程。(3) 2008年9月—2009年8月，复习考研、自由职业、自主创业。(4) 2007年9月—2008年8月，就职于广西区×××南宁公司，任人事专员。完成×××任务。(5) 2007年7月—2007年8月，在民政部紧急救援促进中心××分中心实习，任文秘助理。完成×××任务。(6) 2007年2月—2007年4月，在×××高新技术产业开发总公司财务部实习。完成×××任务。(7) 2004年4月—2007年2

月，在×××大学人事处做兼职资料管理员（勤工俭学）。完成×××任务。

外语、计算机水平：

(1) CET4×××分、CET6×××分，具备一定的听说读写应用能力，能够较熟练地阅读英语文献。(2) 能够运用计量经济学软件EViews等进行数量经济分析，可较熟练地使用Word、Excel、Powerpoint等办公软件及中英文数据检索。

主要获奖情况：

(1) 2011年11月荣获×××大学“优秀研究生”；(2) 2011年6月荣获×××大学“2008—2010年度优秀共产党员”；(3) 2011年5月荣获“×××大学商学院第四届优秀学术成果征文”比赛优秀奖；(4) 2010年5月荣获“×××大学商学院第三届优秀学术成果征文”比赛优秀奖；(5) 2007年6月荣获×××大学2007届“优秀毕业生”；(6) 2006年12月荣获×××大学“优秀学生干部”、优秀奖学金；(7) 2006年11月荣获×××大学2006年暑期社会实践“先进个人”；(8) 2006年4月荣获×××大学“优秀团员”。

自我评价：

多年的学生干部经历，让我养成了善于与他人合作的团队精神，具备较强的组织管理能力；近两年的社会工作经历，让我收获一定的人力资源管理经验及文秘工作经验；两年多的硕士研究生学习，让我收获了一定的课题研究及学术论文写作经验，可以独立完成相关项目的申报书及结题报告。性格热情开朗、勤奋好学、吃苦耐劳、积极向上、诚实干练、认真负责、团结乐观。

爱好/特长：

写作、羽毛球、爬山。

简析：这份简历看起来充实，但存在以下问题。一是，求职岗位不明确，属于“一份简历走天下”的情况，导致简历内容设置针对性不强，不够简明。二是，自我评价部分主观性太强，难以求证。三是，形式不够美观，没有意义的数字陈列太多，让人读起来容易产生倦怠感。建议：明确求职岗位，根据求职岗位需要删减内容，并将简历做成一张A4 纸那么大的“名片”。

四、写作训练

编写一份个人简历。要求：

1. 假设一个应聘岗位，制作一份求职简历；
2. 格式正确，语句通顺，逻辑清晰，突出要点。

第二节 求职信

导入：如果你去求职，如何更好地让用人单位选中你？你是否已经做好充分准备？求职信就是打开求职大门的钥匙。

一、求职信的含义

求职信是个人在求职时，向对方进行自我介绍并递交招聘单位主管领导的信函，通常被认为是求职过程中必须准备的书面材料。

二、求职信的写作模板

（一）基本格式

标题+称谓+引言+主体+结尾+落款

（二）基本框架

标题：“求职岗位”+“求职信”

称谓：称呼一般是姓加职务或职称。

引言：介绍自己的基本情况和求职意愿

主体：将自己的经历和求职岗位结合起来进行陈述

结尾：相关提示及致敬语

×××（署名）
××××年×月×日

（三）注意事项

1. 标题： 标题以完整为好，如标题“装修设计师岗传求职信”比标题“求职信”指向明确。

2. 称谓： 称谓要紧扣求职主题。 如有同学提出下面的问题，老师做出了解答。

学生：老师，假如我应聘×××大学某岗位，写信给石××先生。他既是该校设计学院的院长，还是××省美术协会主席。我写给他的求职信，该怎么称呼呢？

老师：你到××省美术协会求职还是到×××大学设计学院求职呢？如果到×××大学设计学院求职，求职信上称呼“石院长”，而不是“石主席”。

3. 引言： 将自己的基本情况和求职意愿介绍清楚。

（1）我是谁？（2）我来自哪里？（3）我怎么知道贵单位的？（4）我为什么对贵单位该职位感兴趣？（5）我是认真的吗？

4. 主体部分： 这一部分陈述要围绕所申请的职位展开。

（1）对岗位的理解。（2）符合岗位的技能素质。（3）为岗位所做的准备。（4）说明对就职的设想。（5）提示求职信后有附录、附件。

5. 结尾： 以恰当恳切的方式请求安排面谈，留下你的电话或手机号码，结束语后面应写“此致”“敬礼”“祝您身体健康”等致敬语。

6. 落款： 署名一般手写签名，日期写在名字下面。

7. 求职信写作的10条规则

（1）对不同的雇主和行业，你的求职信要量体裁衣。

（2）提出你能为未来雇主做些什么，而不是他们为你做什么。

（3）将精力集中在具体的职业目标上，不漫无边际地讲述。

（4）不对自己的求职情形或人生状况说任何消极的话。

（5）直奔主题，不要唠叨。

（6）不要写没有实例的空话。

（7）不要超过一页，除非招聘方索要进一步的信息。

（8）避免出现任何打印或拼写错误。

（9）在你发送求职信之前，请其他人检查一下。

（10）所有发送的信息，包括你的纸质信件、电子邮件、传真，都要记录保存。

三、例文分析

例文：

×××岗位求职信

××经理：

您好！

我写此信应聘贵公司×××职位。我通过×××得知此招聘信息，期望能加盟贵公司。

两年前我毕业于××××大学×××专业，在校期间学到了相应的专业知识，如××××、××××、××××、××××、××××等课程。毕业后，就职于×××公司，从事××××工作。本人具备一定的管理和策划能力，熟悉各种办公软件的操作，英语熟练，略懂××。我深信可以胜任贵公司×××职位。

个人简历及相关材料一并附上，希望能尽快收得到贵方的面试通知，我的联系电话：×××××××××××。

感谢您阅读此信并考虑我的应聘要求！

此致

敬礼！

×××（署名）

××××年×月×日

简析：这份求职信符合基本要求，言简意赅，直奔主题。我们在应用过程中，可根据自己的特别需要和求职岗位的实际情况，在形式和内容上进行灵活处理。

析错案例：

尊敬的×××经理：

您好！

我的名字叫×××。我曾经生活在风景优美的小山村，我从小学习努力，当过少先队大队长。当您翻开这一页的时候，您已经为我打开了通往成功的第一扇大门。感谢您能在我即将踏上人生又一崭新征程的时候，给我一次宝贵的机会。

四载匆匆，现在的我深深懂得：昨天的成绩已成为历史，未来的辉煌要靠今天脚踏实地、坚持不懈的努力去实现。在这日新月异的时代，只有培养能力、提高素质、挖掘内在的潜能，才能在激烈的社会竞争中立于不败之地。

在我即将离校的时候，我携带着学到的知识和年轻人满腔的热情与梦想，真诚而又衷心地向贵单位毛遂自荐。山外青山楼外楼，强中更有强中手，然而我坚定地认为：天生我才必有用！虽然我很平凡，但我并不平庸。尽管在众多的应聘者中，我不一定是最优秀的，但我仍很自信，我相信我能创造美好的未来！

在此，我期待您的慧眼垂青。相信您的信任与我的实力将为我们带来共同的成功！最后祝愿：贵单位事业兴旺发达，祝您工作顺利！

此致

敬礼！

求职人：×××

××××年×月×日

简析：一是，这份求职信没有标题，没有明确说应聘哪个职位；二是，主体部分没有谈对应聘岗位的理解，太主观；三是，没有展现自己的能力素质与对方岗位要求的结合点；四是，这份求职信没有联系方式，如手机、电子邮箱、微信号、QQ等，即使简历里有，这里也说明一下，以便及时沟通；五是，少年时期的生活情况在求职信里属于无效信息，应删去；六是，文风偏抒情，与求职信写作所应展示的理性风格不合。

四、写作训练

拟一份求职信。要求：1. 突出与岗位对应的专业知识和基本技能；2. 陈述与岗位对应的专业态度和进取精神；3. 格式正确，语句通顺，逻辑清晰。

第三节　竞聘报告

导入：公开公平竞争是现代社会的重要特点。通过竞聘获得理想的职位和岗位，是工作的重要组成部分。竞聘词，是在工作和事业上追求人生进步的公开宣言。

一、竞聘报告的含义

竞聘报告，是在特定的公开场合，为了竞争某个岗位，阐述自己对该岗位的理解、自己具备的条件和优势、被聘任后的工作设想等的演讲稿。

二、竞聘报告的写作规范

(一)基本格式

标题+称谓+正文+结语+致谢

(二)基本框架

标题：“竞聘报告”或“岗位+竞聘报告”
称谓：（给观众打招呼的提示语）
正文：开头开门见山，点明竞聘岗位。 主体介绍基本条件、优势和不足、工作设想等。
结语：表达信心，号召大家支持。
致谢语： 表达对到场者倾听的感谢。

(三)注意事项

1. 标题: 有人问,“竞聘报告是用于演讲的,要什么标题”?竞聘报告是工作文书,经常要上交给所属部门,所以要有标题。

2. 称谓: 称谓要亲切自然,应将所有相关听众包括进去。

学生会主席竞聘报告

敬爱的领导、各位同学:

……

(辅导员提醒:当时我也在场,但我既不是领导,也不是同学。除我之外,还有黄辅导员、韦辅导员,要不要提一下呢?)

3. 正文: 这一部分可以按照以下内容依次展开。

开头	“大家好!很荣幸得到这次竞聘机会”,这是常规的开篇。最好开门见山地明确指出自己要竞聘的岗位
基本条件	因为评委或听众中有些人未必熟悉你,所以你要介绍自己的姓名、现任职务等基本情况。然后针对竞聘岗位要求,介绍自己的学历、经历、政治素质、业务能力、已有的业绩等

优势和不足	在介绍自身应聘条件后，要做自我评价，既要展示自己的长处，又要简要介绍自身的不足，给听众和评委留下理性、务实、诚信的印象
对竞聘职务的认识	阐述新形势、新动态对竞聘岗位提出的新要求，做到思想观点新、思维角度新，得出具有一定高度的新认知、新结论，以说服评委和听众
对竞聘工作的设想	简明扼要陈述竞聘任职后的打算，围绕以后工作中的热点、难点问题，提出明确的工作目标和切实可行的措施

4. 结语：一般包括以下三个方面的内容。

对胜任所竞聘的工作充满信心。

对竞聘结果态度理性。

号召大家支持并投票。

5. 致谢语：“谢谢”一定要说。仅仅说这两个字，印象分不会增加。若想加分，在说“谢谢”之余，还要好好琢磨怎样表达谢意。

6. 其他注意事项：

（1）计算自己的语速，根据给定的时间斟酌演说的大致字数，避免超时。

（2）将要讲的内容区分为“重点、次重点、次次重点……”，在给定的时间内，先说最重要的。

（3）实事求是。对以往业绩的介绍，要具体真实，最好有数据支撑，不能仅凭记忆，演讲之前要逐一核查，以防有误差，给人不踏实的印象。

（4）对竞聘岗位的具体情况进行调查研究，弄清竞聘岗位的历史、现状。

（5）对竞聘岗位存在的焦点、难点问题及其出现的原因要有切中肯綮的分析。

（6）对未来工作的设想，一定要有分寸，不说过头话。

（7）一般情况下，措辞用语要谦和、诚恳、理性，任何情绪化的表达都有可能带来负面影响。

三、例文分析

例文：

竞聘报告

各位领导、各位评委、同志们:

大家好!

光阴似箭，岁月荏苒。不经意间，来到师范大学已经16个年头了。16年来，伴随着师范大学的发展壮大，我也从一个刚刚走出校门的学生成长为一个地地道道的师范人。如今，在师范大学全面推行岗位竞聘上岗机制的背景下，我勇敢地走上演讲台，参与行政部副处的竞聘。

首先借此机会，我要对在座各位领导和同志们多年来的关心、培养和帮助，表示衷心的感谢。谢谢你们!

下面，我分三部分汇报我的竞聘情况。

一、个人简历

我叫×××，今年38岁，党员，统计师，大专学历。我于1989年毕业于××××大学计划统计专业，分配到师大人事部门工作。参加工作以来，我先后负责人事调配、职称评聘、师资管理、秘书等工作。曾任人事科副科长、秘书（正科）、人才引进办主任。

二、个人优势和劣势

下面谈一谈我竞聘这一职位的优势和劣势。

首先从劣势说起，因为只有看清楚自己的弱点，才能对自己的竞聘行为做出准确的判断，也才能找准努力的方向，争取做得更好。客观地说，我是一名从外地分配到本校的工作人员，学历也有限，与本校留校的竞聘者相比，在资历上确实存在一定的差距，但我愿意向他们学习。如果我有幸担任行政部副处，将吸纳像他们这样有实力、有能力的人加盟行政部，并为他们创造良好的工作环境和施展才华的平台，和他们一道创造师大的新篇章。

16年来，我一直在人事部工作，积累了丰富的行政工作经验。学校职工的信息数据库、干部统计等工作也一直由我负责，对全校人员构成及流动变化等情况我都很熟悉，能更好地开展工作。另外，我还参加了教育部对我校的本科教学工作水平评估工作，直接参与编写了学校的自评报告。因为掌握学校教学、师资及管理等情况的第一手材料，能透彻理解学校对行政部门的工作要求，所以我对从哪些方面入手来提高管理水平、提高行政部门的工作效率和服务水平，有自己的深入思考。同时，多年的工作经历让我养成了良好的工作习惯，形成了与时俱进的创新意识。工作以来，我经过刻苦钻研，掌握了现代化办公技术和手段，在数据库技术、网页制作技术等方面尤为擅长。而这些正是一名行政部副处人员所必备的素质。

另外，多年担任秘书的经历，让我具备了较强的组织协调能力和文字组织能力。我先后为人事改革工作提供数据信息、整理资料、发布通知、参加职称评审的组织服务、进行师资统计工作，并主持起草《在分子细胞生物学实验室试行学术带头人特聘岗位的实施意见》及《分子细胞生物学实验室特聘岗位聘任协议书》等文件。

三、工作设想

如果我有幸走上师大行政部副处的领导岗位，我将不负众望，不辱使命，勤奋工作。具体做到以下两点：

一是真诚团结，积极协助正职做好部门的管理工作。多年的工作经验告诉我，同事之间，支持、谅解和友谊比什么都重要。在团结方面，一定要摆正自己的位置，正确认识和看待自己，当好配角，服从正职的安排，做好人才引进工作，注重师资力量，在生活上多关心同事，做到多理解、多鼓励、多支持。在工作中，要勇于担当，积极协助正职做好行政部的管理工作。

二是立足本职岗位，敬业爱岗，无私奉献，廉洁奉公。我上任后，将努力做好本职工作，加强自身素质及作风建设，以人为本，以教师为重，积极为他们做好服务工作。同时，还要进一步加强廉政建设，把自己一颗赤诚之心奉献给我国伟大的教育事业。

尊敬的各位领导，评委老师，岁月有情，时光荏苒，山长水远，时不我待。我年富力强，有激情，有胆识，有思想，有韧劲，更有一颗上进心。如果竞聘成功，我知道，那里凝结的不仅仅是我个人的汗水，更凝结了各位领导、各位评委和各位同仁的无限信任和期待，我将不负重托，不辱使命，以百倍的信心和努力，为我校教育事业的发展贡献自己的力量！

谢谢大家！

（《经典竞聘演讲稿范文6篇 》, https: //www.51test.net/show/9720346. html）

简析：本文格式完整，陈述周到，思路清晰，用语晓畅，便于听众理解。开头用“师范人”一语，唤起听众的认同感。接着条分缕析地介绍了“个人简历”“个人优势与劣势”“工作设想”。结尾表达自己愿意在竞聘岗位上任职的强烈愿望，最后致谢。

析错案例：

乡镇中层副职竞聘演讲报告

尊敬的各位领导、各位评委、同志们：

大家好！首先感谢领导，为我们提供了这个向各位领导汇报工作、展示自我的机会。借此契机，我要对在座各位领导和同志们几年来的关心、培养和帮助表示衷心的感谢。是你们的关爱和帮助，让我一步一个脚印，扎扎实实地走到了今天；是你们的鼓励和支持，让我战胜了诸多困难，在历练中更加理性与成熟。

我叫某某，今年35岁，2001年毕业于城乡规划专业。工作以来，可以说，无论在哪个岗位，我都能够以饱满的热情、进取的态度、务实的作风，把工作做实、做好，使领导放心，使同志们满意。

下面向大家汇报一下工作情况。

一、禁毒工作。……

二、驻村工作。……

各位领导、各位同事：这次竞聘，无论成功与否，我都会一如既往地努力工作。如果竞聘成功，我将做到以下几点：

一、加强学习，提高综合素质。……

二、摆正位置，服从组织安排。……

三、开拓创新，做好管理工作。……

“雄关漫道真如铁，而今迈步从头越”。尊敬的各位领导、评委们，以上是我向你们汇报的简要情况。我深深明白中层副职不仅仅是一个具有吸引力的岗位，更是一份沉甸甸的责任。如果能够承蒙大家的厚爱，让我走上这个岗位，我将不遗余力地做好本职工作，以出色的业绩回报大家的厚爱！

最后，我想说，目前或许我不是最优秀的，但我一定做最努力的。请大家信任我，考验我！

我的副职竞聘演讲完毕，谢谢大家！

简析：这篇竞聘报告有如下问题：一是，没有阐述对所竞聘岗位的理解；二是，没有谈自己的优势和不足。三是，文风漂浮。

四、写作训练

假如你要竞聘学校学生会主席，请以此为主题写一份竞聘报告。要求：

1. 格式正确，语句通顺，内容完整。

2. 行文兼具感性色彩和理性思考。

第四节　辞职报告

导入：离开原工作单位，一般而言要预先递交辞职报告，以便原单位做好相关的人事安排。辞职报告是工作文书，要归入单位工作档案。递交辞职报告是“通过协商解除劳动合同”最为便捷的方式。

一、辞职报告的含义

辞职报告，也称辞职申请书，是个人提请单位领导知晓或请上级组织批准自己离开现工作单位的申请书。

二、辞职报告的写作规范

（一）基本格式

标题+称呼+正文+结语+落款

（二）基本框架

标题： 直接以“辞职报告”为标题，可以加上事由 **称呼：** **正文：** 1. 提出请辞哪些工作，要简洁明了，让人一看便知 2. 申述辞职的具体理由，最好是逐项列举，条分缕析 3. 提出辞职决心、善后事宜和希望领导解决的问题等 **结语：** 写上表示敬意的话 ×××（署名） ××××年×月×日

（三）注意事项

1. 离职一般分为主动离职、协商离职和被迫离职三种情况。要正确运用格式和措辞，以防改变辞职报告的性质。

2. “慎始善终”是重要的职业素养，切勿因为即将离职，而提交率性散漫的辞职报告。

3. 辞职报告要提前递交领导，以便其有足够时间处理因你离职而带来的问题。

4. 辞职报告要以《劳动法》相关义务和责任规定为基础提出解除劳动合同，表现出理智的态度，不能意气用事。

5. 辞职理由的陈述要具体明确，不能让人感到犹豫不决。

6. 对工作岗位相关的遗留问题要交代清楚，不能一决定辞职，对工作即撒手不管。

7. 辞职报告一般不陈述在工作期间的恩怨，尤其不以个人恩怨作为辞职的理由。

三、例文分析

例文：

辞职报告

尊敬的领导：

您好！我已决定于××××年4月15日正式离职，所以特提前一个月向您提交这份辞职申请，还请留意一下简历中是否有适合接替我工作的人选。感谢您这几年对我的照顾和帮助，十分感激！

最近整理自己的简历，突然发觉这几年我在公司做的工种实在太多了。细数一下，有不下十种。先是××××年3月从前台开始做起，然后是人事、行政、市场开拓、婚庆、护肤品牌信息收集，再到之后的外贸，还有兼职文案、校对、送货以及各种各样的手工，并且大多数时候我同时在做好几件事情。虽然我从来没有抱怨过我的工作太多，但是这并不表示我的工作量小，并且我所有的工作做完的那天或许是被人接手的那一天，这也就意味着一个新的工作即将来临。有时候我觉得自己是个高级打杂工，真的太杂了，杂到我此刻已经搞不清楚自己能干什么，想干什么，以至于我此刻对自己的职业定位和前程一片迷茫。接下来我想为自己的将来好好打算一下，重新规划职业和人生。

记得年前已经跟你谈过一次，谈过我的想法，所以你对我的辞职应当不会太意外。我在公司刚起步不久就过来帮你创业，到现在有3年多了，看着公司一天天成长壮大，慢慢地走上正轨，我心里也是蛮高兴的。老实说，离开公司，多少还是有些不舍。我明白，你的想法、点子很多，以前每一次你有新想法我都很支持，都会全心全意按照你的想法去做。公司出现了什么问题，我都会尽我最大的努力帮你处理好。因为我很重承诺，我答应的事情必须要做到。现在公司已经走上正轨，而且不断有新的人才加入，我想我可以急流勇退了，也请你给我一次机会，一次让我实现自己想法的机会。

此致

敬礼

申请人：×××

××××年×月×日

（瑞文网《个人辞职申请书》，https: //www.ruiwen.com/zuowen/shenqingshu/1870264. html）

简析：本文符合辞职报告的格式和规范要求，清楚地交代了自己的离职时间，诚恳地说明了自己辞职的原因，对辞职单位态度是感激的，让人感到合情合理。

析错案例：

2021年3月，彭××因企业5年未涨工资而决定离职。他提前30天向人力资源部门提交了纸质辞职报告。当年4月23日，彭××打包办公用品离开企业。让他意想不到的是，在5月20日，他收到了法院传票，被判决赔偿经济损失2.9万元。原因在于，主动辞职的他，因为图省事，套用网上辞职报告模板，上面有“请批示”三个字，让自己的辞职变成了协商行为。

简析：在这个案例中彭××的辞职报告因为有“请批示”三个字，属于协商解除劳动关系，不符合《劳动合同法》第三十七条规定的“劳动者提前三十日以书面形式通知用人单位，可以解除劳动合同”的情形，而是适用劳动合同法第三十六条规定的“用人单位与劳动者协商一致，可以解除劳动合同”的情形。可见，辞职报告的写作，要特别注意格式和措辞。

四、写作训练

假如你是学生会主席，因个人原因难以继续履职，请拟一份辞职报告。要求：1. 格式正确，语句通顺，内容完整。2. 行文合情合理。

第五节 劳动合同

导入：签订合同是一种法律行为，要立约各方签字同意，规定各方所享受的权益，允诺所承担的责任和义务。大学生毕业找到工作之后，就要签劳动合同。掌握这方面的知识和写作技巧，是很有必要的。

一、劳动合同的含义

《中华人民共和国民法典》第四百六十四条规定：“合同是民事主体之间设立、变更、终止民事法律关系的协议。”劳动合同，是指劳动者与用人单位之间确立劳动关系，明确双方权利和义务的协议。

二、劳动合同的写作模板

（一）基本格式

标题+签约方名称+正文+落款

（二）劳动合同与租赁合同的基本框架

标题： 劳动合同

签约方名称： 在标题下方空两格分行并列

甲方：×××
乙方：×××

正文部分： 1. 签订合同的依据或目的
2. 合同的主要条款（详见以下细解）

落款部分： 当事人签名、盖章，单位（当事人）地址、电话、传真、开户银行账号、公证或管理机关出具的意见及签字盖章，签订合同的年、月、日

甲方：××× 乙方：×××

（三）合同主要条款细解

标的： 即甲乙双方所约定的买卖、租售内容。合同标的物必须符合国家的法律、法令、法规及方针政策，否则会导致合同无效或非法。对标的物的描述要明确具体，不能有歧义。

数量和质量： 对标的物的数量描述以符合国家规定的度、量、衡为单位，要求数字准确。对标的物质量的描述包括特征、功能（素养）、效用等综合指标。质量和数量的约定尽量遵循法定标准，无法定标准可依据的，合同双方可自行约定具体标准及检验方法。

价金： 为取得对方产品、劳务或智力成果，按照合同所支付的钱款叫价金。价金要明确数额，还要明确计算标准、规定支付方式。经济合同必须写明付给价金的结算方式、结算银行账号、结算程序等。

履行合同的期限、地点及方式： 即合同双方约定按照何种时间界限、空间范围、行为

方式和支持条件等，来完成标的物价值的实现和转移。

违约责任：合同当事人违反合同约定时，应当承担的法律责任。支付多少违约金、赔偿金，在条款中必须明确具体地加以表述，以维护合同双方当事人的合法权益。

（四）注意事项

1. 用人单位自用工之日起超过一个月不满一年未与劳动者订立书面劳动合同的，应当依照《劳动合同法》的规定向劳动者每月支付两倍的工资（两倍工资的起算时间为用工之日起满一个月的次日，截止时间为补订书面劳动合同的前一日），并与劳动者补订书面劳动合同。

2. 劳动合同履行地与用人单位注册地不一致的，有关劳动者的最低工资标准、劳动保护、劳动条件、职业危害防护和本地区上年度职工月平均工资标准等事项，按照劳动合同履行地的有关规定执行；用人单位注册地的有关标准高于劳动合同履行地的有关标准，且用人单位与劳动者约定按照用人单位注册地的有关规定执行的，从其约定。

3. 劳动者在试用期的工资不得低于本单位相同岗位最低档工资的80%或者不得低于劳动合同约定工资的80%，并不得低于用人单位所在地的最低工资标准。

4. 用人单位应当支付对劳动者进行专业技术培训的有凭证的培训费用、培训期间的差旅费用及因培训产生的用于该劳动者的其他直接费用。

5. 除劳动者与用人单位协商一致的情形外，劳动者依照劳动合同法规定，提出订立无固定期限劳动合同的，用人单位应该与其订立无固定期限劳动合同。对劳动合同的内容，双方应当按照合法、公平、平等自愿、协商一致、诚实信用的原则协商确定。

6. 自用工之日起一个月内，经用人单位书面通知后，劳动者不与用人单位订立书面劳动合同的，用人单位应当书面通知劳动者终止劳动关系，无需向劳动者支付经济补偿，但是应当依法向劳动者支付其实际工作时间的劳动报酬。

7. 劳动合同期满，但是用人单位与劳动者依照约定的服务期尚未到期的，劳动合同应当续延至服务期满；双方另有约定的，从其约定。

8. 职工连续工作满10年的起始时间，应当自用人单位用工之日起计算，包括劳动合同法施行前的工作年限。

9. 用人单位与劳动者不得在劳动合同法规定的劳动合同终止情形之外约定其他的劳动合同终止条件。

10. 劳动者非因本人原因从原用人单位被安排到新用人单位工作的，劳动者在原用人单位的工作年限合并计算为新用人单位的工作年限。原用人单位已经向劳动者支付经济补偿的，新用人单位在依法解除、终止劳动合同计算支付经济补偿的工作年限时，不再计算劳动者在原用人单位的工作年限。

（华律网，https: //www.66law.cn）

三、例文分析

例文：

劳动合同

甲方：×××

乙方：×××

根据《中华人民共和国劳动法》和有关规定，甲乙双方经平等协商，自愿签订本合同，共同遵守本合同所列条款。

一、合同期限

本合同为 5年（试用期3个月） 期限劳动合同。

二、工作内容

（一）乙方同意根据甲方工作需要，担任行政助理（岗位和工种）工作。

（二）乙方工作应达到甲方规定的质量标准。

三、劳动保护和劳动条件

（一）甲方安排乙方执行八小时工时制度。

（二）甲方为乙方提供必要的劳动条件和劳动工具。

（三）甲方负责对乙方进行职业道德、业务技术、劳动安全、劳动纪律和甲方规章制度的教育。

四、劳动报酬

（一）甲方每月以货币形式支付乙方工资。

（二）甲方生产工作任务不足，使乙方待工的，甲方无须支付乙方的月生活费。

五、劳动合同的变更、解除

（一）有下列情形之一的，甲乙双方应变更劳动合同并及时办理变更手续：

1. 订立本合同所依据的客观情况发生重大变化，致使本合同无法履行的；

2. 在试用期间，被证明不符合该岗位录用条件的。

（二）有下列情形之一，甲方可以解除本合同：

1. 严重违反劳动纪律或甲方规章制度的；

2. 严重失职、营私舞弊，对甲方利益造成重大损害的；

3. 被依法追究刑事责任的。

（三）有下列情形之一，乙方可以随时通知甲方解除本合同：

1. 甲方以暴力、威胁、监禁或者非法限制人身自由的手段强迫劳动的；

2. 甲方不能按照本合同规定支付劳动报酬或者提供劳动条件的。

六、违约责任

甲乙双方必须严格履行劳动合同，除遇特殊情况，经双方协商，不能履行劳动合同的有关内容外，任何一方违反合同给对方造成经济损失，应根据其后果和责任大小，给对方赔偿经济损失。赔偿金额按有关规定或实际情况确定。

七、劳动争议处理及其他

（一）双方因履行本合同发生争议，当事人可以向甲方劳动争议调解委员会申请调解；调解不成的，应当自劳动争议发生之日起，60日内向劳动争议仲裁委员会申请仲裁。当事人一方也可以直接向劳动争议仲裁委员会申请仲裁。

（二）本合同一式两份，甲乙双方各执一份。

甲方（公章）　　　　乙方（签字或盖章）
签约代表：　　　　签约人：
联系方式：　　　　联系方式：

简析： 这是一份较为规范的劳动合同，能有效保护签约双方的合法权益。

析错案例：

劳动合同纠纷案例介绍

刘某等5人于2010年1月作为保洁人员进入某事业单位负责清洁卫生工作。2010年3月，双方签订两年期劳动合同，单位为刘某等5人缴纳社会保险（五险）。2011年5月，因该事业单位将后勤管理方面的卫生清洁全部外包，对刘某等5人发出口头解除劳动合同通知，并于次月起停发所有人工资。刘某等5人就此提出劳动争议仲裁，要求该事业单位支付解除劳动合同经济补偿金15 000元，并以该单位违反劳动合同法规定解除劳动合同为由，以经济补偿标准二倍的标准向刘某等5人支付赔偿金42 000元。后经双方协商达成一致，该事业单位向刘某等5人共支付解除合同经济补偿30 000元。

（《法制博览》2019年9月（上），孙群伟文）

简析：劳动关系经常出现合同难以预料的意外情况，从而产生争议，可以通过特定法律途径加以解决。这说明，即使签订了劳动合同，当出现没有交代和无法考虑周全的问题，双方的有些权益也依法受到保护。

四、写作训练

1. 拟一份自己与培训机构签订的兼职合同，将所遇到的问题记录下来。
2. 找一份引发纠纷的劳动合同，写下自己的心得体会。

第六章　高等艺术院校实用性文书写作

高等艺术院校致力于为国家和社会培养高层次艺术人才。艺术专业的大学生在学习和创作实践过程中，要用到各种实用性文书。这些文书在加强学生之间的沟通，促进学生与外界沟通方面，起到重要作用。本章介绍的高等艺术院校实用性文书，包括艺术作品展前言、艺术推介、项目申报书、艺术考察报告、申请书等。

第一节　艺术作品展前言

导入：书画、设计、摄影等艺术类型的作品展形式丰富多样，如个人展、联展、综合展、毕业展、课程展、课题展、交流展、专题展等。但无论哪一种艺术展，都会在展厅前设置“序”或“前言”，用以介绍展览的相关情况。而音乐、舞蹈、戏剧影视等类型艺术作品的表演展示和艺术节活动的举办，如果场地集中，也能用到前言。前言可以提高作品展的档次和文化内涵，与作品展演活动相互衬托、相得益彰，同时帮助观众对展览、作者、作品有所了解。艺术人才经常和艺术展演活动打交道，掌握前言的写作技巧，是非常重要的职业素养。

一、艺术作品展前言的含义

艺术作品展前言是艺术作品展演活动的开篇，用以介绍展演作品内容、主旨，或者阐发展演活动意义和价值的文种。由于艺术作品展前言放置于展厅最开始的部分，具有引导的性质，所以也称“序”“引”。

二、艺术作品展前言的写作规范

（一）基本格式

标题+正文+落款

（二）基本框架

标题
- 1. 文种式标题：前言
- 2. 文章式标题：根据内容、主题来命题

正文

举办艺术展的缘由
举办艺术展的目的
展品创作情况
展品内容及主题
对作家、作品的评价
……

×××（署名）
××××年×月×日

（三）写作注意事项

1. 前言要有标题，可以直接用“前言”二字，但最好拟个新颖的题目，既阐释展览主题，又让人眼前一亮，如“十年磨一剑，半年填个坑”，忌拖沓冗长。

2. 正文不要太长，毕竟观众是来看展的，不是来读文的。鲁迅的《一八艺社习作展览会小引》仅370字。现在的艺术作品展览前言，多数不超过800字。

3. 艺术展前言的写作，除为政治宣传而举办的艺术展览外，语言力求生动活泼有新意，尽量避免官话、套话。

4. 艺术展前言的措辞要简明扼要，有关作者的个人简历、职业荣誉以及致谢对象等，不必加以罗列，以免累赘。

5. 艺术展前言面向普通民众，不宜探讨艰深的学术问题，如果涉及专业话题，当以深入浅出的介绍说明为主。

6. 恰当的文采可以增加艺术展前言的感染力。但“文艺腔”过度，弄成“散文诗”，效果就适得其反了。

7. 为自己的作品展写的前言，称为自序，语气应自谦。为他人写前言，评价应恰如其分，不夸大其词。

8. 为别人写前言者，一般有较高的社会地位和影响。前言一般对展览作品表示鼓励、支持、肯定的态度，但也可以提出不足。

三、例文分析

例文1：

十年磨一剑 半年填个坑

我62岁，10年前就想在中国美术馆开一个个人画展。现在来了，当然不算晚，也不为早。画什么？怎么画？这是永恒的困扰。而具体展出什么作品的问题却纠结了10年。慢火熬汤，蘸水磨剑，忐忑中拿出了一批作品，奉献在观众面前。

定下展览档期后我又想：难道随便把作品挂满展厅就可以了？心中略有不甘，得有点想法，有点难度，有点突破。数月激烈思想斗争的结果是，决定画一幅大画横跨美术馆中厅。量一量、算一算，37米长度，需28张8尺宣纸。这无异于给自己挖了一个深不可测的大坑。毅然冒莫大风险，义无反顾，纵身一跳！困难多多，一一克服，绞尽脑汁，耗尽气力，费时半年，总算填满土石，从坑里爬出。想想有些后怕，但不后悔。画名《壮锦》。

回头望望走过的路：自幼涂鸦，“文革”抄大字报，画“红海洋”，后画电影海报；读研学花鸟画，慢慢转到山水画，走的是弯弯曲曲的小路，所幸从未懈怠，一直坚持了下来。学传统，学老师，学自然，久而久之就形成了以写生为主的创作方式，也就是对景创作，这次展出的作品绝大多数是在野外直接写生完成的。

我佩服古往今来的大画家，他们有思想、有功力，创作出那么多有水平的不朽作品。我还有自知之明，深知自己并无慧根，选择了一条搞“纪录片”“功夫片”的路子，自我解嘲说这也是一条路子，可以比较详实地记录中国从农业文明转化成工业文明、现代文明的一些过程。

作为画家，六十尚幼，作品离老辣、高雅甚远。还须继续努力，争取进步。

黄格胜
2012.8.1於荔园山庄
（《世界知识画报：艺术视界》2012年第12期）

简析：这是一篇画展前言的范文。2012年11月26日至12月4日，漓江画派领军人物黄格胜在北京中国美术馆举办“家园——黄格胜国画展”，遂有此篇。作者回顾了自己过去几十年的作画经历，展示了举办此次画展的心路历程。全文用朴实的语言娓娓道来，情感真诚谦虚，能让观众很好地了解作者及其画风，从而深刻地把握作品的意涵与境界。

例文2：

“途·象——‘上合组织’成员国肖像画艺术展”
前　言

自古以来，人们将“丝绸之路”和欧洲人开辟的“新航路”并称为打通世界的两大通途，作为人类文化、经济交流融合的早期雏形，它们见证了不同区域的特征与呼应，也成就了欧亚文明的交流融合。由中国国家主席习近平倡导的“一带一路”，建设“丝绸之路经济带”，以和平、交流、理解、包容、合作、共赢的精神面向世界。这一战略构想，既是对古代丝绸之路、海上丝绸之路的继承和发展，也必将会对中国和“上合组织”成员国的经济、社会发展产生深远的影响，更为追求多边合作创造一种互利共赢的模式。

在这个过程中，文化艺术交流是成员国之间人文、学术交流的最佳桥梁。历史表明，世界各民族文化互鉴共进是人类文明的基本特征，也是人类文明发展的重要动力。艺术创作是人类诸种劳作中最能体现一个民族的辨识力、领悟力和想象力的创造性劳动，它超越现实与想象，横跨时空边界与文化差异，是人类最没有国界与隔阂的精神沟通与灵魂碰撞。为此，我们倡议发起举办“途·象——‘上合组织’成员国肖像画艺术展”来构建一个交流的平台。

肖像画，在中国古代称为写真或传神写照等，是东西方绘画艺术中的一个重要门类。它要求画家对人物的容貌、体形、情态、服饰及背景等做真实生动的描绘，表现其精神特征、身份地位、民族属性、时代风尚，并由此折射出画家本人的思想感情和艺术才情。肖像画作为一个国家和民族的历史、文化的视觉图像，最能反映时代精神和社会风尚，选取以肖像画艺术作为“上合组织”成员国交流展的主题内容，其目的就是要通过肖像画反映各成员国的人文历史，展示和了解各成员国的视觉文化史和精神面貌，反映“上合组织”成立以来的新的社会气象和融合发展。同时，也借此建立一个艺术家的学术对话平台，加强“上合组织”各国艺术家之间的文化交流、体验和互动。

在此，我们祝愿展览能圆满成功！

冯　远

（《艺术中国》2020年第2期）

简析：这篇前言的作者冯远时任中央文史研究馆副馆长、中国文学艺术界联合会副主席。行文围绕标题中的“上合组织”“艺术”“肖像画”三个关键词展开：正文第一段介绍了上合组织出现的背景与存在的价值，第二段阐述了艺术对促进上合组织成员国相互交流的意义，第三段说明了举办这次肖像画展的宗旨。全文层次分明，紧扣画展标题，引领观众直达画展的主旨。

析错案例：

作品展览前言

艺术是情感最直接的表达方式，艺术也是生活最多姿多彩的呈现，艺术能给人们带来最单纯的快乐和美的享受。从生活中探寻艺术，生活更加五彩斑斓、意味无穷；用艺术记录生活，艺术更加平易近人、生动可爱。对于艺术和美的追求与向往，是人之共性。在醉心艺术、追求美的旅程中，人人皆可参与，人人都可以有所获得，生活得更加快乐。

用艺术的眼光看生活，生活就充满了艺术；这就是生活的艺术和艺术的生活。罗丹说：“世界上不是缺少美，而是缺少发现美的眼睛。”当我们把深沉的目光投向生活、投向自然、投向历史的时候，我们就会感悟到生命的灵动和天籁的和谐。不信你看：在这里水是快乐的音符，山是凝固的历史，石是活化的生物，树是沧桑的见证，花是自然的精灵，鸟是人类的知己，甚至连无声无息的静物，也潜藏着生活的哲理与温馨……

“艺术、生活、快乐”绘画作品展览向公众介绍和展现艺术与生活的快乐，这一主题无疑是新颖而发人深省的。

我们希望通过这个作品展览分享艺术在生活中单纯的快乐，用艺术丰富人们的精神生活，怡情养性、修身育德，提升人们的审美水平和精神素养，激励人们在实现梦想、追寻幸福的道路上快乐前行。

简析：前言虽有一定之规，但没有固定格式，写作时有很大的自由发挥的空间。这篇前言从文采和行文思路看，还是不错的，但也存在一些问题：1. 标题直接写“前言”即可，“作品展览”这层意思，一望而知，不必赘述。2. 从行文看，这篇前言属于自序。为自己参加的展览作前言，一般不作表扬之语。“这一主题无疑是新颖而发人深省的”，有自誉的倾向，不能令人信服。3. 结尾处应有落款，署上前言作者的姓名。

四、写作训练

假设你大学毕业了，要举办个人画（作品）展，请为自己的展览写篇前言，600字左右。可以从创作缘由、创作目的、创作经过、作品内容及主题介绍、创作风格、创新之处等方面着手。

第二节　艺术推介

导入： 推介，就是把好的人或事物向公众进行推广介绍。好的艺术作品，在得到业界认可之后，有必要向公众进行推介，使之发挥更大的社会影响，形成更大的社会价值。在某种程度上可以说，不用心推介艺术作品的艺术家，不是负责的艺术家。

一、艺术推介的含义

艺术推介就是在公开场合推荐和介绍艺术作品及其作者的解说性文书，表现形式灵活多样，以阐发艺术作品的独特价值及其作者的风格特色为宗旨。

二、艺术作品推介的写作规范

（一）基本格式

标题+正文+附文

（二）基本框架

标题： “（艺术家）+艺术作品名称+精练的评语”

正文

1. 艺术作品的创作情况
2. 作品在创作人艺术生涯中的意义
3. 业界对该艺术作品的评价
4. 该作品的艺术价值评估

附文： 对作品予以补充说明，比如作品曾经获得的奖项、荣誉等。

（三）注意事项

1. 艺术品推介是在公共领域展示的文字说明，不能过度渲染写作者个性化的心得感受。

2. 艺术品推介的陈述部分，每一条信息都要有理有据，经得起推敲，切忌浮夸。

3. 艺术品推介的评价部分，要援引或综合参考业界最有说服力的观点，尽量避免自己去议论。

4. 艺术品推介的文字部分，要做到与配图的衔接与融合，忌图文风格不搭配。

5. 艺术品推介写作完成之后，不要匆忙发表，一般应提交被推介者本人或相关责任人审阅。

三、例文分析

例文1：

郑军里最新力作《和谐颂》

——写意笔法韵味浓，民族风色彩温和悦目

《和谐颂》是郑军里的国家艺术基金项目成果。这一幅表现少数民族人物群体欢庆场面的丈二匹大尺幅作品，笔墨、色彩、形象和谐一致，让观者体味到伟大的时代之美。这幅画代表了广西人物画创作的高水准。

郑军里早年画了大量线描为基础的工笔画人物创作，是当时较有影响的一位青年工笔人物画家，如他1982年发表在《美术》的《苗岭金秋》，通过一位苗族少女在金秋时节追赶麻雀途中找水喝的情节，成功地表现出山区人民对丰收的喜悦。

不过相较于工笔画，郑军里更喜欢用笔洒脱的写意画。郑军里认为自己属于天性浪漫、喜欢标新立异的气质类型，所以他的绘画风格必然地从属于与众不同的风格。写意画豪放自如、潇洒利落的特点与他最为贴近。

《和谐颂》中，郑军里运用了书法性的写意笔法，乍看来他这幅画的技法并不复杂，是传统的勾填法。但往往好的作品技法并不一定复杂，这需要的是提炼美的眼光和能力，郑军里就具备了这种能力。

他将依附于结构的长线与短线、粗线与细线紧密有致地组织运用，达到了“大弦嘈嘈如急雨，小弦切切如私语。嘈嘈切切错杂弹，大珠小珠落玉盘”的韵美境界。这些繁复的笔法统一在整体构思的境界中，和谐而有韵味。

通常少数民族题材人物画多是色彩浓烈的，但是郑军里的《和谐颂》则有自己的色彩观。虽然他用对比色表现热闹的场景，但他的画作是淡雅温和的基调。

作为一个瑶族画家，郑军里的色彩观既有本民族的审美传统渊源，又和中华传统色彩观相统一。《隋书·地理志》中就曾记载，早在汉代，瑶族先民就有“好五色衣裳”的习俗。而东汉经学家刘熙在《释名》卷四中则记载：“青，生也，象物生时之色也。赤，赫也，太阳之色也。黄，晃也，晃晃日光之色也。白，启也，如冰启时之色也。黑，晦也，如晦暝之色也。”

人们从自然万象中归纳出了这五种基本的色相，并认为这五色与早期人类的生产、生活实践有着密切的利害关系，五色相和中暗含了中国传统的吉庆祥瑞的寓意。郑军里的《和谐颂》的色彩设置就蕴含了这种吉庆祥瑞的期盼。

在用墨与用色的结合上，郑军里运用了很多传统的经验，比如“画以墨为主，以色为辅。色之不可夺墨，犹宾之不可溷主也。”他的色彩与墨色交相辉映，以色助墨华，以墨衬彩光，切实做到了墨不碍色，色不碍墨。最为巧妙的是他将不多的几块大面积的色块置于画面上部，正好是行进队伍的上方，给人一种画外有画的感受，让人感觉到后面还有数不清的人群队伍，正是“以少少许胜多多许”的艺匠。

（《文藏艺术》2020年1月6日）

简析：本文在简要介绍郑军里教授艺术风格、艺术特色和艺术成就的基础上，阐述了其国家艺术基金项目成果《和谐颂》的艺术技巧、美学追求和艺术价值，既有客观陈述，也借鉴了相关学术评价，很有说服力。

例文2：

“第七届世界青少年合唱节（香港）”驻节合唱团推介

——加拿大汉密尔顿童声合唱团

Hamilton Children’s Choir

作为世界一流的童声合唱团，加拿大汉密尔顿童声合唱团（HCC）以其高超的技巧、专注的声音、精彩的曲目和迷人的舞台风采在世界范围内享有盛誉。建团逾40年，合唱团目前共有200余位3—18岁的团员。根据不同的合唱音乐教育课程，汉密尔顿童声合唱团分为六个分团，分别是“蜂鸟”“开始”“探索”“表达”“光辉”和“男士们”。即将赴港参加本届合唱节的是“光辉”合唱团，团员们在读7—12年级，年龄为12—17岁。在55位团员中，有很多成员来自五湖四海，他们说着不同的语言，多元文化的融合使得合唱团充满了生机与活力。

汉密尔顿童声合唱团的足迹遍布世界各地，在各大活动中展现了它的风采。2014年8月，曾赴韩国首尔参加国际合唱联盟（IFCM）大会世界研讨会；2014年，赴法参加“世界合唱嘉年华”（Polyfollia），同年赴波兰参加“歌曲之桥”合唱节；2015年在多伦多“泛美运动会”

闭幕式上献唱，同年参加了多伦多文化艺术节（Luminato Festival）的演出；2017 年，作为演出团体参加了美国合唱指挥协会全国大会。近年来，汉密尔顿童声合唱团在各项合唱赛事中硕果累累，2012 年获“中国（广州）星海国际合唱锦标赛”大奖；2009 年在“让人们歌唱”欧洲广播联盟合唱比赛中获童声组第一名；2006 年获“托洛萨国际合唱比赛”观众票选奖及童声组第二名。

在本届合唱节上，汉密尔顿童声合唱团将会上演一场专场音乐会，届时会演绎富有南非传统音乐风格的合唱作品《哩嗯咕喂叩》（Li Ngu Weko）；改编自马来西亚民歌的《月亮风筝》（Wau Bulan）和《克克鱼》（Ikan Kekek）；阿卡迪亚歌曲《佳丽漫步》（La Belle Se Promène）；墨西哥歌曲《金黄色夜莺》（Las Amarillas）等。

（《中国音乐教育》2019年2月1日）

简析：这篇推介从三个方面介绍了加拿大汉密尔顿童声合唱团（HCC）：1. 介绍了该合唱团特别是参加第七届世界青少年合唱节（香港）的“光辉”合唱团的组成情况；2. 介绍了该合唱团在世界范围内获得的荣誉；3. 该合唱团将在第七届世界青少年合唱节（香港）演绎的节目。这篇推介以展示合唱团的实力为主，文风平实有力。

例文3：

推介三款歌剧DVD

现代视听科技令乐迷得益不小。就拿DVD来说吧，不但图像清晰，音质优异，而且有多种语言字幕功能，使这种影音媒体发挥出前所未有的杰出效果。在古典音乐领域，特别是古典歌剧，由于语言的障碍，很多乐迷对剧中情节的发展以及各种精彩唱段的意思并不明了，从而影响了对歌剧真正深入的了解和欣赏。DVD的出现，可以说从根本上解决了这个问题。最近，环球唱片（前宝丽金）以DVD的形式推出了几套歌剧，全部是影音效果一流、演出阵容鼎盛的绝佳版本。片中附有中文字幕，而售价才100多元，实在是古典乐迷和歌剧爱好者的一大福音。

比才：卡门

（略）

威尔第：茶花女

指挥：苏提

演奏及演唱：皇家歌剧院交响乐团及合唱团

主演：格奥尔吉乌（维奥莱塔）、洛帕多（阿尔弗莱德）等

录制时间：1994年12月伦敦科文特花园皇家歌剧院

编号：DECCA 071531-2

这个版本的演出阵容虽然没有老牌明星，但几位后起之秀在欧洲亦相当叫座。剧中几段著名的咏叹调，如第一幕中维奥莱塔那段最出名的《愚蠢……还是永远自由地寻找快乐》，格奥尔吉乌唱得光辉灿烂。无论技巧还是感情都堪称一绝。《饮酒歌》也充满热闹欢快的气氛，整剧的演出保持相当高的水准。至于乐队.在苏提带领下，平衡度和节奏感掌握得很好，每幕的序曲都细致而抒情，无可挑剔。

与DGG的制作不同，这个版本画面呈暖色调，鲜艳夺目又不失细节，清晰度和对比层次极佳。声音方面，整体音色平衡而饱满，通透润泽，细节和空气感较好。本片同样有中文字幕及中文菜单显示。

普契尼：波希米亚人

（略）

（《中国电子商情（视听博览）》1999年7月5日）

简析：本文先从整体上阐释了DVD这种现代视听科技形式给人们欣赏古典歌剧带来的便利，接着分别介绍了三款歌剧DVD的演员阵容和视听效果。在介绍《茶花女》DVD时，还特别提示了其相对于DGG制作的优长，这种通过对比使人把握被推介艺术品特点的写法，很有感召力。

析错案例：

《恶老板》推介

尼克在公司苦熬八年，起早贪黑卖命工作，老板戴夫明明许诺他升职，却临时反悔，还狠狠奚落了他一番；戴尔是个牙医助手，早就对上司朱莉娅放肆的骚扰忍无可忍；科特本被视为公司接班人，哪想老板突然暴毙，其子鲍比擅自接手公司，得意扬扬发挥自己的二世祖精神，眼看就要把公司搞垮。

从头笑到尾的电影，帅哥短路耍贱神马的最好玩了~

是不是小编OUT 了，已经无法接受这种程度的，不说了，你们自己看吧!

简析：以上文字若作为网上一般性的帖子，倒也无妨。从艺术品推介的写作要求看，以上文字存在如下问题：1. 不符合基本格式要求。2. 用语不规范，有些语句意思表达不清晰。3. 不基于专业修养而仅凭个人感觉推介，缺乏技术含量，没有说服力。

四、写作训练

从学校艺术品展览或演出报告会中选取一个作品，写一份艺术品推介。

第三节　申请书

导入：申请书是一种使用范围很广的专门书信，用以向相关上级机关或上级主管领导表达愿望、寻求帮助。大学生在校期间，在学习、生活等方面对学校有所请求时，需要写申请书，如需要困难补助可以写助学贷款申请书，因病因事不能继续学业要写休学申请书，复学时需写复学申请书，想换专业要写转专业申请书。

一、申请书的含义

申请书是个人或集体用来向机关、企事业单位或社会团体表达愿望、提出请求或申请事项时使用的一种请求性专用文书。

二、申请书的写作规范

（一）基本格式

标题+称谓+正文+结语+祝颂语+落款

（二）基本框架

标题
- 1. 申请书
- 2. 事由+文种

称谓：

正文

引言：介绍自己，简要提出申请的事项
主体：申请理由、意义、价值、行动
结语：表达愿望，使用祈请用语，如特此申请、恳请批准、请领导审核批准、请组织考察、恳请领导帮助解决等

此致
敬礼！

申请人：×××
××××年×月×日

（三）写作注意事项

申请书一般由标题、称谓、正文、结语、祝颂语、落款六部分组成。

1. 标题。标题有两种写法，一是直接写“申请书”的名称；二是在“申请书”前加上事由，如“转专业申请书”。

2. 称谓。顶格写明接收申请书的单位、团体的名称或有关领导人的称呼，后加冒号。

3. 正文。正文由引言+主体+结语组成。引言介绍自己的身份，简要提出自己所要申请的事项。主体重点写申请的理由、所申请事项的意义和价值，自己为此事项已经采取的行动等。申请理由要客观充分，条理清晰，不能冗长拖沓。

4. 结语。常用惯用语为“特此申请”“恳请领导帮助解决”“请组织考察”等。

5. 祝颂语。申请书是书信的一种，最后常加祝颂语“此致敬礼”，“此致”前空两格，“敬礼”在“此致”下一行顶格写。

6. 落款。个人申请写清申请者的姓名并注明日期。单位申请写明单位名称，注明日期，并加盖公章。

三、例文分析

例文：

复学申请书

×××学院领导：

我是××专业××班的学生李兰。我在去年的一次体育课上，由于不慎摔跤，造成左腿骨折。经过一年的治疗和调养，现已基本痊愈，为了不耽误下学期的学习，特提出申请，请求复学。

去年我因病住院以后，不能上课，就向学院提出了休学申请。在家休养这一年中，我从未放弃过自己的学习。出院不久，我就给自己制订了学习计划。这一年来，我虽未在校学习，但并未停止学习，还读了不少提高个人修养的书，如中外名著等。

因此，我希望领导考虑让我重新跟原班学习，我不知道这种提法是否妥当，希望学校安排有关老师对我进行考核后再做决定。恳请批准。

此致

敬礼！

申请人：×××

××××年×月×日

简析: 这份申请书结构完整, 层次清晰。第一段写申请事项。第二段介绍基本情况, 这也是申请复学的理由和依据。第三段表明决心和希望。

析错案例:

申请书

×××派出所:

我叫白××, 是××小区居民。现有我儿白××, 男, 汉族, ××××年×月×日出生于区妇保院 (附《出生证明》, 编号: ×××××××××)。由于当时起名草率, 家长和孩子不喜欢现在的名字, 所以现正式以书面形式提出更改我儿子姓名为白××的申请, 望予变更登记。

另外, 因本人上月上旬在回家途中不慎将居民身份证遗失, 期间虽多方查找, 但仍无下落。现在急需使用身份证, 为此特向贵所申请, 望替我补办居民身份证, 请速解决。

此致

敬礼!

申请人: 白××

××××年×月×日

简析: 这份申请书写得比较粗糙。最重要的问题有两个: 第一, 一份申请书只能请求解决一件事, 这里同时写了两件事。第二, "请速解决" 语气不当, 应使用祈请语。

四、写作训练

根据自己的需要写一份申请书, 如转学申请书、转专业申请书、复学申请书等。

第四节 项目申报书

导入: 随着教育改革的深化, 高校越来越重视大学生研究能力、创新能力的培养, 申报项目就是很好的训练方式。本科生阶段, 学生主要接触到的项目申报有国家级的大学生创新创业训练计划项目、省市级大学生创新训练项目、校级创新训练项目, 或者以参与者的身份参与老师的课题等。项目申报书主要围绕以下几个问题展开: 第一, 在何背景下进行研究; 第二, 研究什么; 第三, 如何研究; 第四, 为这项研究做了哪些准备; 第四, 要达到什么样的目标; 等等。那么我们如何回答好这些问题呢?

一、项目申报书的含义

项目申报书是用来申报项目的一种报告文本，通过对申报项目的研究目的、学术意义、学术价值、研究方法、研究过程、社会效益、创新性等方面进行阐述和论证，说服科研主管部门给予立项，从而获得科研支持。

二、项目申报书的构成

项目申报书有固定表格，根据表格填写对应内容即可。常见的项目申报书主要包含以下三大部分：

1. 基本信息：包括封面信息、申请人及课题组成员基本信息、指导教师信息、推荐教师信息等。

2. 项目立项信息：包括项目名称、研究目的、研究内容、研究现状、创新特色、研究方案、可行性分析、进度安排、已有研究基础、预期成果、经费预算等。

三、填写方法与技巧

项目申报书中客观情况只需如实填写，指导教师、专家、院校意见等由相关人员填写，项目申报成功与否，最关键的是申报者是否有好的选题并能创造性地构建题目，同时严谨地做好论证。

（一）选题与项目名称的拟定

1. 在切入点方面，要善于把握重点、热点、焦点、难点。

2. 在选题大小方面，如选题过于宏观，内容庞杂，则难以驾驭；如选题过于微观，涵盖内容太少，又显得缺乏深度。

3. 在时代性方面，力求关注现实，紧扣当下。

4. 在创新性方面，突出亮点与特色，以问题导向引领课题。

有了好的选题，就开始拟定项目名称。项目名称的好坏，是能否成功立项的关键。项目名称应准确、精练，能反映申报课题的核心内容，字数（含符号）不宜过多，一般不超过20个汉字。如名称过长，可用副标题。项目名称切忌使用诸如“浅析”“浅谈”“试论”等谦辞。如《高校毕业生就业问题与对策研究——基于大学生创业的路径和机制》《微文化背景下大学生社会主义核心价值观培育研究》《大学生志愿精神的作用机理及实证研究》等课题名称，设计都比较优秀。

（二）论证

1. 项目论证可归结为三大要点：

（1）本课题国内外研究现状述评、选题意义和研究价值。

（2）本课题的研究对象、研究目标、研究内容、重点、难点、主要观点和创新之处、研究思路、研究方法。

（3）前期成果与准备。

2. 论证的具体写法：

（1）研究目的与研究目标

研究目的用来回答“为什么要做此项研究”的问题，研究目标则是研究目的的具体内容。用简洁准确的话语概括性地表述研究目的，通常表述为“本研究拟采用××方法，旨在揭示/研究/发现/探讨××规律，解决××问题”。研究目标要紧紧围绕自己的研究目的，将最终目标分解为三四个小目标，言明这个项目具体要解决哪些问题。用语简洁、明确，不需要展开论述。

（2）研究内容

研究内容是对研究目标的进一步细化，应围绕研究目标展开，它是项目申报书里需重点阐述的部分。以问题为导向，将研究目标所列出的若干大问题细分为若干具有逻辑递进关系的小问题，并阐明研究思路。这些小问题既各自独立，又与其他问题存在逻辑关系。

（3）国内外研究现状和发展动态

阐述国内外研究现状和发展动态，形成文献综述，以交代项目的研究背景。这一部分要在大量阅读文献、收集资料的基础之上，梳理课题的研究现状，通过综合评述，找出已有研究的不足和可能取得创新或突破的方向，从而引出自己所要研究的课题。这个部分分两步走，第一是“述”，广泛收集资料，梳理回顾前人相关的研究成果、研究思路和方法。第二是“评”，总结分析前人的研究有哪些成就，有哪些可以借鉴，又有哪些不足和争议，从中可以看出哪些新的发展趋势。这部分的书写忌讳只罗列文献、笼统介绍，要有必要的梳理、评价。

（4）参考文献

罗列与课题密切相关的关键性成果，包含国内外文献资料。按时间顺序或倒序罗列二三十条即可，体现继承性与前沿性。文献的选择要体现研究者的学术素养，尽可能选择权威期刊发表的具有较高学术水平的学者所著的文献。忌选择低层次文献。

（5）课题研究的重点与难点

项目论证中需要说明研究的重点与难点， 并针对技术难点提出可供解决的思路和方法。所谓研究重点，是研究内容中最为重要的部分，往往也是创新点。因此，研究重点要围绕项目的创新点来写。研究的难点，是从同行或其他人的角度来看这个项目的研究，不管谁来研究，大家可能都会面临的难题就是研究的难点。

（6）研究意义

研究意义的本质就是对创新的论证，可从理论价值和实践价值两方面来写。理论价值方面，你的研究对现有的研究做哪些补充，提供哪些新的研究视角，有什么样的理论创新。实践价值方面，你的研究对哪个领域的哪方面的实践有什么样的参考价值和指导意义。

（7）创新点

创新点要指出该项目研究的意义与价值，在理论上、实践上、技术上与同类研究相比，有什么不同之处，有哪些创新的地方。可以从分析视角、研究方法、理论贡献、实践应用等方面切入。

（8）研究方案

研究方案要对整个研究过程进行说明，包括研究方法、技术路线、研究步骤、阶段性研究内容和阶段性研究成果等。

（9）研究进度安排

每个项目的研究都有一定的期限，申请者需要根据具体研究方案，把研究时间分为几个阶段，每个阶段实现相应的目标。在安排进度时，要注意研究计划的完整性，把握好各个研究节点和关键点，一般分为四到五个阶段，把不同研究阶段的内容具体化，并注意相互之间的衔接和逻辑关系。

（10）项目组成员分工

项目组人员的构成情况和能力素质是评审专家考量以及确定是否同意项目立项的依据之一。项目组成员要体现出梯队的优化组合，学历的层次、专业的结构、学科背景、知识储备、分工匹配都是填写时应该认真考虑的。至于具体的分工，则根据成员的研究特长，给每个成员分配不同的研究内容。

（11）预期成果

预期成果主要用来说明项目研究后，结项时的成果形式与数量，如拟出版几本专著、发表多少篇论文、拟申请几个专利等。

（12）经费预算

每类项目都有规定的项目资金管理办法，按规定科学合理地对经费的额度、用途进行分配即可。一般来说，项目经费的开支范围有资料费、数据采集费、会议费、差旅费、设备费、劳务费、专家咨询费、印刷出版费、办公用品和其他支出等。

以上十二点是大部分项目申报书都会涉及的。虽然项目申报书是在规定的表格内填写，但填写时行文格式要规范、排版要美观，可对重点的小标题作加粗加黑处理，以突出重点和亮点。

四、写作训练

找一份国家级的大学生创新创业训练计划项目申报表，了解其格式并尝试填写。

第五节　艺术考察报告

导入： 艺术考察是高等艺术院校教学实践环节的重要组成部分，是学生开阔视野、吸收民间艺术资源、提高审美能力的重要途径之一，是撰写艺术考察报告的前提。艺术考察的对象包括人文景观、自然景观，落实到具体实践的内容，则丰富多彩，如古建筑考察、现代建筑考察、地域文化考察、民俗美术考察、社会考察、美术考察、市场考察、博物馆考察、动物考察、植物考察、服饰考察、城市雕塑考察等。通过艺术考察，学生能学到传统课堂上无法学到的东西，而且印象深刻，从而提升艺术分析力、表现力、创造力。

一、艺术考察报告的含义

艺术考察报告是在艺术考察实践的基础上，根据考察收集的基本信息及科学数据，在一定的科学标准规范下进行分析总结而写成的文章，也可称为田野考察。艺术考察报告的形式多种多样，可写成田野考察报告、艺术采风报告等。

二、艺术考察报告的写作规范

（一）基本格式

封面+标题+正文

（二）基本框架

	标题： 事由+考察报告
正文	1. 考察目的 2. 考察地点介绍 3. 考察内容、过程和完成的任务 4. 考察收获、体会和建议。

（三）写作阶段

艺术考察报告的形成需要三个阶段，不能轻重失衡，应将主要精力花在第二个阶段。

第一阶段：准备阶段

1. 明确考察的目的、意义、目标。

2. 制订考察计划，包括考察的基本动机、考察方式、人员组成、团队管理与分工、考察方法、必备物品的准备与采购、考察实施步骤、考察地相关知识查阅等。

第二阶段：考察阶段

根据考察计划、行程计划展开行动，可以用拍照、记录、采访、速写等多种方式将自己感兴趣的信息记录下来，以备田野考察归来之后，用于撰写考察报告或进行艺术创作。

第三阶段：写作阶段

1. 整理考察过程中所收集的材料。

2. 分析、研究。

3. 得出考察结论，拟订写作提纲。

4. 按照常规格式和提纲，写出艺术考察报告。

（四）写作注意事项

1. 封面：如果考察报告写得较长，就要编排目录，设计封面。封面填写学生、指导教师的基本信息等。若无封面，这些信息可以写在标题下，也可以写在正文落款处。

2. 标题：艺术考察报告一般使用“事由+考察报告”，如《南京博物馆艺术考察报告》《苏州园林考察报告》《三江侗族风雨桥考察报告》。

3. 正文。正文部分主要写考察目的，考察地点介绍，考察内容、过程和完成的任务，考察收获、体会和建议等。考察报告不能写成流水账式的考察日记，应以考察经历和调查资料为基础，充分运用所学专业基础理论知识进行深入分析和总结。考察报告应体现自己的独立见解，追求个性化表达和专业性。

4. 考察报告所用资料须真实可靠，正文书写应结构严谨、层次分明、重点突出、逻辑清晰。谨防过度叙事，力戒抒情，切勿将艺术考察报告写成文学性散文。

三、例文分析

例文：

徽派建筑中木雕装饰的考察报告

采风地点：江西婺源、安徽宏村

采风时间：××××年×月×日—×月×日

资料调查及收集方式：1. 书籍资料收集；2. 网络资料收集；3. 实地考察资料收集；4. 图片资料收集；5. 影像资料收集

古徽州位于今安徽黄山以及江西婺源等地，是徽商的发祥地，明清时期徽商称雄中国商界300多年，以徽商、徽剧、徽菜、徽雕和新安理学、新安医学、新安画派、徽派篆刻、徽派建筑、徽派盆景等文化流派构成的徽学，更是博大精深。这其中以粉墙、青瓦、马头墙以及徽州三雕著称的徽派建筑更是独具一格，享誉海内外。徽派建筑有高超的建造技艺和浓厚的文化内涵以及独有的地方特色，在其形成过程中受到独特的地理环境和人文观念的影响，显示出较鲜明的区域特性，从布局到色彩都给人一种较为统一的格调和风貌。

徽派建筑中不得不提的一大特色便是“徽州三雕”，而“徽州三雕”中更具韵味的便是徽州木雕。徽州木雕是传统“徽州三雕”之一。徽州山区盛产木材，建筑物绝大多数都是砖木石结构，尤以使用木料为多，所以，就有了木雕艺人发挥聪明才智的用武之地。

一、对徽派木雕的总体介绍

明代初年，徽派木雕已初具规模，风格拙朴粗犷，以平面浅浮雕手法为主。明中叶以后，随着徽商财力的增强，炫耀乡里的意识日益浓厚，木雕艺术也逐渐向精雕细刻过渡，多层透雕取代平面浅雕成为主流。入清以后，对木雕装饰美感的追求更为强烈，涂金透镂，穷根华丽，虽为精工，但有时反而过于烦琐。 现今，在古徽州所辖县内木雕精品仍然随处可见。

徽州木雕是根据建筑物体的部件需要与可能，采用圆雕、浮雕、透雕等表现手法。木雕在徽派建筑上，通常用于架梁、梁托、檐条、楼层拦板、华板、窗后、栏杆等处雕花撰朵，富丽繁华。木雕的边框一般又都雕有缠枝图案，婉转流动，琳琅满目。

二、徽州木雕分类介绍

（一）人物木雕

以人物为主的木雕图案有名人轶事、文学故事、戏曲唱本、宗教神话、民俗风情、民间传说和社会生活等题材，描写帝王将相、才子佳人的贵族生活，文人骚客的风雅趣味，宗教神话和先贤事迹。

民间习俗与传统题材用人们喜闻乐见的体现劳动人民传统观念和美好向往的画面来表现，还有砍柴的樵夫、待耕的农夫、牛背上的牧童、纺车前的村姑和饲养家禽家畜、推车、担水、捕鱼、撑船等的山区劳动人民形象。

（二）山水木雕

以山水为素材的木雕图案，主要是徽州名胜，如黄山、新安江及徽州各县具有代表性的山水风光。

自然风光是各地民间雕刻工匠熟习的题材，他们运用自如，得心应手，使作品表现出浓郁的乡土气息。特别是窗户下方，隔扇门中间的束腰部分，往往是木雕装饰的精彩之处。

（三）动物花木图案木雕

以动物、花木为内容的木雕图案，一般呈连续图样形式，亦能独立成画，装饰着灵兽、百鸟、蝙蝠等，造型优美，雕工精细。

以飞禽、走兽、鱼虫为题材的木雕图案，如龙、狮、凤、虎、鹿、象、猴、家禽、家畜、喜鹊、蝙蝠、蜜蜂等，取其吉祥如意之意。徽州许多民居有这种雕饰。

花木图案中的花有的含苞，有的初绽，有的怒放，有的带蓬；其叶或大翻小卷，或平铺水面，或舒展如伞，或低垂若帽，千姿百态，变化多端。花板下方各有一泓池水，有的碧波粼粼，有的浪花点点，有的涟漪荡漾，有的漩涡激湍。

更令人拍案叫绝的便是窗门中间小片花板上的雕刻艺术。其上分别镂刻着八仙道具、文房四宝、书案画卷、圆椅条桌，长则不出一指，大则不出掌心，小巧玲珑，百态横呈，完全可以与微雕艺术相媲美。

三、对徽州木雕的认识体会

徽州木雕艺术是珍贵的古典民居文化遗产，它的产生与蓬勃发展受徽州浓厚的文化氛围的熏陶，集美学价值、历史价值、社会价值于一体。徽州木雕中的个性特征能充分体现在刀刻形象上，应该感谢那些能工巧匠，为我们留下了珍贵的艺术遗产。徽州木雕作品绘画性很强，作品从正面观赏最佳。它们的形体受雕刻材料的制约，层次基本上在允许雕刻深度的平面上变化，整体感很强。从雕刻装饰角度，安装时也有技巧，讲究观赏视角，花边的配置可以不放在一个平面上，显得层次丰富，在统一中求变化。

徽州木雕的题材广泛，有人物、山水、花卉、禽兽、鱼虫、云头、回纹以及各种吉祥图案等。今天在安徽、江西等地仍然有很多木雕艺人，他们运用刻刀创造一个个栩栩如生的艺术品。

在这个机械化家装的时代，如何将这些木雕艺术运用到家装方面来提升家装的艺术品位是一个很有价值的研究课题。我们要努力探讨如何将徽州木雕的古典元素进行简化、提炼之后注入现代设计理念，重新应用到现代室内空间设计创作中，创作出具有民族特色和时代气息的艺术作品。

设计学院室内设计专业：×××
××××年×月×日
（南京林业大学艺术设计学院实习报告）

简析：这是一篇学术性较强的艺术考察报告，以论文的方式将考察所得呈现出来，条理分明地介绍了徽州木雕艺术。

四、写作训练

请根据你的一次艺术考察，撰写考察报告。

第七章　网络媒介应用文写作

能使人与人、人与事物或事物与事物之间产生联系或发生关系的载体或渠道，都可以称之为媒介。传统信息传播媒介包括机械印刷的书籍、报纸、杂志，以及无线电、电视等。国际互联网兴起之后，出现了综合性质的新媒体形态，包括网络媒体、手机媒体、数字电视等。移动互联网宽带技术、智能化、大数据、云服务给社会提供了新的信息传播能力，具有效率高、成本低、运行快的特点。随着传输媒介的发展，应用文写作形态也随之发生巨大变化。网络新闻、微信推文、AI应用文等是互联网时代短平快文化、互联网文化、印象文化环境下产生的一种开放型文体，它广泛应用于社会各个层面，具有即时交流思想情感、精准引导理念观念、快捷传递沟通信息、迅速扩大影响的功能。它的语言表达通俗易懂、简洁明快、浓缩性强、富有跳跃性，往往以声音、图像、文字进行混合表达和综合呈现。

第一节　网络新闻

导入：1994年4月，中国全面接入互联网。1995年1月，《神州学人》杂志成为中国第一家上网媒体。网络新闻业务也随之兴起，并大大改变了新闻的表现形态和写作方式。

一、网络新闻的定义

网络新闻是党政机关、企事业单位、正式注册的群团组织等官网发布的新闻，通过综合利用文字、图片、音频、视频形成文本，是最稳定、最可靠的网络信息资源。

二、网络新闻的写作规范

（一）基本格式

标题+导语+正文

（二）基本框架

标题：	简要、突出、吸引人，能揭示新闻事实或者评价事实
正文	导语：开宗明义，点出主要事实 主体：点明新闻六要素，深入浅出，阐明主旨 关键词或背景链接 延伸阅读

（三）写作注意事项

1. 可以先根据传统新闻写作的方式拟好新闻文本，在此基础上按照互联网的表达方式，进行文字加工，注意遣词造句，实现再创造。

2. 运用新科技表达手段，综合运用色彩、形象、声音，混搭混用，多维呈现。但要避免以图害文等不良倾向。

3. 网络新闻改变了表现形态和写作方式，但核心价值与传统新闻基本一致，不能以网络新闻否定传统新闻的价值内涵。

4. 文字部分仍然是网络新闻最重要的内容，而凭借网络编排的便利，随机插入图片、视频等，成为网络新闻的一大优势。而语词新用，即积极使用新出的流行语，也是网络新闻的突出特点。网络新闻使用流行语不能态度草率，不能出现国家相关部门已经禁用的词语。

5. 网络新闻能提供大量相关资料链接，帮助读者深度理解新闻的价值，这一点传统新闻很难做到。

6. 新闻承载着社会责任，也要经受公众的舆论监督。网络时代的舆情，具有快速集聚的特点。所以网络新闻写作，要反复斟酌，用心审核，避免出错，以防陷入舆论批评的漩涡之中，而使公共形象受损。

三、例文分析（例文配图省略）

例文1：

故宫“超级大展”来了，南京的“萌物”也去了

现代快报讯（记者 胡玉梅 宋经纬）9月10日，备受瞩目的故宫“超级大展”紫禁城建成六百年展正式开展，《现代快报》记者跟着网友一起线上“云”游紫禁城。网红延禧宫的“水晶宫”让人大开眼界，千古风流人物——苏轼主题书画特展带你秒变诗人，还有不少来自南京的展品“萌翻”网友，一起去看看吧。

“云”逛

23件南京博物院藏品亮相大展

精巧的金瓯永固杯、太和殿可爱脊兽……本次大展分三大主题、18个历史节点介绍紫禁城的规划、布局、建筑、宫廷生活，展出文物及史料照片共计450余件。在西雁翅楼展厅，以“1406年·永乐营北京”为开端，讲述了北京皇宫营建的序幕、告竣和明代紫禁城内布局的改变。

大家都知道，北京故宫的蓝本是南京明故宫，展厅也亮相了部分来自南京的展品。南京博物院相关负责人告诉记者，本次大展他们共借出23件藏品，包括明初残石日晷、明龙头构件、明黄琉璃龙纹陶滴水、明绿琉璃龙纹瓦当、明无款北京宫城图轴照片等，主要与营建有关。

其中，明初黄釉绿釉彩牛首人身形瓦兽、明初黄釉绿彩龙形瓦兽等“萌物”让很多网友好奇。据了解，瓦兽是放置在屋顶上的瓦制兽形装饰物。古代中国建筑为木结构，以兽镇脊，避火消灾。大家常常在古代建筑上看到的蹲兽为狻猊、斗牛、獬豸、凤、狎鱼。

对于故宫这样的浩瀚工程，小小的瓦兽虽不起眼，但它们能证明这座“巨城”的来源，记录历史变迁。

“云”游

打卡网红延禧宫，原来它还是个水族馆？

除了海量文物精品，还有故宫文保科技部、乾隆“养老院”、苏轼主题书画特展……网友跟着直播一起去探访了紫禁城中的网红打卡地，评论区交流最多的是网红延禧宫。真实的延禧宫长啥样？传统宫院怎么变成西式洋楼了？

故宫博物院宣传教育部高宏远介绍，延禧宫属于紫禁城内廷东六宫之一，位于东六宫区的东南下角。明永乐十八年（1420年），延禧宫建立，初名长寿宫。

道光二十五年（1845年）延禧宫出过一件大事。那天一阵大火把延禧宫正殿、后殿及东西配殿等建筑全部烧毁，仅余宫门。后来宣统元年，端康皇贵太妃主持在延禧宫原址兴工修建一座3层西洋式建筑——“水晶宫”，也就是现在我们看到的延禧宫内的主体建筑。

跟着镜头，“水晶宫”建筑风格独具西洋味道，最有意思的是地下一层。“墙壁窗户预想的是镶嵌3.5厘米的隔水玻璃，然后负一层全部灌水，隔着玻璃看水底鱼儿，就像现在的‘水族馆’。”高宏远说，不过因国库空虚后来并没有建成，但依然可以了解百年前国人的开放性思维和智慧。

苏轼在文华殿等你哦

除了紫禁城建成六百年大展，2020年9月1日至10月30日，“千古风流人物——故宫博物院藏苏轼主题书画特展”在故宫博物院文华殿展出。

《姑孰帖》《宋拓苏轼丰乐亭记》……直播中，《现代快报》记者看到，苏轼传世书法佳作，还有部分重要的苏轼师友作品在展厅集中呈现。后殿喷绘场景的灵感来源于院藏马和之名作《后赤壁赋图》，通过小舟与仙鹤形象生动地展现苏子与客“复游于赤壁之下”“有孤鹤横江东来”的场景，灵动有趣，意境深远。空间和色彩的引导使观众能够沉浸其中，与古人展开一场跨越千年的对话。

（腾讯网）

简析：这篇文稿比较典型地体现了网络新闻的特点。1. 努力贴近读者的关注点。现代快报网是凤凰出版传媒集团旗下《现代快报》打造的江苏新闻门户网站，江苏读者是其最重要的受众，所以大标题说“南京的‘萌物’也去了”“23件南京博物院藏品亮相大展”，以触发读者的地域文化自信。2. 抓住文化消费的热点。近年来有关清宫题材的电视剧热播，二级标题“打卡网红延禧宫”，其实就是提醒读者，大家可以通过这一展览，补充有关清代宫廷的知识背景。3. 运用网络语言，增加文字的吸引力。像“萌翻”“云游”“秒变”“打卡”“网红”等词，是流行的网言网语。而标题中“来了”“去了”“原来”“还是”“等你哦”，是日常性质的口语，很接地气。行文生动活泼，既有知识性，也有趣味性。

例文2：

疫情之下，近期全球艺术事件回顾

经过近三个月的全民抗疫，中国的疫情防控形势持续向好，但境外疫情在快速蔓延。在这种态势之下，艺术圈面临严峻考验，让我们一起来看看近期国际上发生的一些艺术事件。

1. 西班牙来信

截至4月1日下午4点30分，新型冠状病毒在全世界范围已经造成至少43 000人死亡，死亡人数当中的四分之三在欧洲。西班牙感染及死亡人数高居欧洲第二。西班牙成为被政府宣布陷入紧急状态的国度。刚结束博览会的马德里当代艺术博览会展场三周被改造成方舱医院。

2020年3月1日，马德里当代艺术博览会（ARCO Madrid）闭幕。ARCO是西班牙最重要的当代艺术博览会，也是拉丁美洲和欧洲之间贸易和文化交流的传统场所。

2. 拍卖行的大裁员浪潮

新冠病毒前所未有地冲击艺术企业，各大拍卖行都感受到COVID-19引发的经济地震的影响。苏富比拍卖行和佳士得拍卖行都在裁员，削减高管薪酬，因为它们的销售部门已经基本关闭，纽约春季的主要拍卖活动要么推迟到6月份，要么全部在网上进行。

4月1日，苏富比新任命的首席执行官查尔斯•斯图尔特在市政厅会见员工，进行强制休假和部分裁员。这家拍卖行在40个国家拥有约1 700名员工，由于疫情暴发，于3月22日关闭了80个办公室和10个销售部。据《华尔街日报》首次报道，苏富比目前正在裁员约200人，约占其员工总数的12%。

3. 博物馆的大幅裁员浪潮

旧金山现代艺术博物馆（SFMOMA）在全球疫情危机不断升级的情况下被迫大幅裁员。管理局裁掉或解雇了数百名工作人员，称现在是“我们博物馆非常痛苦的时刻”，预计会突然损失800万美元。

4. 博物馆巨额资金缺口

最近，纽约大都会艺术博物馆（Metropolitan Museum of Art）决定将员工工资延长至5月2日，这笔费用可能由博物馆的捐赠基金支付。目前，博物馆正在寻求36亿美元的捐赠来弥补资金缺口。3月12日，大都会博物馆是美国第一家宣布关门的大型博物馆，随着隔离令的生效，全国各地的博物馆迅速跟进。

5. 近150年老牌艺校宣布无限期关闭

旧金山艺术学院（SFAI）宣布，在本学期结束后，将暂停其学位课程，停止招生，无限期关闭，这使得该学院可能永远不会重新开张。该校校长戈登诺克斯（Gordon Knox）和董事会主席帕姆罗克列维（Pam Rorke Levy）在写给学生、教职员工的信中表示，他们曾试图将SFAI与一家规模更大的教育机构合并，这家教育机构可以保持这所艺术学校的完整和运转，但因冠状病毒大流行的来袭，与潜在买家的讨论落空。

这所距离庆祝建校150周年仅一年的学校，多年来一直在财政上挣扎。该校的债务总额约为1 900万美元，在未来几个月可能会持续增长。SFAI培养了一些艺术界最优秀的人才，包括安妮•莱博维茨（Annie Leibovitz）、保罗•麦卡锡（Paul McCarthy）和凯辛德•威利（Kehinde Wiley）在内的众多著名校友与世界上其他顶尖学校的校友不相上下。

6. 去年最受欢迎艺博会取消2020年展览

将于5月7日至10日举行的弗里兹纽约艺博会（Frieze New York）近期采取了不同寻常的举动，向近200家计划参展商提供了全额退款，并退还预付的全部展位建设费和其他费用。画廊将分两次收到这笔钱，一次在5月，一次在6月（此举与艺术巴塞尔形成鲜明对照，后者为香港博览会的参展商提供了75%的退款）。

7. 日本关闭艺术博物馆

据《日本时报》近期报道，日本的博物馆终于关闭了。日本迟迟没有关闭艺术博物馆，许多私人博物馆和商业画廊在3月大部分时间都保持开放，尽管时间有所减少。结果艺术场所一半开放，一半封闭。两位不愿透露姓名的艺术家说，他们在藤泽的展览推迟了，但举行展览的市政大楼仍然挤满了人。现在，官方决定将2020年东京奥运会推迟一年。一位深受大家喜爱的喜剧演员死于冠状病毒，导致公众对该病毒构成的威胁的看法发生了变化。

8. 基金会援助艺术组织

保罗•盖蒂信托基金会（J. Paul Getty Trust）和海伦•弗兰肯塔勒基金会（Helen Frankenthaler Foundation）是最新的非营利组织，为美国受新冠疫情重创的艺术家和艺术组织提供援助。通过倡议，他们将提供总计1 500万美元的救济资金。

9. 豪瑟沃斯画廊Hauser & Wirth启动慈善项目

随着实体空间的关闭，大型画廊开始对冠状病毒危机做出慈善回应。豪瑟沃斯总裁伊万•沃斯（Iwan Wirth）、曼努埃拉•沃斯（Manuela Wirth）、马克•佩约特（Marc Payot）4月1日宣布启动慈善项目“#艺益”（#artforbetter）。通过这一项计划，画廊将把部分销售额用于新冠病毒相关公益事业，还将持续对全球及当地事件作出反应，提供慈善支持。

据悉，作为“#艺益”的第一项行动，3月27日上线的《乔治•康多：隔离肖像》（George Condo. Drawings for Distanced Figures）线上展览开始，豪瑟沃斯将把线上展览10%的收益捐给国际卫生组织（WHO）的“冠状肺炎团结应对基金”（COVID-19 Solidarity Response Fund）。接下来的线上展览包括劳娜•辛普逊（Lorna Simpson）与拉希德•约翰逊（Rashid Johnson）的个展。

10. 女性艺术家补助金

“Anonymous Was a Woman”近期宣布为40岁以上的女性艺术家提供25万美元的紧急补助金以应对新冠疫情危机，符合条件的女艺术家可以申请2 500美元的紧急补助金。自1996年以来，“Anonymous Was a Woman”奖资助了40多位女性艺术家，向人们发放了600多万美元的补助金。艺术家苏珊•恩特伯格（Susan Unterberg）为本项基金创始人。

11. 纽约争取减免画廊租金

随着4月的到来，纽约的小型画廊正在为支付租金而烦恼，因为一场强制的居家令让他们的业务陷入僵局。他们说，房东无视冻结租金的要求，而他们也没有资格获得纽约市提供的贷款或其他支持。新艺术经销商联盟（New Art Dealers Alliance）发布了一份请愿书，支持暂停90天的租金，以帮助境况不佳的企业，但这是否会实施，还有待观察。

12. 近期仍在坚持的艺展——达拉斯艺术博物馆

虽然越来越多的艺术展馆不再对外开放，但仍然有艺术馆在坚持为人们带来希望。达拉斯艺术博物馆近期举办一个鼓舞人心的快展“For a Dreamer of Houses”。该展览展出了50多件作品，大部分来自博物馆自己的收藏。

13. 疫情之下的街头艺术

国际疫情仍然处于严峻形势，世界各地的街头艺术家正在传播一个紧急信息：待在家里。

那些隔离在家的人们，在摄影师斯蒂芬•洛夫金（Stephen Lovekin）的镜头中，手中拿着写有标语和充满希望的信息。这位布鲁克林的摄影师捕捉到那些从窗户里看到的令人鼓舞的画面。

2020年，愿我们守望互助，挺过疫情。

（腾讯网）

简析：这篇文稿比较典型地体现了网络新闻中专稿的优势。行文利用超链接，实现了多方面的综合：第一，从文本上看，是信息的综合。第二，从形态上看，它包括各种形态，有文字、图片、视频等。第三，形成观点的广场，客观事实，各式观点，各种形态，各类互动，都融在一个网页或一篇专稿中。

四、写作训练

请参照上述写作要点，写一篇与艺术相关的网络新闻。

第二节　微信推文

导入：微信公众平台是由腾讯公司在2012年开发的，主要用于资讯推送、品牌传播、信息分享，功能定位为群发推送、自动回复、二维码订阅。微信公众平台拓展了人们的社交渠道，也形成了多元开放的文本发布形态，对应用文写作产生了显著影响。

一、微信推文的定义

从广义上说，凡是通过微信公众平台推送且带有文字内容的合格文本，都可以被称作微信推文，其内容几乎无所不包。从狭义上说，由于微信平台的最大功用是促进社会人际交往，我们可以只将微信平台上以提供社会服务为目的的文字文本，称作微信推文。

二、微信推文参考写作规范

（一）基本格式

标题+正文

（二）基本框架

基本框架A

标题：大致有常规型、关联权威型和颠覆认知型		
正文	场景：以富有特色的语言勾勒时间、地点、人物、事件 冲突：指出人际矛盾或问题不能解决的困境 疑问：探索矛盾或问题出现的背景 答案：找到矛盾和问题产生的原因	

基本框架B

标题：大致有常规型、关联权威型和颠覆认知型	
正文	故事：情节有一定新意或事件引人关注 心灵鸡汤：表述兼有哲理性和文学性

基本框架C

标题：大致有常规型、关联权威型和颠覆认知型	
正文	是什么：相当于提出问题 为什么：相当于分析问题 怎么办：相当于解决思路

三、写作注意事项

1. 微信推文往往是在传统应用文的基础上进行加工、组合、创新，为了更好地适应互联网环境下的表达方式，注重旧词新用，力求用新词出新意。

2. 关注时代，贴近现实生活，洞察人们的兴趣爱好，用网络上大家喜闻乐见的方式表达。

3. 传递关键信息，形成强烈的视听冲击力，用一致性、反差性和跳跃性吸引读者、听众或观众的关注，以在有效时间内达到宣介效应。

4. 严格地说，微信推文所描述的是共存于同一媒介范畴的文本形态，并未指向文种属性，自身没有稳定的规范和格式。但微信推文更多是在遵循文章写作的文法，而非应用文种类约定俗成的规范。

5. 微信推文普遍有减省繁文缛节的倾向，比如段首不空两格，但更强调排版的艺术效果。这种追求适应快速阅读的文风是否会得到全社会认可，尚有待观察。

6. 微信推文最重要的功能是为人们的学习、工作和生活提供信息服务，促进人际交往。《防疫须知》《职场守则》《旅游攻略》《美食指南》等便民之文，最能代表微信推文的特点。

7. 微信官方平台规定，公众号推文标题的长度不超过64个字符。相关统计表明，目前公众号推文标题的平均字数为22个字。许多研究者指出，提炼出具有信息冲击力的标题，是微信推文写作的重要环节。

8. 微信推文常配发多幅图片或附载音视频，但文字部分提示了行文的主题和主旨，是核心部分，写作时不能本末倒置。

四、例文分析

例文1：

一起发呆吧，这种高级艺术快消亡了

2014年，韩国艺术家Woops Yang发起首届国际发呆大赛，一群“凝固”的参赛者在草地上不能动，不能入睡，心跳和脉搏也被要求保持绝对的匀速。

竞争做一个最top的现代“沉思者”，大概连雕塑家奥古斯特·罗丹本人都觉得无聊，但在很多社畜看来，却是神往已久。

毕竟对很多上班族而言，日常可以喘息的时间，可能就是在马路上等红灯的一分钟，因为他可以安静地站在那里，没有负罪感，没有必须要做的事情，可以愣愣地发一分钟的呆。

不知道从何时开始，我们一天里的24小时，1440分钟，都是在满打满算，随时准备为实用主义牺牲。我们为什么要强行让每分每秒都“充实”？

别怕走神，你的灵感缪斯正在路上

在1995年的电影《爱在黎明破晓前》中，男主角Jesse提出了一个一直让他抓狂的问题：“人们谈论着伟大的技术，说它如何节省时间……但若技术只带来更忙碌的工作，有什么好处呢？我从来没有听人说过，文字处理机帮我省下了时间，我要去禅寺消磨时光。”

如今25年过去了，这依然是现代人的迷惑行为。我们忙得争分夺秒，上课打盹会被训斥，上班摸鱼容易被炒鱿鱼。

回家后的间隙也不会被放过。**现代社会为了榨干我们剩余的专注力，发明了不点开就爆炸的即时信息、流水似的娱乐节目、最迟三秒出现嗨点的短视频。**

这些碎片化的网络产物给生活制造“充实”的假象。我们看似不再感到无聊，但当不知不觉把信息提示的小红点都刷完之后，迎面而来的却是更大的空虚。

人们放空自己的权利，也在无意间被剥夺了。打小开始，如果我们停下来发呆和走神，就会被认为是“因懒惰而停止思考”，是拖延症的表现，在心理学上被定义为心智游移（Mind Wandering）。

但事实上，偶尔发呆，与现实世界“断开连接”，会是重拾生活、收获灵感的催化剂。研究发现，心智游移能产生更多的顿悟，这也是心理学家提出来的“酝酿效应”。它最初源于“阿基米德测皇冠”的故事。当阿基米德想不出如何测算皇冠纯度时，就去澡堂洗澡了，结果一坐进澡盆，看到水往外溢，就灵机一动，巧用浮力原理解决了问题。

加州大学圣巴巴拉分校的学者也证实了这一点。他们曾做过有关心智游移与创造力的研究，被测试者会被引发不同程度的走神，之后再完成创造力测试。**结果发现，创造力增长最高的实验者来自走神程度最高的组。**

这意味着，走神可能会带来创造力的提高。因此，当思绪去外太空溜达一会儿时，别太慌张。

（凤凰网）

简析：这篇文稿体现了微信推文的特点：1. 推送对象明确，主要针对繁忙得没空喘息的上班族。2. 内容贴近目标受众，观点简洁明确，认为可以将“发呆”“走神”视为良性心理状态，用以调节生活节奏。3. 文笔活泼，用了“嗨点”“思绪去外太空溜达一会儿”等许多具有现代气息的微信体表述方式，但又不失思考的理性色彩。4. “一起发呆吧，这种高级艺术快消亡了”，这种标题不很符合语法要求，但大意明确，能给人以悬念，展现微信这一社交媒体上轻松随意的表述风气。

例文2：

微信公众号推文有哪些注意事项

公众号运营最根本的工作就是内容的输出，有些时候同样的内容在其他运营者的手上效果突出，但是自己在使用的时候，效果却总是差强人意，造成这种差异的原因什么呢？今天给大家分享一下公众号推文的技巧。

微信公众号推文有哪些注意事项？

1. 目的性

标题和内容是不能随意编辑的。用户浏览公众号内容，首先看到的是标题，如果标题不能吸引用户，在现在同类型内容泛滥的情况下，用户就不会点击进入并浏览文章内容，所以标题的好坏直接决定文章的阅读量。

很多运营者花大量的时间和精力，去编写一个带有“标题党”性质的标题。其实，对标题的撰写，建议大家以简洁直观为主，字号20即可。

2. 规律性

图文排列有规律，有章法。在进行多图文编辑时，封面图与图文内容最好相呼应，有一定的规律性。每一个小封面都是大封面的拓展。

3. 统一性

文字的颜色要有统一性。最好能够保证图片大小的统一以及冷暖色调的一致。

正文文字的字号最好是14—16磅，不要小于12磅。一篇文章当中使用的颜色不要超过三种。

4. 简洁性

不要用复杂的花式符号，越简洁越好。重点内容是文字的叙述，而不是符号和样式。

（搜狐网）

简析：微信推文写作，并不排斥文风严谨的说明文，要求行文简练，内容切实，便于应用。这篇文章就微信公众号推文的写作与编排提出了注意事项，虽然条目不多，但具体适用，体现了微信推文的实用功能。

四、写作训练

请建立自己的微信公众号，并尝试去写一篇推文，然后跟老师和同学交流写作心得。

第三节 AI应用文

导入：人工智能是全球新兴产业，也是我国致力发展的领域。2016年，国务院印发《新一代人工智能发展规划》，部署构筑我国人工智能发展的先发优势。人工智能技术对应用文写作方式已经产生革命性影响，并在不断深化发展。可以预期，未来人工智能的协助将成为提高应用文写作效率不可或缺的环节。

一、AI应用文的含义

AI应用文是通过人工智能写作（Artificial Intelligence Writing）方式产生的应用文，依附于现有应用文的文种属性和写作标准而存在，体现了人类借助辅助手段不断提高应用文写作效率的努力。

二、AI应用文写作的基本步骤

人工智能写作基本能力包括两个方面：第一是归纳总结能力，分析大量数据，从而总结事实；第二是解构重组能力，从大量数据中提取所需内容，并通过排列、组合形成文档。AI应用文的产生要经过以下五个步骤：数据采集、数据分析、生成稿件、人工审核、编发。

三、AI新闻写作框架

（一）基本格式

标题+正文

（二）基本框架

标题：	数据（事实）+定性
正文	新闻数据（事实）及其来源 有关新闻数据（事实）的专业评论 新闻数据（事实）反映的相关情况

四、AI应用文写作平台

AI写作难以结合应用文的实际场景对情感、思想、意义进行准确判断，但能帮助人们减少写作过程中的重复性劳动，使人们能够集中精力对付更富挑战性的写作内容。AI应用文写作要借助人工智能写作平台，这里列举几种：

小发猫AI智能写作：www.xiaofamao.com

火龙果写作：www.mypitaya.com

弈写：writing.yuntianyi.com

Get写作：www.getgetai.com

有专自媒体助手：www.yzzmtzs.com

爱发狗软文助手：www.ifagou.com

妙笔中文内容生成引擎：www.aimiaobi.com

秘塔写作猫：xiezuocat.com

目前AI应用文写作主要在以下几个领域较为常见：1. 新闻写作；2. 公文写作；3. 广告写作；4. 论文写作；5. 合同写作。AI应用文写作在某领域是否常用，跟有针对性的写作机器人开发水平有关。比如国内新闻写作机器人开发水平较高，类型多样，所以AI新闻写作活动最为活跃。有些领域没有开发出富有成效的写作机器人，AI应用文写作活动就难以开展。

五、AI应用文写作存在的问题

1. AI应用文写作是以对大数据的搜集、处理为基础，急速地广搜博采，经常会触犯个人隐私，而人工智能不能准确加以识别并剔除。

2. AI应用文写作在利用大数据方面，经常出现无法与作者沟通而直接移用既有文本内容的情形，从而引发版权争议。

3. AI应用文写作是基于算法生成内容的，一般通过精确的数据计算智能选择模板并组合生成文稿，模式化的痕迹明显，行文结构呆板生硬。

4. AI应用文写作根据设定标准、程序和规范，对大量文本信息中的自然语言进行智能化处理。因此，AI应用文写作产生的语言不自然，没有亲切感。

5. AI应用文写作必然导致人机共存的写作常态，导致写作主体不好界定，由此带来破坏既有写作生态的问题。

六、例文分析

8月CPI同比上涨2.0% 创12个月新高

宏观经济腾讯财经[微博]2015-09-10

腾讯财经讯 国家统计局周四公布数据显示，8月CPI同比上涨2.0%，涨幅比7月的1.6%略有扩大，但高于预期值1.9%，并创12个月新高。

国家统计局城市司高级统计师余秋梅认为，从环比看，8月份猪肉、鲜菜和蛋等食品价格大幅上涨，是CPI环比涨幅较高的主要原因。8月份猪肉价格连续第四个月恢复性上涨，环比涨幅为7.7%，影响CPI上涨0.25个百分点。部分地区高温、暴雨天气交替，影响了鲜菜的生产和运输，鲜菜价格环比上涨6.8%，影响CPI上涨0.21个百分点。蛋价环比上涨10.2%，影响CPI上涨0.08个百分点，但8月价格仍低于去年同期。猪肉、鲜菜和蛋三项合计影响CPI环比上涨0.54个百分点，超过8月CPI环比总涨幅。

他表示，从同比看，8月份CPI同比上涨2.0%，涨幅比上月扩大0.4个百分点，主要原因是食品价格同比涨幅有所扩大。8月份，食品价格同比上涨3.7%，涨幅比上月扩大1.0个百分点，其中猪肉、鲜菜价格同比分别上涨19.6%和15.9%，合计影响CPI上涨1.05个百分点。非食品价格同比上涨1.1%，涨幅与上月相同，但家庭服务、烟草、学前教育、公共汽车票和理发等价格涨幅仍然较高，涨幅分别为7.4%、6.8%、5.6%、5.3%和5.2%。

8月份，全国居民消费价格总水平环比上涨0.5%。

银河证券的分析报告认为，预计到年末生，猪价格将超过上一轮“猪周期”价格高点，如果猪肉价格集中在四季度上涨，并且重合蔬菜上涨周期，那么四季度单月，尤其是12月份CPI同比涨幅超过2%的可能性较大。

交通银行金融研究中心预计，未来CPI仍有缓慢上行的可能，部分月份同比涨幅可能高于2%，但全年CPI涨幅将低于3%的政策目标值，物价状况暂不会明显制约货币政策操作空间。

民族证券宏观分析师朱启兵表示，“7月实体经济新增信贷的大幅回落难以持续，预计8月新增信贷再度扩张至11 000亿元，货币政策继续维持宽松”。

申银万国证券研究所首席宏观分析师李慧勇表示：“预计后面至少还会有25个基点的降息空间。一方面，实际负利率已不是制约，如果需要可以继续降息。另一方面，降息此前受制于汇率，汇改主动释放了贬值压力。”

8月26日起，央行下调一年期存款基准利率0.25个百分点至1.75%，目前工商银行、建设银行等金融机构一年期存款利率普遍为2%。

居民消费价格指数（Consumer Price Index，简称CPI）是度量居民生活消费品和服务价格水平随着时间变动的相对数，综合反映居民购买的生活消费品和服务价格水平的变动情况。

（腾讯Dreamwriter，腾讯网-宏观经济）

简析：上述AI稿件是由腾讯公司开发的自动化新闻写作机器人Dreamwriter根据算法在第一时间自动生成的稿件，瞬时输出分析和研判，一分钟内就将重要资讯和解读送达用户。从这篇稿件不难看出，AI在综合处理数据信息以生成普通文稿方面，具有人工无法比拟的优势。

六、写作训练

对比阅读AI新闻与人工写作的新闻，尝试说说这两者的异同。

第四节　网络新闻、微信推文、AI写作的模式与发展

导入：互联网、人工智能等现代技术正深刻影响着应用文的发展进程。深入理解这个问题，准确把握这种趋势，对推进应用文写作工作是非常必要的。以下撷录一些专家访谈，供大家参考。

访谈一：

访谈对象：黄金献（广西职业技术学院传媒学院主任编辑）

提问者：向一优（广西艺术学院公共课教学部教师）

问：您认为网络新闻、微信推文、AI新闻等新文种具备了哪些应用文的特征，又有哪些新变？

答：宽泛地说，传统应用文是解决实际问题的有一定格式的文章。网络新闻、AI新闻，其实都是新闻。微信推文却不一定是新闻，它可能是商业软文，可能是个人情感的抒发，也可能是一些攻略，也可以是一个视频。它不一定是文章，也可能是一个H5。就新闻而言，真实性是新闻的生命，所以真实、准确、客观、公正是新闻这种文体的最重要的特征。

网络媒介上的宣传类应用文依然要坚持准确、真实、客观等特点，而它不同于传统宣传类应用文的优势之处在于有情感的介入，更加贴近个人。因为整个传播媒介的变化，我们似乎处在一个扁平的时代，就像我们看抖音，人跟媒介的距离很近，屏幕上的这个人好像对我说话一样，对我很亲近，不像电视等以往的大众传媒论人距离感。如果你跟我说那种很官方的话，没有情感的冷冰冰的话，我可能就不看你了。比如《新闻联播》在新媒体端有一个栏目叫《主播说联播》，它的账户名就是个性化的，就是让人觉得我不是脸谱化的人，我是真实的人，我真实地跟你做交流。

问：您认为网络新闻、微信推文、AI新闻等新文种相对于传统的此类文种的优势和不足何在？

答：随着网络技术的发展，我们进入一个社交媒体时代，不论传播内容还是传播方式都发生了很大变化，新闻传播由以往的大众化传播，变成如今的分众传播、小众传播、碎片化的传播、去中心的传播。这些传播的精准程度可能会越来越高，但传播效果却更加难以测评。以前我们只有几个主要的传播平台，基本上我们获取信息的途径就是那几个，但是现在不一样了，各种各样的对冲的信息。这种碎片化导致舆论引导形成价值共识的难度的增加。从优势上来看，就是传播更加快捷了，网络传播强调个人化情感的介入，拉近跟受众之间的距离，更能从情感上去打动受众。

问：您认为网络新闻、微信推文、AI应用文等演化为规范应用文的途径为何？

答：守正创新。“守正”是什么？新闻的真实性、准确性、及时性，这些最基本的东西是不能丢的。“创新”的是什么？网络媒介上的宣传类应用文，核心问题是如何有效传播。为此，我们要根据整个媒介环境的变化，调整传播的策略，最核心的就是以受众为写作的出发点，进行用户定位和分析，不能进行没有对象的写作，同时要注意强化个人情感的介入，拉近与受众的情感距离，而格式则可以更加灵活。

此外，创意思维、写作思维的培养，对复杂巨量信息的捕捉、判断、加工并形成条理清晰的文字的能力是新媒体写作需要努力的方向。

问：您认为网络新闻、微信推文、AI新闻等新文种演化为规范应用文具备了哪些条件，还有哪些不足？

答：就AI机器人和AI写作而言，在对体育或者各类灾害事件的各种数据的处理上是有优势的，但是人的感受，它捕捉不到，评论性的东西还很难做到，观点性的东西、情感性的东西根本做不到，这是很明显的劣势。所以人的写作就应该在对细节的观察、对现场的亲身感受、怎么样让文章引发受众的共情、怎么样写出有温度的新闻等方面动脑筋。此外，在格式运用、数据分析等方面，我们也应当重视科技对应用文写作的启发。

访谈二

访谈对象：罗锐（广西日报传媒集团《南国早报》编委、新媒体中心主任）

提问者：向一优（广西艺术学院公共课教学部教师）

问：您认为网络新闻、微信推文、AI新闻等新文种具备了哪些应用文的特征？

答：网络新闻、微信推文、AI新闻具备了应用文实用性强、时效性强、覆盖范围广的特征。

在实用性方向，一是给予用户直接的信息传达，提升阅读效率。类似应用在网络传播的新闻稿件，新闻机构会专门生产区别于纸质媒体的产品，用于移动互联网传播，如《南国早报》每天早上6时30分推送的“早新闻”微信产品，集纳了当天最具时效性的新闻资讯，形成单条微信推文。用户通过一篇推文就能快速了解当天的资讯，无疑是非常简单和直接的方式，满足用户碎片化阅读需求；二是通过插入音频和视频的方式，给予用户丰富立体的阅读体验。综合来说，网络新闻、微信推文、AI新闻都是基于互联网媒介和智能终端传播的，具有音视频传播先天便利。在编辑过程中，可使用GIF动图、H5动态网页、SVG交互等表达形式，立体多维呈现资讯，使用户快速掌握关键资讯，获得沉浸式体验。

在时效性强方面，能实现即时传播。网络新闻、微信推文、AI新闻目前均能实现即时推送，即时到达用户的效果。如《南国早报》微信公众号，面向180多万订阅用户推送信息，从发送到全员收到信息仅需不到90秒。类似广西云客户端、《南国早报》客户端等新闻媒体自控移动端传播平台，稿件编辑好后，从后台发布到前端，并以弹窗形式覆盖用户，耗时都在30秒以内，形成过往纸媒无法实现的瞬间到达用户的效果。

在覆盖范围方面，能实现广维覆盖。纸质媒介受发行牌照、发行地域及发行成本控制，仅能在极其有限的范围内传播。网络新闻、微信推文、AI新闻基于互联网进行传播，只要用户IP不在限制范围内均可实现访问，理论上可实现覆盖全球的传播，也可满足用户在任意地点任意时间掌握资讯，其覆盖范围是前所未有的。

问：您认为网络新闻、微信推文、AI新闻等新文种相对于传统的此类文种的优势和不足何在？

答：优势有以下方面：

基于智能手机、PAD等智能终端生产的信息，其信息简单、有效，内容充分，能满足用户移动化、碎片化阅读需求。

随着动画、AI剪辑等技术的快速普及以及门槛降低，类似网络新闻、微信推文、AI新闻等新文种表达形式丰富，具备音视频、声光电等观感体验。

因其信息获取、内容归纳、编辑发布等全传播流程都是基于互联网，具备信息生产高效，发布迅速直接的优势。

基于LBS（地理位置识别）、用户画像等大数据技术进行用户分析后，方便针对用户生产形式丰富的资讯产品，使其传播精准、数据准确。

不足的地方有：

资讯缺乏深度。类似AI新闻的生产，核心逻辑是固定句式加上动态数据，机器形成标准化的稿件。稿件没有经过人工润色，也没有因人而异的文风。所以，句式、表达一成不变，没有阅读温度。

信息容易失真。网络新闻、微信推文传播特点是快速，但快速亦导致这类应用文信息容易失真。官方媒体纸质媒体产品，要经过严格的三审三校，出现差错的概率很小。网络新闻、微信推文等新文种也有审校环节，但追求时效性，往往会第一时间推送，但这类时效信息经常会因为事件变化出现“反转”“打脸”。

勘错成本极高。对应用文来说，准确传播非常重要，基于移动互联网传播的网络新闻、微信推文等新应用文，会因搜索引擎的抓取、网站转载形成全网传播，如该信息有错误，形成全网传播后，如要逐一勘误，需逐一对接各个平台，其勘误成本极其高昂。

问：您认为网络新闻、微信推文、AI新闻等新文种演化为规范应用文的途径为何？

答：途径为：一是各个应用主体要针对各个单位、机构的情况，形成规范化的内容采集、编辑校对、发布传播的规程；二是对算法、推荐逻辑、代码撰写等机器能力进行规范化设置；三是对传播平台进行甄别和规范；四是针对不同的移动互联网平台的特点，进行不同应用文的规范设定。微信平台与微博平台就有截然不同的发文规范和运营规则。

问：您认为网络新闻、微信推文、AI新闻等新文种演化为规范的应用文具备了哪些条件，还有哪些不足？

答：首先从应用基础来说，受众普遍接受这样的传播方式，并且智能手机、智能电视、智能LED屏等终端的发展，为新文种的规范传播奠定了基础；其次从技术支撑来说，基于云计算等云端技术的AI智能审校、AI智能生产等规范化的应用文生产工具已经成熟，具备规范化生产的条件。

不足之处包括：一是技术门槛。网络新闻、微信推文、AI新闻等平台的建设，均需要高昂的技术投入，如AI新闻的AI语义模块、AI视频审校模块，动辄就需要数十万元的资金投入，对小规模资讯生产主体存在一定门槛。二是运维成本。尽管从技术上来说，网络新闻、微信推文、AI新闻减少了硬件开支，但要发展成规范化的应用文，还需在运营环节进行规范化内容生产、内容审校及传播平台运维，对个人用户或小规模媒体机构来说，运维成本高昂也是不足之一。

访谈三：

访谈对象：李红光[广西壮族自治区党委政研室（改革办）农村处处长]

提问者：向一优（广西艺术学院公共课教学部教师）

问：请您谈谈对应用文发展和新变的看法。

答：应用文是在人们长期写作的过程中约定俗成的一类特殊文体，对文化传承有深远意义。一个地域、一个民族、一个国家的悠久文化大多数是通过应用文文体传承和创新发展的。

随着全媒体时代的到来，越来越多的公众选择在网络媒介发表观点、表达诉求、监督社会治理、反映社会问题。现实中的各种问题、矛盾聚焦于网络，网络舆情逐步成为社会问题的映照。随之而来的是，网络新闻、微信推文、AI新闻等新文种连续出现，其时效性、便捷性和和多样化特点极大地满足了社会大众获取信息的需求，成为我国新闻传播领域的生力军，在传播信息方面发挥重要作用。

应用文文体和新文种既有联系，又有明显区别。

应用文是指国家机关、企事业单位、社会团体和人民群众在日常生活、学习、工作中处理公务、办理事务时所使用的具有惯用格式、直接应用价值的文章。其使用范围非常广泛，政治生活方面的，有命令、指令、决定、决议公告、纪要、批示、批复等；经济生活方面的，有合同、表格、市场调查、经济运行分析、管理条例等；业务工作方面的，有简报、规章制度及调研报告、计划总结等；日常生活方面的，有书信、便条、电报、启事、祝词、请柬等。写作科学发展到今天，已是繁花锦簇，千姿百态，各种文体层出不穷。但一篇好的应用文，万变不离其宗，其第一要义是用来办事、解决实际问题的。因此，实用性是它区别于其他文体的基本特征，是应用文写作中必须遵守的基本原则。应用文与其他文体相比，主要有五个特点。**一是主旨单一集中。**一般来说，应用文要求一文一事，主旨单一，即使篇幅较长的应用文，也是通过不同侧面说明同一个主旨，达到有机的统一。**二是格式规范固定。**应用文结构布局、格式是相对固定的，有固定的写作规范，对应用文来说，主旨是文章的灵魂，材料是文章的血肉，结构是文章的骨架。好的应用文应该是“凤头、猪肚、豹尾”，即开头漂亮，正文充实，结尾响亮。**三是内文真实正确。**应用文较少使用修饰性词语，大多是平铺直叙，笔法较朴实，阐述的事情、发表的观点必须符合国家的法律法规，符合党和国家的政策、方针，符合实际情况，反映客观事物的本质规律。**四是语言朴实精确。**应用文的实用性决定其简明、平实、精确的语言特点。好的应用文力求用最少的文字，集中反映一个主旨。**五是时效性较强。**这是应用文的一个重要特点。应用文是为了解决实际问题的文体，文章写作必须迅速、及时。比如，一份电报，由起草到发出，时间只有几分钟，其效用也是有时间限制的。

新文种具有明显的特点和优势。**一是全时性。**网络新闻不仅要最大限度地保障新闻报道的时效性，还要作为一个“全天候”媒体，在一切新闻报道中争取最强的时效性。**二是内容广泛性。**新媒体在快速发展过程中，表现出旺盛的生命力，媒体的海量信息汇聚在一起，形成一个庞大的空间，包罗万象。**三是形式不拘一格。**新媒体表现形式多样，不断创新发展，有调查式、短视频式、日记式、数据图表式、片语式、锐评式、交流式等。**四是语言简略、活泼、时尚。**为吸引读者挑剔的眼球，以最快时间让受众阅读并认可，新文种语言表述上更接地气，轻松活泼、幽默犀利，口语化、通俗化、时尚化、简洁化特征明显。**五是便捷性。**网络空间提供了一个各取所需、畅所欲言的平台，不同传播方式相互整合、包容、转化，可以双向、多向平等互动，使传受双方自由便捷高效交流。

问：您认为网络新闻、微信推文、AI新闻等新文种相对于传统的此类文种的优势和不足何在？

答：网络新闻等新文种是利用互联网来传播的新闻，从广义角度看，所有利用互联网技术播出的新闻都是网络新闻。其即时性、便捷性、广泛性等优势特点，极大地满足了社会大众的探索欲望、获取信息的需求，已发展成为我国新闻传播领域的生力军。

不足的地方也很明显：一是网络新闻虽然“量”上去了，拥有足够的广度，但“质”上不高，深度不足。很多新闻编辑只是把各种信息简单结合在一起，缺少梳理整合，难以短时间内完整地将新闻讲述清楚。受众接收的信息不完整，很容易被误导。二是真实性难以确保。目前网络新闻管理制度还不完善，部分网络新闻编辑、管理者为了短时间内获得更大的经济利益，采用博取眼球的方式，有时候草率地将未经证实的信息公布出来，这不利于网络新闻的发展，也会降低网络新闻的公信度。

问：您认为网络新闻、微信推文、AI新闻等新文种演化为规范的应用文具备了哪些条件，还有哪些不足？

新文种演化为规范的应用文，具备条件、不足前面已论述，这里重点谈"怎么转化"的问题。首先确保真实性。把新闻的真实性摆在第一位。二是规范性。结构规范、表现形式规范、语言规范等，网络语言使用适度。三是原创性。更加重视新闻的原创性，打造出新闻网络品牌。为此，还要采取一系列保障措施，比如，建立完善的网络新闻法律体系，加强网络新闻监管力度，建立新闻编辑奖惩制度等；健全网络新闻信息的传播制度，加大网络新闻信息传播力度；提高网络新闻从业者职业操守、职业素质等。

访谈四：

访谈对象：韦光杰（广西壮族自治区办公厅第七秘书处）

提问者：向一优（广西艺术学院公共课教学部教师）

问：在新的媒介环境下，应用文写作出现了哪些新特点、新动向？

答：从作品这个角度来看，在新媒体或新媒介的形势下，作品的形式比以前更多样了。以前都是报纸，就是纸质的各种文件，现在新闻也好，报道也好，应用文也好，都图文并茂，甚至以小视频等形式展现。另一个特点就是，篇幅比较短，动态比较强。

从作品传播的载体来看，新闻作品传播的载体变化很快，创新也很快。比如以前是微博、论坛，然后到QQ、微信等，后来用QQ的人越来越少，用微信的人越来越多。下一步会出现什么样的载体或者传播途径，我们无法预料。

从新闻写作的主体来讲，每个人都可以是作者。写作主体越来越多元化，但这也带来麻烦，比如乡镇发生一个突发事件，要报到县里，县里报到市里，市里再报到自治区，自治区再报到中央，现在我们要求重大事件两个小时内必报，而在互联网上可能一分钟就传遍了。报道者中，每个人的角度和动机不一样，好的记者想写一篇好的报道，但也存在动机不纯或认识水平低的人抢占先机，快速发送不严谨的信息，引发舆情，而好记者写出的那篇报道，如劣币驱逐良币一样被淹没，从而增加了舆论引导和网络治理的困难。这就是新媒体或新形势下，新闻写作受到的环境限制。

从读者阅读的角度来看，网络阅读的信息量太大，读者多是用手机进行快速扫描式阅读，所以新闻标题就显得很重要。同时，网络互动性强，读者也是传播者，比如读者会对某个话题进行回帖讨论。

问：面对新环境，写作主体应该如何应对？

答：无论写作者还是报社、媒体等新闻机构，关键是要专业化，要深要精，比如广西台的一个《新闻在线》的栏目，车祸新闻特别多，每天都有，但是只报道发生了什么，没有深度剖析，这是因为电视新闻有时间的限制。但作为一个新闻写作者，面对海量的信息，要对其进行收集和梳理，在把握事物内在规律的基础上形成文章的思路和脉络。只有具备深度剖析或相对专业的评论，才能形成个人特点和核心竞争力，才能尽量避免自己的文章不被信息洪流所淹没。同时，写作主体的自我定位以及受众群体的定位也要明晰，这样才能尽量做到有效传播。

此外，应用文写作背后的整体策划也非常重要。比如你要策划什么时间介入采编，采编完之后什么时间播，什么时间报，什么时候应该掀起一个高潮，我们对整个事件、整个新闻有一个系统的策划，让形成的舆论漩涡在你这里产生良好的传播效应。

应用于实际的文章要紧跟新时代步伐，体现主旋律节奏，遵循国家大政方针政策，否则文章就可能变成一纸空文，可能还会出问题。

写作训练

请从上述访谈内容中，挑出一个自己感兴趣的话题，进行深度思考并写出自己的看法。

第八章　全媒体环境下应用文负面案例评析

习近平总书记在主持第十九届中共中央政治局第十二次集体学习的讲话中，提出了"全程媒体、全息媒体、全员媒体、全效媒体"的全媒体融合概念。全媒体融合将应用文的影响拓展到过去远不能及的范围和深度。由于传播主体量大人杂、传播媒介多元丰富、传播速度瞬息千里、传播范围不好控制，应用文错误容易通过媒体迅速放大，形成负面舆情。应用文写作导致的负面舆情，必然会使相关机构和人员的公众形象受损。更严重的情况，如涉及敏感问题，还有可能引发公共事件，影响社会安全稳定。全媒体环境下的应用文写作，在发稿之前要进行舆情预判，在出现舆情时要合理应对，这是现代应用文随着时代发展而出现的新特点。本章挑选了一些引发负面舆情的应用文，进行分类评析，以提醒大家，在全媒体环境下，如何避免此类失误。

第一节　校对粗心

字、词误用，是应用文写作最容易出现的差错。错字、错词、生造词语等，不仅给读者造成理解障碍，也不利于维护语言规范，有时甚至会引起学术性、政治性错误。因此，要重视校对环节。校对是一项极为细致、重要的技术性工作，直接影响应用文的质量，向来是应用文写作不可或缺的关键环节。

在全媒体环境中，公众对应用文质量要求更高，校对工作也变得越来越重要。由校对问题而引发应用文写作负面舆情的案例比比皆是。实际上，只要工作流程合理，工作态度认真，许多校对问题原本是可以避免的。

>>> 案例分析

例1：错别字连篇的公文不走心伤民心

2020年，有人通过网络平台反映，工作日去四川省南充市××县人社局办事，从中午12

点等到下午3点多，工作人员迟迟不到且态度恶劣。该事件引发舆情后，2020年8月20日，××县人社局发布《关于县级机关上班时间等问题的回复》，确认网友反映的情况属实并致歉。这份书面回复只有400多字，但出现了4处错别字："赓即"写成"康即"，"生活愉快工作顺心"写成"生活愉协江作顺心"，落款写成"××县人为（应为'力'）资源和社会保障局"。

从后面三处错别字看，撰稿方有可能是故意为之，暗含这么一层意思：即需要道歉的并不是"××县人力资源和社会保障局"，也并不想真正祝愿当事人"生活愉快工作顺心"。对此，《新华每日电讯》用"错别字连篇的公文不走心伤民心"这个措辞严厉的标题加以指责。抛开写作动机，客观分析该回复的文字内容，这属于校对工作粗疏导致的应用文稿件质量低劣。

例2：工作作风非小事

网络上曾流传某县委书记对县属单位一份文件的批阅批示。某县住建局落实县委督办通知的情况报告中出现了多处错误。其中，将县委书记王峰的姓名误写成"汪峰"，这个错误最为醒目。王峰本人阅后写道："我不是歌星。"在批示意见中说："我的名字都错了，标点符号都错了，让我如何相信你们的书面汇报。"最后又说："工作作风，岂是小事！！"由此可以看出，公文写作中的错别字问题，不是简单的字词错误，其所反映的是工作作风问题。

例3：校名漏字的大学录取通知书

2020年8月，某市对外经贸大学寄发的大学录取通知书上，出现低级错误。有网友向媒体反映，他收到的通知书上写的是"××对外经大学"，漏了一个"贸"字。××对外经贸大学发现这个问题后，很快发布了勘误说明，并重新寄送大学录取通知书。大学录取通知书上短短几行字，就出现了校名漏字的错误，显然是因为有关工作人员对印刷成品没有认真校对。

孩子考上大学是喜庆之事，收到校名"漏字"的大学录取通知书，考生及家长心里会平添困扰：首先会产生疑问，这是合法的（真的）录取通知书吗？有较真的，可能会打电话去核实。确认校名漏字的录取通知书属实后，又会有一丝懊恼，怎么进了这么个马虎的大学？另外，大学代表着一种文化高度，出现校名漏字这种低级错误，一旦引发舆情，无疑会损害该所大学的文化形象，甚至会影响该校的生源。

解决办法：要严格遵守文稿校对的基本要求。首先，要保证应用文不出现政治性问题、原则性问题和错别字。其次，核查文稿中的人名、地名、单位名称、头衔、组织机构名称、时间、地点、数字、计量单位等是否准确。再次，防止出现格式、字体、字号的错误，清除语法修辞上的差错和毛病。最后，解决和消除校样上的任何疑点，保证版面美观和行文规范。

机构、部门对可能产生较大社会影响的文稿，可以仿效学术期刊的编辑流程和常规制度，纳入三审制，严格执行三校二读制。同时施行惩处措施，对未引发舆情的校对差错、产生一定负面舆情的校对差错、产生较大负面舆情的校对差错等的责任人，分级进行相应惩处。

思考题：请根据本节内容，总结应用文写作的校对程序，并列出一份清单。

第二节　信息不实

以事实为根据是应用文写作的基本要求。应用文所包含的文字信息，只有真实回应现实生活中的人和事，才能取信于人。

在全媒体时代，社会机构应具有良好的信息处理功能，机构成员应具有良好的信息素养，以保障发布的文稿信息可靠。发布不实信息会误导受众，反过来也会影响信息提供者的社会信用。应用文若出现关键信息不实问题，则基本失去应用效力；若出现非关键信息不实问题，文稿质量因此降低，其权威性和可信度也会受到质疑。

>>> 案例分析

例1：多处信息失实，一封无法执行的法院判决书

2014年12月11日××省高级人民法院出具的一份民事判决书，事关一起国有土地使用权转让合同纠纷案。该判决书在机构名称、涉案金额等一些关键信息上出现了错误。一是涉案的60多亩土地，经受理法院委托相关土地房地产评估测绘公司鉴定，在判决书上摇身一变成了20万亩，比涉案土地的面积增加了3000多倍。二是“38891407元”判成“38891407万元”，几千万债务瞬间上升至几千亿的天文数字。三是将涉案主体之一“工行五一路支行”，写成“建行五一路支行”。这样的判决书，由于关键信息不实，不仅在应用过程中无法执行，而且给当事方和误入判决书的单位造成极大困扰。

例2：离职“影响载人登月计划”：一封过度渲染的情况说明书

写作应用文时，涉及对相关人事进行评价，要力求客观准确。2018年，网络上传出一份《张××参与我所型号研制情况》，该文盖上了××航天动力研究所的公章，落款时间为9月17日，是向法院申请劳动仲裁时提供的文件。为了取得法院的支持，判决离职的研究员、副主任设计师张××回所脱密，文中称其具有“不可替代的重要作用”，称其为研制工作的“灵魂人物”，指出其离职直接影响我国重型运载火箭研制，甚至影响载人登月计划。但在有关此文的舆情发酵之后，该研究所负责对外宣传的张姓工作人员表示，张××离职属人才流动，不影响我国重型运载火箭研制的大局，不影响中国登月计划。显然，该情况说明中关于张××对

××航天动力研究所工作重要性的描述，是夸大其词。当然，由于2018年前后商用航空航天领域成为资本追逐热点，民营公司凭借风险投资，利用高薪大量挖人，对国企航空研究单位造成困扰，××航天动力研究所这样写，情有可原。但在以求真求实为本色的应用文中，过度渲染不实之词，是不符合写作要求的。

解决办法：撰写应用文时，对文稿涉及的每一个事实都要打上问号：确有其事吗？确有其人吗？是不是编出来的，也许此人此事本就不存在？然后逐一查证。没有调查数据支持的绝对化表述，容易招致舆论质疑，所以应用文写作在使用“最”“所有”“一致”“全部”“第一”“个个”“人人”“家家户户”等词语时，要格外小心。

应用文所援引的信息，我们要根据最原始的文献材料进行核对，确认无误后，尽量原汁原味地加以转述。来自同一信息源的相异数据、差异表述，我们要谨慎辨别是非优劣。应用文中出现的观点、意见和结论，我们要过滤掉非理性因素，尽量处理成客观、清晰、准确的信息条目。

思考题：找一篇应用文，指出其所包含的模糊信息，并分析模糊信息可能造成的危害。

第三节　内容不当

应用文的内容不当问题，经常表现为以下几种情况：一是不合适的，所陈述的内容虽无碍人情事理律法，但会助长不良社会风气。二是不可行的，所陈述的内容在纸面上完全可以成立，但难以付诸实施，可执行性不强。三是不存在的，所陈述的内容将时过境迁的规则当成行事的依据。四是不合法的，所陈述的内容与现行的法律法规相抵触。

内容不当的应用文，经常会成为无效的空文。不违反法律法规，不挑衅合规性监管体制，不冒犯公序良俗，是应用文写作的底线。

>>> 案例分析

例1：有违时代新风的彩礼贷海报

2021年3月，××银行制作的一份彩礼贷宣传海报在网上流传。海报内容显示：“彩礼贷”最高可贷30万元，最长可贷一年，年利率为4.9%。海报上写明，申请者需为行政事业单位正式员工；贷款用途为新婚旅行、购车、购家电、购首饰等。海报面向公众发布，具有广泛的宣传效果，其中所叙述的内容不能违反公序良俗。结婚时花大钱送彩礼，不仅给当事人增加经济负担，而且会助长铺张的生活习惯，属于不良风俗。我国政府有关部门曾发布文件明确表示不应提倡。这份海报的舆情产生之后，××银行向社会道歉，对直接责任人作停职处理，对部门负责人给予记过处分，并对相关转发人员进行批评教育。由此可见，国家机关、企事业单位是践行社会责任的重要主体，发布应用文时不能为了部门利益而出现随顺旧风陋习、有违时代新风的内容。

例2：公厕苍蝇不能超过两只的卫生标准

2012年5月，××市市政市容委发布《××市主要行业公厕管理服务工作标准》。该标准规定：公厕卫生保洁3项控制指标分别为：废弃物不超过两个，废弃物停滞时间不超过30分钟，苍蝇不超过2只。其中要求苍蝇不超过2只，这一卫生标准看起来符合精确的数字管理要求，但苍蝇可以飞动，不仅做卫生清洁工作时不好控制，进行卫生检查时也不好清点。在实际管理过程中，"苍蝇不超过2只"这一要求的可操作性弱，因此在网络上遭到嘲讽。类似的例子还有2013年××市打响"除四害"三大战役，所公布文件中的除害要求包括：找人在建筑工地光着小腿静坐30分钟，仅限被蚊子咬一个包。无论花钱请，还是要求工作人员履责，让人静坐等待蚊子来咬，都是带有侮辱性的做法和提法，实际上也不便施行。这些都属于不具有可行性的内容。

例3：记者采访要先办理许可证？

2020年5月，《××县新闻媒体采访接待管理办法》发布，在网络上引发争议。该管理办法中有这样一个条款："新闻记者到我县采访时，由县委宣传部新闻宣传管理办公室验明其合法有效的记者证件后，向来访记者发放采访许可证。"行政许可证是否该由县委宣传部新闻宣传管理办公室发放，姑且不论。就这一条款的核心内容而言，其要求新闻记者到××县采访办理许可证，违反了新闻出版总署制定的《新闻记者证管理办法》："新闻记者持新闻记者证依法从事新闻采访活动受法律保护。各级人民政府及其职能部门、工作人员应为合法的新闻采访活动提供必要的便利和保障。任何组织或者个人不得干扰、阻挠新闻机构及其新闻记者合法的采访活动。"当然，出于涉密保密、采访人数限制等原因，行政部门可以为记者发放特定场合的采访许可证。但原阳县不分青红皂白，要求所有进入县境的记者获得当地发放的采访许可证，显然不妥。

例4：发文收缴已经废止两年的绿化费？

绿化费曾是我国一项行政事业性收费。1982年2月，国务院出台的《关于开展全民义务植树运动的实施办法》规定，对不履行植树义务的单位，收缴一定数额的绿化费。到2013年，财政部和发改委下发通知，于当年8月1日起全国统一停止征收绿化费。

在该项收费废止两年之后，××县绿化委员会办公室仍在2015年10月29日以红头文件形式的下发《关于尽快缴纳义务植树绿化费的通知》。该通知显示，××县各行政、事业单位每人每年征收绿化费50元，各企业单位每人每年30元。《通知》要求各单位在11月20日前全部缴清，未按期限足额缴纳的单位将在全县范围内进行通报。由于于法失据，这样的收费显然属于违规行为。这份征收绿化费的通知，内容应被判定为无效。由内容无效引发相关问题，造成不良社会影响，应由发布单位负责承担后果。

解决方法：常用应用文的内容要素主要有事、凭、释、法四种。其中“事”这一要素，主要说明“所为何事”，行文时必不可少。“凭”，指行事的根据要切实。“释”，指对行事的意义、过程、目标、预期效果要描述清楚。“法”，指做事的方法、监督的方法、检测的方法要与行事过程、既定目标相匹配。写作应用文时，如果能在事、凭、释、法四大要素方面认真调研和推敲，一般就可以避免出现“内容不当”的问题。

思考题：请比较应用文叙述与故事文本叙述的同异。

第四节　知识性错误

知识性错误，一般指文章或者出版物中出现常识性的或专门知识方面的错误。应用文中有关知识的表述必须真实准确，这是我们必须恪守的一项基本原则。审读应用文和审读其他出版物一样，要注意甄别知识性错误。应用文中容易出现的错误包括：主权知识错误、历史知识错误、地理知识错误、数学知识错误、语文知识错误、常识错误。还有一种错误，是面对相关知识的不同说法，做了一种错误的选择。当这种选择性的知识错误涉及学术分歧时，问题就会变得比较复杂。

>>> 案例分析

例1：四川重庆市、湖北张家界

××市新型冠状病毒感染肺炎疫情联防联控工作指挥部2021年7月29日发布通知，将“湖南省张家界”误写成“湖北省张家界”，引发舆情。次日，该指挥部发布《致歉信》，向湖北省、湖南省和广大网民致歉。2021年7月30日，吉林省××开发区管理委员会发布一则人员疫情排查管控工作的公告，标题以及内文均将重庆市江津区误写成“四川省重庆市江津区”。8月2日，吉林省××开发区新冠肺炎疫情防控工作领导小组办公室发布致歉信，称“向重庆市、四川省和广大网民诚恳致歉”，并宣称：“我办将认真吸取教训，进一步严格公文审批流程，确保此类错误不再发生。”而某足球协会发布的通知，则说某新规则自2020年6月31日开始执行。6月没有31号，是小学阶段就被要求牢记的知识。

类似的知识记忆问题是很容易避免的。我们不能仅凭自己的印象和经验拟稿，还要在知识精准度方面逐条进行推敲和查验。

例2：联合国世界气候评估报告中出现的知识错误

联合国政府间气候变化专门委员会（IPCC）出版的第4次评估报告《气候变化2007》获得了诺贝尔和平奖，被人们视为关于气候问题的“圣经”。但这份评估报告在论述喜马拉雅山冰川的章节，出现了不符合知识规范的错误。《报告》说，那里的冰川将于2035年前消融（实际应为2350年）。相关知识最早由俄罗斯水文学家科特利亚科夫于1996年撰文指出：到2350年，世界上50万平方公里的冰川将会缩减到10万平方公里。1999年6月5日，英国《新科学家》杂志介绍了印度冰川学家哈斯南研究观点：到2035年，喜马拉雅山中部和东部的冰峰将会融化，但哈斯南否认他曾下过这样的论断。《气候变化2007》相关章节的撰写者引用英国《新科学家》杂志介绍的观点，而没有顾及科特利亚科夫的研究。世界著名冰川专家奥地利因斯布鲁克大学的卡泽尔教授在审稿时对此做了明确提醒，但他的意见被忽视。最后这个问题暴露，IPCC就喜马拉雅冰川融化时间的错误正式公开道歉。这造成人们对IPCC产生怀疑，使一个著名国际组织的公信力大打折扣。

在应用文写作过程中，撰稿者如果注重引用学术观点，事理贯以学理，行文会更有说服力。但应用文写作在援引学术观点时，要注意剔除那些不够正确、不够恰当和已经过时的资料和研究成果。

解决方法：想要排除应用文中的知识性错误，一般先从消息来源查起，看出处是否权威可靠。在关键环节、关键材料、关键证据、关键词语上，数据来源不清楚和不准确，是造成失实的“关键所在”和“隐患所在”。像“据悉”“据透露”“据认为”“坊间称”等，都不算确切的消息来源。应用文中列举的事实或言论，都要求有确切的出处。使用既有资料作新闻来源的情况并不罕见，但资料要力求新鲜、权威和可靠。

将新闻出版部门出台的相关规定、《新华社新闻报道禁用词》等文件和常用词典放置案头，作为应用文写作的重要参阅资料，以防触犯知识禁忌。对于一般的知识，在写作或审阅应用文时用红笔圈定，通过工具书或网络途径进行比对即可。对于难辨是非的学术性知识，最好向内行的专业学者进行咨询。

思考题：思考和讨论，如何避免和减少应用文写作中的知识性错误？

第五节　语体风格不宜

语体，指在特定写作环境中形成的具有较为固定表达特点和规范的语言文字体式。应用文文种或由国家相关机构确定格式和属性，或为人们在日常工作、学习和生活过程中约定俗成，一般而言具有相对固定的语体风格。出于应用场景的要求，不同文种应用文的语体风格具有差异性，但在用语准确规范、表达严谨理性方面，要求是基本一致的。遵守相应文种的语体风格，在应用文写作过程中并非易事。

>>> 案例分析

例1："迁移关公塑像"的通知

× × 市 城 市 综 合 管 理 局
关于限期迁移关公塑像的通知

××山旅游有限公司：

据调查，贵公司在××山顶塑造了一尊关公造像，以傲视万夫的姿态俯视×城，我局认为甚为不妥：

1. 关公为英雄，应进庙受万民膜拜，不宜暴露于室外。

2. ×城为××市核心地区，党政财军民各部门俱在此地，以一武财神傲视所有党政机关，有失君行。

有鉴于此，请以自检自律的态度从速迁移关公塑像至屋内，时间为一个月，逾期将遭天谴人责并承担一切责任。

××市城市综合管理局（代章）
2010年4月14日

这份发给被管理单位的通知，列举了两条"迁移关公塑像"的理由，但都不能成立。作为公文，提出关公像不能暴露于室外，要列举法律条文或行政条文作为依据，仅凭"关公为英雄，应进庙受万民膜拜"这样一个随顺世俗的观点，没有说服力。至于说"武神"不能傲视党政机关，如果公文是基于认真的态度去说，就涉嫌迷信鬼神和风水；如果是基于幽默的立场说，则有违公文的严肃性。此外，正如舆情所指出的，"有失君行"含义不清晰。还有"天谴人责"，也有夸大其词的嫌疑。整篇通知的问题归结为一点，是缺乏理性，没有体现公文用语应有的严谨性。

例2：百年校庆通告用文言文不当弄巧成拙

在我国，大学校庆公告属于现代应用文，同样要求用规范的汉语白话文，将意思表达得清楚、简单、明白。但校庆又有很强的礼仪性和文化感，在实际操作过程中，许多校庆公告又会进行适度的感情渲染和文字润色，如果尺度把握不好，就会造成行文风格不当的问题。例如某校发布100周年校庆第一号公告，可能是为了突出百年老校的尊崇地位，而力求措辞典雅，多处间杂使用文言文，有好几处直接引用了文言语录。最后造成百年校庆公告文白夹杂，语态杂糅，读起来不文不白，不仅语感艰涩，而且意思混杂不清。在读者发文列举出其行文问题后，负面舆情出现，该校因此撤销原公告另行起草。而在该校百年校庆致海内外校友的一封信中，又出现这样的内容："一年为期，错峰返校，相见不恨晚；天南地北，线上线下，情谊分外浓。"这里或者用规范的对联，或者干脆不用，没有必要用类对联的不规范语态。成语"相见恨晚"一般指第一次见面。用"相见不恨晚"来指示校友相互之间、校友与母校的又一次相会，是不恰当的。这提醒我们，在应用文写作时使用文言文，要特别慎重。

解决办法：拟制应用文，要先做一些准备工作，才能较好把握行文的语体风格：一是，即使比较熟悉，也要拿出教科书，再次复习该文种的基本格式和行文要求。二是，找5—10篇场景类似的权威性、典范性的例文作为参照，体会其共同的语体风格和不同的风格变化。三是，如果产生了要在行文语体风格上有所突破的想法，首先要反思这是不是必要的；其次要向专业人士咨询，这是不是可行的。

思考题：阅读并翻译曹丕《典论·论文》有关文体风格的论述，谈谈其对现代应用文写作的意义。

第六节　公文滥用

公文是法定机关或其他社会组织在公务活动中所发布的具有行政效力的规范文体。公文为完成特定政务和事务而拟制和发布，但不能偏离"因公"这个主旨。如果不能正确地辨识何为公、何为私，就容易出现公文滥用的问题。

红头文件是比较重要的公文。"红头文件"不是法律用语，各级党政机关颁布的规范性文件，因其标题颜色为红色，俗称红头文件。党政机关通过颁布红头文件实施公共事务管理，形成于解放初期，是在法律法规不完备的情形下以政代法的过渡性手段。之后形成惯例，党政机关常以发布红头文件的方式行使公共管理职能。从行政文化角度看，红头文件标示着权威性，尤其不能滥用乱用。

>>> 案例分析

例1：为杏鲍菇炒肉无肉问题发布通报

通报是表彰先进、批评错误、传达重要情况所使用的公文。通报虽然应用范围很广，但也不是说逢事皆可用的。2014年8月，××镇纪委发红头文件，批评机关食堂饭菜中肉少。文件称："近期，不少干部反映机关食堂饭菜放肉较少，没有营养，尤其是8月8日中午的杏鲍菇炒肉几乎没有肉。经研究，决定对食堂管理人员进行通报批评并处以罚金。"这份通报显然属于批评错误类型的，但用得不够妥当：1. 从政府公务的角度看，"杏鲍菇炒肉无肉"不是重要情况；2. 批评食堂里"杏鲍菇炒肉无肉"问题，不具有普遍的教育意义。像这种情况不必发公文加以通报。

例2：为照顾本部门孩子上学发公务函

2013年，网上传出"中共××市委宣传部办公室关于×××就读××中学的函"。公函内容为："××区教育局：我部同志×××的（孩子）×××今年6月小学毕业，准备到××中学就读初中，请贵局妥善安排为谢。"舆情出现后，发文单位回应称：该职工于2008年从××县调到市委宣传部工作已5年时间，其丈夫也在××市区工作。为了兼顾工作和家庭，今年特将其小学毕业的女儿从××中学转到××中学就读。按照就近入学原则，该职工居住的阳光新城一号小区也属××中学学区，所以以宣传部办公室名义向××区教育局发函证明该职工工作单位和女儿的实际情况。像这种情况，中共××市委宣传部办公室本应开出个人情况证明函，实际上开具的是公务办理函，看起来只是公文文种应用不当，但从字面上理解，确实涉嫌"公权私用"的问题。

例3：发红头文件为民间评奖拉票

2011年7月27日，××省××县县委宣传部发出红头文件《关于组织为全国教育改革创新管理奖候选人×××投票的紧急通知》。通知中写道："目前，我县×××排在第三位，请各地各单位高度重视，在接下来的4天里，安排专人负责组织投票，其中，网络投票，各乡镇不得少于200票，县直单位不得少于20票。"这份通知里提到的评选"全国教育改革创新奖"，并非上级政府行为，而是由媒体组织的民间评奖活动。首先，从行政管理的角度看，××县教育局局长×××参与这个项目的评奖，属于个人行为，不属于××县党政机关工作范围，为此发布拉票通知，没有行政根据。其次，地方政府发红头文件硬性规定为个人参选设立投票指标甚至纳入单位考核，不仅会助长民间奖项评选拉票刷票的不良风气，而且涉嫌为私人谋取名利而滥用公权。

例4：发红头文件为嫌犯请求取保候审

2014年，网帖曝光《中共××县县委/××县人民政府关于请求对×××涉嫌非法经营刑事拘留取保候审的请示》。这份发给××市委政法委的文件显示，2012年11月2日，××市公安局经侦支队根据举报，从××县国藩工矿、中电机械、湘中农科董事长×××家中起获象牙25根，共计172公斤，随后，经侦支队以涉嫌非法经营罪对×××实施了刑事拘留。之后，中共××县县委、双峰县人民政府向××市委政法委递交这份"请示"，请求将已遭逮捕的×××取保候审，理由是如果不放人，会影响企业发展。

这份请示属于无效公文。虽然公安机关对是否可以取保候审具有自由裁量权，但法律规定有一些情况属于不可取保候审类型。在上述案件中，犯罪嫌疑人犯罪事实清楚，犯罪证据确凿，可以判处十年以上有期徒刑，属于不可取保候审之类。由于不符合法律规定，上述“请示”显然可以归为滥用公文的情况。

解决办法：拟制公文前要反复斟酌，所涉及的政务或事务能否以其他方式进行布置。在公务处理效果基本相同的情况下，应坚持能不发公文尽量不发公文的原则，以维护公文的严肃性和重要性。拟制公文时，要对任何谋私的心理动机和可能妨碍公共属性的利益立场提出质疑，以保证文稿是完全用于公务的。

思考题：请找出一个你认为有问题的“红头文件”，并给出你的分析。

第七节　应用文写作态度不端正

对于单位专职的应用文写作者而言，由于工作任务重，写作时间紧，工作内容具有程序化和重复性的特点，容易产生写作倦怠心理。各单位的专业技术人员，出于工作需要，也难免要写应用文，但多数人缺乏应用文写作的素养和技能，容易产生畏难心理。至于故意设置应用文错误，以追求特定的宣传效应，也是全媒体时代的一种新型写作心态。由于现代社会网络信息发达，写作资源丰富，加上应用文写作领域并不排斥“套用”“借用”这一工作方法，不少工作人员就会因为投机取巧，而搞出劣质应用文。应用文写作能体现职能部门的政策理论水平，需结合本地实际，因地制宜，公文抄袭、公文外包等不良行径，最终会损害责任主体的形象。

>>> 案例分析

例1：公文外包问题

前些年，政府提倡公共服务外包，于是有些部门连公文写作也实行外包。《湖北日报》一则报道披露，2018年12月，×××镇中心卫生院党支部会议通过了一项“集体”决议——“请知名作家来撰写工作总结，让卫生院外宣工作上新台阶”。于是，在×××镇中心卫生院与××书院共同签署的“宣传业务合同书”中，出现了“××书院安排知名作家为×××镇卫生院撰写党建工作总结、党风廉政建设年终总结、精准扶贫工作年终总结……”等条款。该事件被媒体曝光之后，×××镇纪委对相关负责人给予党内警告处分。

工作总结（年终总结）是相关部门对特定时期工作的回顾反省，是总结经验、推动落实工作的重要存档文件。工作总结（年终总结）的写作，要求以切实的工作材料为基础，并作出具有思想高度的观点提炼，所以要由深入了解部门运作情况、全面参与部门实际工作的人员去写。作家，主要从事虚构性质的文学创作，并不一定擅长撰写工作总结。而且部门之外的作家，对部门情况不熟悉，在处理材料和提炼观点方面也难以把握要点。所以上述单位将公文写作外包给作家，反映了“怕写工作总结（年终总结）”和“不觉得工作总结（年终总结）有多么重要”的态度。

例2：公文套用问题

由于同一文种格式相同，写法相近，应用文的写作普遍存在套用现象。好的套用，是以参考借鉴为宗旨，而以阐述本职工作为立足点和主要内容。但马虎的套用，就难免露出抄袭的马脚。2009年，网友发现在“中国消防在线”网站上，河南省××市消防支队与河南漯河市消防支队的宣传稿件如出一辙，1000多字有800余字内容相同。××市消防支队的宣传稿件在简述“××市副市长”的讲话中，竟出现了“构建和谐平安漯河”这样的字眼。“××市构建和谐平安漯河”，在网络上一时传为笑谈。同一年，河北省××市××区也上演了同样的宣传文稿闹剧，××区区委宣传部副部长的署名文章《打造邯郸“首善之区”》，与山东省青岛市市南区的政府文件除了地区名和人名之外，几乎一字不差，网民以“邯郸学步”对此加以嘲讽。上述公文套用暴露出的抄袭问题，其实源于不良的写作心态，即撰稿部门可能认为其没有实在意义，是可有可无的，所以在行动上表现为敷衍了事。

例3：公文别有用意的问题

2020年11月，在微信朋友圈、新浪微博等多个网络平台上流传广西××县人民政府办公室文件截图，标题为：“××县人民政府办公室关于成立《武则天她妈在×州》历史文化研究工作组的通知”。从网络舆情看，对该通知的负面评价主要有两点：1. 武则天的母亲在历史上并没有可称道之处，这样的研究有无现实意义？要不要开展？2. 研究会的名称“武则天她妈在×州”在表述上不够文雅。严格地说，由于名称是事先讨论确定的，这两点都不是拟稿部门的问题。但“武则天她妈在×州”这一短语与公文严肃雅正的文风不协调，撰稿部门是可以及时提醒和加以申辩的。

另一个值得商榷的问题是，××县人民政府办公室成立上述历史文化研究工作组，主要用意是借此推动当地文化旅游事业的发展。“武则天她妈在×州”作为研究会的名称，其存在的问题一目了然。通知发布后会引发舆情，有关人士不可能没有评估。明知故犯，显然有关方面想借这份通知达到广告的宣传效果，使大众广泛知晓“武则天的母亲是×州人”，从而提高××县文化旅游事业的知名度。应用文的写作，就事论事是一个重要的原则。这种偏离主题别有用意的写法，不符合应用文规范，不能提倡。

解决办法：一是，故意展示文采、别有用意等，在应用文写作层面属于非必要因素，要尽量消减。二是，要谨记应用文写作套用的是基本格式、写作方法和表述方式，文字内容的大比例重复属于抄袭行为。三是，应用文的写作主体应为文稿的责任主体，杜绝非责任主体承担写作任务。

思考题： 阅读和学习2018年国务院《关于全面推行行政规范性文件合法性审核机制的指导意见》，说说其在端正公文写作态度方面的意义。

第八节 其他容易出现的问题

应用文种类繁多，数量庞大，涉及面广，写作场景丰富复杂。从单篇文稿的拟制看，应用文写作通过反复斟酌、修改和调整，一般情况下能达到规范完善。但从应用文写作的全局看，出现错误无可避免，而出错的原因则五花八门。有些文字表述之外的内容，在应用文写作过程中很容易被忽视，如标点符号的错误、图片的配插、语句的排列方式等，都有可能引发舆情，对此要保持警觉。

>>> 案例分析

例1：表述不清的公文通知

2020年1月，河北省邯郸市××县下发《关于加强对大灶蒸馒头、炸丸子等燃烧木材、劣质散煤开展巡查的通知》，其中写道："临近春节，为更好地维护××县空气质量指数，确保打赢大气污染首季攻坚战，请各乡镇立即组织安排对各村禁止燃烧木柴、劣质散煤，蒸馒头、炸丸子行为开展宣传、巡查工作。县空指中心、生态环境分局、县市场监管局近期将组成联合督导组，对各乡镇大灶蒸馒头、炸丸子等燃烧木材、劣质散煤情况进行督导，督导过程中发现一例曝光一例，对未开展宣传且发现问题较多的乡镇，在县政府工作群内通报批评并追究相关网格化责任人员责任。"由于文中"对各村禁止燃烧木柴、劣质散煤，蒸馒头、炸丸子行为开展宣传、巡查工作"这一句，标点运用不当、表意含混，容易使人误解为"禁止蒸馒头、炸丸子"，以致造成舆情。最后，××县空气质量保障应急指挥中心负责人不得不出面解释：通知主题是禁燃木材、劣质散煤，并非禁止大灶蒸馒头、炸丸子。群众过春节蒸、煮、炸使用天然气、煤气、洁净煤都是允许的。这说明，应用文的写作，哪怕一个标点符号的错用都不是小事。

例2：有歧义的宣传标语

2019年1月，为了营造广泛动员群众、严厉打击传销的氛围，××市××公安分局、××工商分局联合在某小区悬挂"指望传销致富 生活没有出路"的宣传标语。之后，不少网友晒出这一条反传销标语并指出：由于标语是竖排，从右往左读没有问题。但如果从左往右去读，就会变成“生活没有出路，指望传销致富”，那不就是鼓励大家参与传销的违法标语了？得知相关舆情后，相关方面及时回应，指出该标语采用了不符合现代阅读习惯的竖式排版，容易产生歧义，对此深表歉意。同时，相关部门对该宣传标语版式进行了整改，并对辖区其他宣传内容进行全面检查，避免出现同类问题。宣传标语虽然文字内容少，也算是应用文的一种类型。从这一案例看，版式问题也是应用文写作不可忽略的检查内容。

例3：英国《卫报》新闻配发不当图片

2021年2月，英国《卫报》有这样的报道：一架原计划飞往美国纽约的LGT5504航班货机在荷兰马斯特里赫特机场起飞后不久，发动机出现问题，在荷兰南部小镇梅尔森上空散落了许多小金属部件，造成一名妇女受伤，同时造成多辆汽车、房子受损。该货机隶属在百慕大注册的长尾航空公司，是一架波音747-400货机。报道称，荷兰当局正在对这一事件进行调查。报道的文字内容没有问题，但随文配发一张带有中国国际货运航空公司标识的飞机图片，图中可以很清晰地看见“中国国际货运航空”以及“Air China Cargo”字样。显然，该报道使用图片不当，有不同国家的网友指出这一错误。24日，中国驻英国使馆发言人答记者问时表示，有关报道错误配发带有中国国际航空公司标识的新闻图片，对中国企业形象造成负面影响，对读者造成误导，是典型的不负责任的失实报道。在相关舆论压力下，《卫报》更换配图，更换后配图中的飞机已看不出国别及航空公司的标识。新闻消息报道是被广泛使用的应用文种，随着网络信息工具的普及，类似于新闻报道的网络推文大量出现，而且大多采用图文相配的发表形式。英国《卫报》的低级错误提醒我们，相关配图是应用文写作的有机构成，要慎重选配并进行严格审定。

解决办法： 在同一部门工作的应用文拟制者，包括拟稿人和审阅者，有时会因为思维习惯、工作习惯和写作习惯类似，而对文稿中出现的简单错误难以发现，但文件发布后读者却能一目了然。所以在应用文拟制过程中，如果不涉嫌泄密，请部门外、系统外的相关人员把把关、提提意见很有必要。当然，最好能找到喜欢咬文嚼字的人对文稿进行审阅，这对消除不太常见的错误会有很大帮助。

思考题： 阅读下列文献：1. 党政机关公文处理工作条例；2. 出版物上数字用法；3. 标点符号用法；4. 《中华人民共和国国家通用语言文字法》。

下编

应用文写作教学示例

第九章　公文写作流程示例

公文写作是在一定流程中展开的，有特定的场景要求。公文写作的课堂训练，不仅让学生学习字、词、句和格式的运用，还要通过情境模仿让学生体验相关流程与场景，使课堂训练成为具有实效性的演习活动。以下对公文写作的流程做简要描述，并提供上行文、平行文与下行文各一篇，作为公文写作流程与场景的示例。

第一节　公文的拟制、办理、管理及归档

公文具有领导指挥、协调部署、推动落实的重要功能，在解决机关单位工作中存在的问题和推动相关工作落实、沟通信息方面，发挥着重要作用。公文的运行效率，能反映管理人员思想政治素质、专业能力、业务水平以及沟通协调推动工作的效率，是一个单位组织文化建设的重要内容。公文在实际应用之前的流程，包括公文拟制、公文办理、公文管理和公文归档等环节。从拟制、办理、管理到归档，有一个完整的工作链条。一个单位（机构）的公文，在办理过程中一般会有该单位（机构）的多个部门人员参与。公文办理是一个闭环的管理流程，要求科学化、规范化、制度化。如果这个管理模式出现问题或者脱节，就会极大影响组织机构的影响力、领导力、推动力，甚至对一个组织履行职责、解决问题造成困难。

一、决定公文办理质量的因素

1. 是否有一个高度重视办理公文的领导机构。现代组织机构在管理上要求法制化和信息化。公文办理自然要体现法制化和信息化的特点。一个单位的领导如果重视公文办理，懂得用公文来领导和推动工作，就能在信息万变、信息繁杂的世界中提高工作效率。反之，工作效率必然会大打折扣，甚至影响组织机构的决策运行。

2. 是否有一个熟悉业务的工作团队。公文办理仅仅领导重视还远远不够，将相能指

挥，下属无本事打仗，战斗也不能取得胜利。一个单位要有一支能开展公文办理的团队。这个团队需要有专业精神和专业能力，熟悉组织的话语体系，掌握组织的业务，有较高的文字驾驭能力、过硬的笔力。

3. 是否有一套完整的可检验的办文机制。公文不是一写了之，其目的在于推动工作，使问题得到解决。那么，检验公文能否发挥作用或者是否有效正确，必须有一整套完善的检验制度。这个制度要有人负责督办，有信息收集反馈的渠道，有可矫正的办法和途径等。公文办理检验制度要实实在在，可操作性强，责任边界清晰，能发挥作用。有的单位公文签发后，一发了之，没有人去了解这个公文是否发到具体的部门单位，无法知道对方是否接收了公文，也不明确对方信息报送反馈的时限。公文发出前，是否实行了“三校”制度也没有明确。公文的效用处于无法评估的状态，这对提高单位的行政效率是很不利的。

4. 是否有一个时刻检查追查的反馈机制。制定有效督察、评估和反馈机制，确保决策得到落实。公文发出后仅仅完成了工作的一半，反馈这个后半段才是最重要的。我们在发出公文后，往往要了解其是否发挥了作用，对方是否按照公文的意思执行，这就需要有一个反馈的机制。检查制度确保公文能够顺利发出，精准传达到应该发放的对象。反馈机制确保发出单位掌握公文发出后是否有效果。

二、公文拟制

拟制是公文处理的第一个步骤和第一道程序，具有四梁八柱、定向定调的作用。公文拟制是一个动笔的环节，要把笔动好，一定要做好几个准备工作。一是收集材料，开展调查研究。公文拟制下笔前，拟制者要胸有成竹，明了要解决哪些问题，传递哪些信息。这就需要精心全面收集材料。材料收集齐全，就能掌握情况和问题。如果条件允许，要开展认真细致的调查研究，就某个问题进行调研，收集信息，掌握情况。二是构思设想，谋篇布局。拟制者通过收集相关材料或开展调查研究掌握情况后，就要进行谋篇布局，想好写什么，从哪里开始下笔。整篇文稿要解决哪些问题，涵盖哪些内容。古人说，文贵有法，但文无定法。两者是一个辩证的过程，并不矛盾。在构思设想、谋篇布局中，拟制者要考虑选用什么文种，如何开头。每个文种都有一定的模式，每个模式是约定俗成的，虽有细节变化，但是总体框架是不变的。这就是文贵有法的表现。文无定法，就是拟制者不能完全局限于已有的模式和形式。写文章是表达思想、沟通信息、交流情感、解决问题，只要能够通过文字达到这个目标，实现这个目的，就不能被固有的模式所局限。三是动笔撰写，付诸文字。只有把思想和设想付诸文字，才能算是工作真正启动。公文注重政治性、政策性，隐含着道义。公文可以先写好提纲，再写内文。提纲起到统领的作用，思维有时候会出现变化波动，影响用词、表达。把提纲确定后，即使他人负责写相关内容，也不会失之毫厘、差之千里。拟好提纲框架后，写进去的内容甚至可以采取填充的方式开展工作。公文语言应简明扼要，观点鲜明。四是修改增删，校对订正。公文写作部门人员经常说：文章是修改好的，不是写好的。一气呵成是存在的，但那是散文小说、诗词歌赋。公文拟制需要精益求精，字斟句酌。公文用词需要严谨庄重，简洁精准。只有不断修改增删、订正校对才能达到这样的标准。一篇好的公文，应能体现先进的思想理念、正确的政治导向和向善济世的道德伦理，与习近平新时代中国特色社会主义思想相契合。五是把关签发，履行责任。公文为公而写，具有领导指挥、推动协调、提出要求的行政效果。公文签发体现集体和个人的责任，不能一个人说了算，应该是每个环节都有人负责。因此，公文拟好后要严格遵守报审程序，让每个环节的负责人员把好关，切实履行职责。

三、公文办理

公文签发程序完成后，要进行打印装订，然后向相应对象发出。大家都希望公文越快发出越好，但是往往在发出过程中出现意外。如有的找不到接收对象的确切地址和联系方式，或者发文单位没有人专门负责发文。因此在公文办理过程中，就应该把文件印好、装订好，检查是否装订颠倒，是否出现漏页、错页；检查核实收文对象的名称是否规范、齐全，联系方式是否准确，检查发出渠道是否通畅。这样公文办理就需要建立一个封闭的管理制度。明确谁负责办理，指定谁负责接收。有的部门人员工作任务分工不清楚，责任心不强，公文办理错漏百出，如装订出现错漏，发出对象出现遗漏，或者文件发出，接收单位却无法收到，甚至收到时文件已经过期，这些都是需要注意避免的。还有一个需要注意的问题，现在纸质文件往往通过传真方式传递，因此相关人员要检查传真设备是否完好；要检查文件是否存在密级，并严格按照密级进行传输。文件传输过程中因密级管理不善导致泄密，是要追究法律责任的。

四、公文管理

在一些公文写作教程中，有的把公文管理和归档归为一类。这是把公文管理简单化了。公文处理过程中，一个很重要的环节就是公文管理。公文办理的环节是发出环节，即把文件装订好，按照对象和渠道发出。但这仅仅是完成了公文办理的一个正常程序，还有一个关键环节是公文管理。公文管理就是公文发出后，领导机关或者发文单位采取督导检查方式推动公文得到落实，收文单位按照公文内容去执行。公文发出单位一般要在公文发出后，安排专门人员，组成检查督导组或者指导组开展督办活动。有的部门开展网络行为的督导，对信息进行反馈。公文督导检查，既要检查公文是否收到，相关收文部门是否在认真落实，也要检查公文提出的要求是否符合当地的实际，公文是否起到推动问题解决的作用。公文发出并进行督导后，收文单位往往会将解决的问题、推动的工作进行书面反馈，即用公文的形式反馈信息。上述公文管理出现在督导检查之后，发文部门要对报送的信息进行收集归类整理，进行研判，为下一次公文处理提供确切的依据。如此往返，公文就能在运行中发挥生命力和效用。

五、公文归档

公文归档就是在发出的文件完成使命和作用后，对其进行系统整理，保存备查。随着现代化信息手段不断完善，文件储存一般同时采取两种方式：一是纸质文件储存，二是电子信息储存。两者储存需要同时进行，不能简化或者偷工减料。文件储存要采取图书馆式的检索储存，有安全可靠的场地，有专门人员管理。文件办理进入储存环节后，要在文件首页标明保存期限，如“十年”“二十年”“三十年”或者“长期保存”的字样。一般来说，文件储存按照年月和文种进行归类，再存入档案室，储存标签应醒目规范，以便于检索查阅。电子储存归档也照此规则进行办理。文件归档后，就成为借阅和复印的对象。归档后，再次借阅或者复印，或者抽取原件，一定要进行登记，载明借阅人、借阅用途或者目的、借阅时间、归还时间、审核人。有的管理人员粗心大意，将这些环节遗漏，会造成文件丢失，甚至造成不可估量的损失。文件借阅出去后，不注意后续的管理，也是工作上的失误。文件借阅出去（包括借出查看、复印、原件拿去验证等），借阅人要填写借阅单，借阅单专门存放。文件归还后审核人要填写归还信息。这样追踪溯源，一环紧扣一环，文件就可以得到长久保存。

公文写作，主要指在公文拟制环节创建文本的活动。严格地说，公文办理、公文管理和公文归档不牵涉公文写作的范畴，但完整了解这一流程，对于我们正确认识公文写作的严肃性和重要性，是非常必要的。

第二节　公文写作流程图

公文写作由多个拟制环节组成，大致包括文稿初拟、出具修改意见、文稿修改、文稿校对、格式完善等。谁拟初稿、谁审核后同意报送、谁提出修改意见、谁执行修改、谁同意签发、谁校对并进行格式完善，都要通过发文稿的形式记录在案并存档，以示各负其责。公文不是某一个人或某几个人的成果，严格而言没有作者这个说法，所有在发文稿中签字的责任人都是相对应公文的写作参与者。正常情况下，公文要经过特定的公务流程，经过多人反复调整修改才能完成。公文拟制的参与者深入了解写作流程，谨慎履行各自的职责，对形成高质量的公文至关重要。这里我们提供一份“发文流程图”（图9–1），并结合某单位的实际情况进行讲解，以便大家准确理解公文写作在公务流程中不断完善的过程。

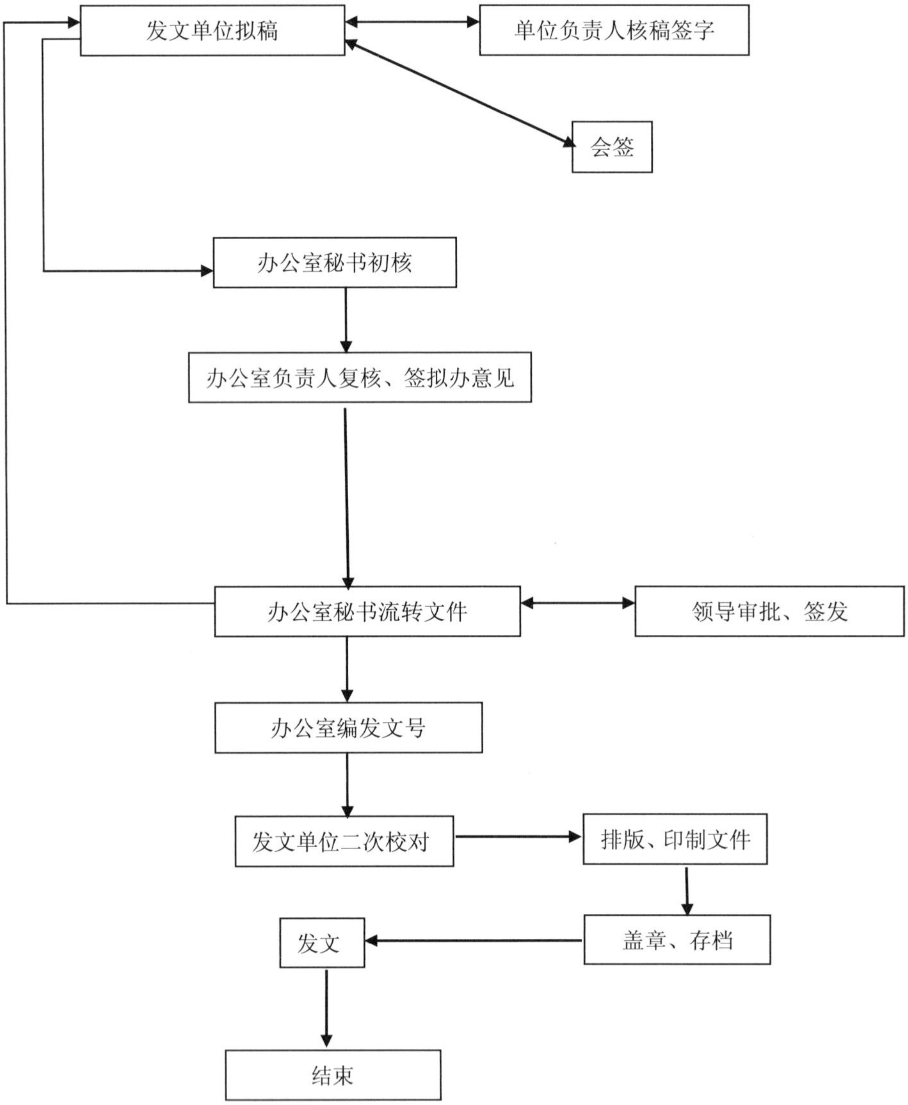

图9-1　发文流程图

比如，上述发文流程中需要发文的单位是某大学中国画学院，拟文内容涉及学生处，因此由中国画学院相关人员拟初稿，中国画学院和学生处领导审阅后提出修改意见。拟稿人员根据意见修改后，中国画学院和学生处领导签字表示认可，之后报送学校办公室。学校办公室秘书审核并根据相关要求对格式等加以修改，交学校办公室领导审阅。学校办公室领导复核认可后，根据文稿的性质和内容，签字指示报送哪位（些）学校领导。学校领导审阅后提出修改意见，由办公室转交发文单位，发文单位根据意见进行修改。学校领导认可后签署审批意见，同意发文。之后由学校办公室编发文号，进行多次校对。校对后的文件付诸排版、印制，确认无误后加盖发文单位公章，文件生效，至此该公文写作过程结束。

第三节　上行文写作教学示例*

上行文写作流程与场景展示：

××××大学关于举办2019中国—东盟艺术院校校长圆桌会议的请示

● 任务

2019中国—东盟艺术院校校长圆桌会议定于2019年10月在××××大学举办，根据办会要求，须向主管部门教育厅请示举办本次会议的有关事项。

● 拟稿

1. 主办部门国际交流处的工作人员A主要负责本次会议的会务，他向有关领导请示，确定了会议的主题、时间、地点、参加人员、目的、意义等信息，拟写了初稿，并在空白发文稿中填写发文标题、主送单位，在拟稿人处签名并署上日期。

● 核稿

2. 工作人员A把发文稿和初稿交部门负责人K审阅，部门负责人K对初稿进行修改，形成过程稿1。

3. 工作人员A根据部门负责人K意见，誊清为过程稿2。

4. 部门负责人K审核过程稿2，表示认可，在发文稿上签署核稿意见“已核”，并签名、署日期。

● 流转

5. 工作人员A将发文稿和过程稿2交给学校办公室，以流转文件。

6. 办公室秘书L收到文件后，登记、办文，登记的内容包括来文单位、办文联系人、公文标题等。

7. 办公室秘书L审核语言是否通顺、标点是否正确，从公文规范性角度对文稿的一些明显错漏进行修订，如：为会议名称加上双引号，文末加上“妥否？请批示”等字样，形成过程稿3，并将发文稿和过程稿3呈递办公室主任审阅。

8. 办公室主任Y审阅文稿，认为没有问题，在发文稿上签署拟办意见“请Z校长、H副校长阅示”，并签名、署日期。

* 说明：根据编写要求，这里出现的公文拟稿、发文稿、成稿和公布稿都有实际依据。出于课堂教学需要，我们对相关内容进行了适当调整。

● 签发

9. 办公室秘书L把发文稿和过程稿3先呈递给H副校长审阅，H副校长在过程稿3上提出修改意见，形成过程稿4，并在发文稿上签批“请按要求修改”。

10. 办公室秘书L根据H副校长意见，整理誊清为过程稿5。

11. 办公室秘书L把发文稿和过程稿5再次呈递给H副校长审定，H副校长审阅后，认为没有问题，在发文稿上签发意见“拟同意”。

12. 办公室秘书L把发文稿和过程稿5呈递给Z校长审阅，Z校长提出修改意见，形成过程稿6，并在发文稿上签批“请按要求修改”。

13. 办公室秘书L根据Z校长意见，再次整理誊清为过程稿7。

14. 办公室秘书L再把发文稿和过程稿7呈递给Z校长审定，Z校长认为没问题，签发意见为“同意上报”（过程稿7）。

● 编号

15. 办公室秘书L根据文件性质编发文号为××政报〔2019〕×号，填写入发文稿，并将办好的文件（发文稿以及相关过程稿）转回给工作人员A。

● 校对

16. 国际交流处另一名工作人员B仔细校对签发的稿件，检查错漏，提醒加上部门负责人K的联系方式，形成定稿，并在发文稿的校对处签名。

17. 考虑到要送出正式文件1份，学校存档2份，部门存档2份，再预备1份，那么总共要印制6份，工作人员A在发文稿中填入文件印制份数“6份”，交给文印室印制文件。

● 印文

18. 文印室根据办公室编发的文号及定稿，按照公文规定格式，套用“大红头”稿纸印制文件。

● 盖章

19. 工作人员A从文印室取来印制好的文件，将其送往机要室盖章。

20. 工作人员A把1份盖章的红头文件放入信封中，写上“××省教育厅（收）”，封闭后交给学校机要室的同志，通过机要交换程序送往教育厅。

● 存档

21. 工作人员A将发文稿、红头文件一式两份以及其他相关文稿存在机要室等相关部门，年底统一移交给档案室。

● 追踪

22. 文件送出2天后，工作人员A与学校负责文件交换工作的机要室同志及教育厅办公室同志确认，是否收到该件。

初拟稿：

××××大学关于举办2019中国—东盟艺术院校校长圆桌会议的请示

××省教育厅：

我校拟于2019年10月在××市举办2019中国—东盟艺术院校校长圆桌会议，现将有关情况请示如下。

一、会议的目的和意义

紧跟“一带一路”发展步伐，建立中国—东盟艺术高校命运共同体，共同促进中国—东盟文化艺术教育事业的繁荣与进步。加深与东盟院校战略规划合作，进一步完善文化艺术交流与合作平台。扩大与东盟国家各高校间的教育往来，深化务实合作，提高人才培养质量，共同推动中国—东盟艺术高校教育合作深入发展。增强文化理解，发挥并提升我校在中国—东盟文化艺术交流中的重要作用。

二、会议主题

本次会议的主题为深化艺术交流与合作，共促区域文化繁荣发展。

三、会议时间、地点

会议定于2019年10月27日至10月30日在××市召开，会期4天。

四、参加会议人员

参加会议人员共计55人。

五、会议经费

此次会议的场地租金、同声传译设备租金、宴请费用、市内交通费用、志愿者费用、翻译费用及其他会务费用从我校“2019年特色专业项目：中国—东盟艺术人才培养项目”经费中支出。参会人员的交通及食宿费用自理。

××××大学

2019年10月9日

××××大学发文稿纸

密级:　　　　　　　　　　　　　　　　文号: 〔　　〕　号

公文标题: ××××大学关于举办2019中国—东盟艺术院校校长圆桌会议的请示	
主题词:	
拟稿人: 请领导审阅。 工作人员A，2019.10.9.	核稿人:
主送单位: ××省教育厅	抄送单位:
校　对:	份　数:
拟办意见:	签　发:
备注:	

过程稿1:

××××大学关于举办2019中国—东盟艺术院校校长圆桌会议的请示

为进一步增进区域教育合作交流，推进大学联盟建设，深化双边多边教育合作，夯实中国—东盟合作关系，

××省教育厅:

∧我校拟于2019年10月在××市举办2019中国—东盟艺术院校校长圆桌会议，现将有关情况请示如下。

一、会议的目的和意义

紧跟“一带一路”发展步伐，建立中国—东盟艺术高校命运共同体，共同促进中国—东盟文化艺术教育事业的繁荣与进步。加深与东盟院校战略规划合作，进一步完善文化艺术交流与合作平台。扩大与东盟国家各高校间的教育往来，深化务实合作，提高人才培养质量，共同推动中国—东盟艺术高校教育合作深入发展。增强文化理解，发挥并提升我校在中国—东盟文化艺术交流中的重要作用。

二、会议主题

本次会议的主题为深化艺术交流与合作，共促区域文化繁荣发展。

三、会议时间、地点

会议定于2019年10月27日至10月30日在××市召开，会期 4天。

四、参加会议人员

参加会议人员共计55人。

五、会议经费

此次会议的场地租金、同声传译设备租金、宴请费用、市内交通费用、志愿者费用、翻译费用及其他会务费用从我院“2019年特色专业项目：中国—东盟艺术人才培养项目”经费中支出。参会人员的交通及食宿费用自理。∧

本次会议经费开支严格按照财政部《在华举办国际会议经费管理办法》（财行〔2015〕371号）执行

××××大学

2019年10月9日

过程稿2：

××××大学关于举办2019中国—东盟艺术院校校长圆桌会议的请示

××省教育厅：

为进一步增进区域教育合作交流，推进大学联盟建设，深化双边多边教育合作，夯实中国—东盟合作关系，我校拟于2019年10月在××市举办2019中国—东盟艺术院校校长圆桌会议，现将有关情况请示如下。

一、会议的目的和意义

紧跟"一带一路"发展步伐，建立中国—东盟艺术高校命运共同体，共同促进中国—东盟文化艺术教育事业的繁荣与进步。加深与东盟院校战略规划合作，进一步完善文化艺术交流与合作平台。扩大与东盟国家各高校间的教育往来，深化务实合作，提高人才培养质量，共同推动中国—东盟艺术高校教育合作深入发展。增强文化理解，发挥并提升我校在中国—东盟文化艺术交流中的重要作用。

二、会议主题

本次会议的主题为深化艺术交流与合作，共促区域文化繁荣发展。

三、会议时间、地点

会议定于2019年10月27日至10月30日在××市召开，会期4天。

四、参加会议人员

参加会议人员共计55人。

五、会议经费

此次会议的场地租金、同声传译设备租金、宴请费用、市内交通费用、志愿者费用、翻译费用及其他会务费用从我院"2019年特色专业项目：中国—东盟艺术人才培养项目"经费中支出。参会人员的交通及食宿费用自理。本次会议经费开支严格按照财政部《在华举办国际会议经费管理办法》（财行〔2015〕371号）执行。

××××大学

2019年10月9日

××××大学发文稿纸

密级：　　　　　　　　　　　　　　　文号：　〔　　〕　号

公文标题： ××××大学关于举办2019中国—东盟艺术院校校长圆桌会议的请示	
主题词：	
拟稿人： **请领导审阅。** **工作人员A，2019.10.9.**	核稿人： **已核。** **部门负责人K，2019.10.9**
主送单位：**××省教育厅**	抄送单位：
校　对：	份　数：
拟办意见：	签　发：
备注：	

过程稿3：

××××大学关于举办2019中国—东盟艺术院校校长圆桌会议的请示

××省教育厅：

为进一步增进区域教育合作交流，推进大学联盟建设，深化双边多边教育合作，夯实中国—东盟合作关系，我校拟于2019年10月在×××市举办2019中国—东盟艺术院校校长圆桌会议，现将有关情况请示如下。

一、会议的目的和意义

紧跟“一带一路”发展步伐，建立中国—东盟艺术高校命运共同体，共同促进中国—东盟文化艺术教育事业的繁荣与进步。加深与东盟院校战略规划合作，进一步完善文化艺术交流与合作平台。扩大与东盟国家各高校间的教育往来，深化务实合作，提高人才培养质量，共同推动中国—东盟艺术高校教育合作深入发展。增强文化理解，发挥并提升我校在中国—东盟文化艺术交流中的重要作用。

二、会议主题

本次会议的主题为∧深化艺术交流与合作，共促区域文化繁荣发展∧。

给会议主题加上双引号“ ”

三、会议时间、地点

会议定于2019年10月27日至10月30日在××市召开，会期 4天。

四、参加会议人员

参加会议人员共计55人。

五、会议经费

此次会议的场地租金、同声传译设备租金、宴请费用、市内交通费用、志愿者费用、翻译费用及其他会务费用从我院“2019年特色专业项目：中国—东盟艺术人才培养项目”经费中支出。参会人员的交通及食宿费用自理。本次会议经费开支严格按照财政部《在华举办国际会议经费管理办法》（财行〔2015〕371号）执行。

∧

末尾加入请示件惯用语：“妥否？请批示。”

××××大学

2019年10月10日

××××大学发文稿纸

密级：　　　　　　　　　　　　　　文号：〔　　〕　号

公文标题： ××××大学关于举办2019中国—东盟艺术院校校长圆桌会议的请示	
主题词：	
拟稿人： **请领导审阅。** **工作人员A，2019.10.9.**	核稿人： **已核。** **部门负责人K，2019.10.9**
主送单位：**××省教育厅**	抄送单位：
校　对：	份　数：
拟办意见： **请Z校长、H副校长阅示。** **办公室主任Y** **2019.10.10**	签　发：
备注：	

过程稿4：

××××大学关于举办2019中国—东盟艺术院校校长圆桌会议的请示

××省教育厅：

为进一步增进区域教育合作交流，推进大学联盟建设，深化双边多边教育合作，夯实中国—东盟合作关系，我校拟于2019年10月在×××市举办2019中国—东盟艺术院校校长圆桌会议，现将有关情况请示如下。

一、会议的目的和意义

紧跟“一带一路”发展步伐，建立中国—东盟艺术高校命运共同体，共同促进中国—东盟文化艺术教育事业的繁荣与进步。加深与东盟院校战略规划合作，进一步完善文化艺术交流与合作平台。∧扩大与东盟国家各高校间的教育往来，深化务实合作，提高人才培养质量，共同推动中国—东盟艺术高校教育合作深入发展。增强文化理解，发挥并提升我校在中国—东盟文化艺术交流中的重要作用。∧

建立资源分享机制，推动国际协同育人平台的建设。

对外传播中华优秀文化艺术，进一步加强中国文化在东盟地区的传播。

二、会议主题

本次会议的主题为“深化艺术交流与合作，共促区域文化繁荣发展”。∧

三、会议时间、地点

会议定于2019年10月27日至10月30日在×××市召开，会期 4天。

这里加一条要求：本次会议议题不涉台、涉藏和其他敏感问题。

四、参加会议人员

参加会议人员共计55人。

五、会议经费

此次会议的场地租金、同声传译设备租金、宴请费用、市内交通费用、志愿者费用、翻译费用及其他会务费用从我院“2019年特色专业项目：中国—东盟艺术人才培养项目”经费中支出。参会人员的交通及食宿费用自理。本次会议经费开支严格按照财政部《在华举办国际会议经费管理办法》（财行〔2015〕371号）执行。

妥否？请批示。

××××大学

2019年10月11日

××××大学发文稿纸

密级：　　　　　　　　　　　　　　　文号：〔　　〕号

<table>
<tr><td colspan="2">公文标题：
××××大学关于举办2019中国—东盟艺术院校校长圆桌会议的请示</td></tr>
<tr><td colspan="2">主题词：</td></tr>
<tr><td>拟稿人：
请领导审阅。
工作人员A，2019.10.9.</td><td>核稿人：
已核。
部门负责人K，2019.10.9</td></tr>
<tr><td>主送单位：××省教育厅</td><td>抄送单位：</td></tr>
<tr><td>校 对：</td><td>份 数：</td></tr>
<tr><td>拟办意见：
请Z校长、H副校长阅示。
办公室主任Y
2019.10.10</td><td>签 发：
请按要求修改。
H副校长，2019.10.11</td></tr>
<tr><td colspan="2">备注：</td></tr>
</table>

过程稿5:

××××大学关于举办2019中国—东盟艺术院校校长圆桌会议的请示

××省教育厅:

为进一步增进区域教育合作交流，推进大学联盟建设，深化双边多边教育合作，夯实中国—东盟合作关系，我校拟于2019年10月在××市举办2019中国—东盟艺术院校校长圆桌会议，现将有关情况请示如下:

一、会议的目的和意义

紧跟“一带一路”发展步伐，建立中国—东盟艺术高校命运共同体，共同促进中国—东盟文化艺术教育事业的繁荣与进步。加深与东盟院校战略规划合作，进一步完善文化艺术交流与合作平台，建立资源分享机制，推动国际协同育人平台的建设。扩大与东盟国家各高校间的教育往来，深化务实合作，提高人才培养质量，共同推动中国—东盟艺术高校教育合作深入发展。增强文化理解，发挥并提升我校在中国—东盟文化艺术交流中的重要作用。对外传播中华优秀文化艺术，进一步加强中国文化在东盟地区的传播。

二、会议主题

本次会议的主题为“深化艺术交流与合作，共促区域文化繁荣发展”。

本次会议议题不涉台、涉藏和其他敏感问题。

三、会议时间、地点

会议定于2019年10月27日至10月30日在××市召开，会期 4天。

四、参加会议人员

参加会议人员共计55人。

五、会议经费

此次会议的场地租金、同声传译设备租金、宴请费用、市内交通费用、志愿者费用、翻译费用及其他会务费用从我院“2019年特色专业项目：中国—东盟艺术人才培养项目”经费中支出。参会人员的交通及食宿费用自理。本次会议经费开支严格按照财政部《在华举办国际会议经费管理办法》（财行〔2015〕371号）执行。

妥否？请批示。

××××大学

2019年10月11日

××××大学发文稿纸

密级：　　　　　　　　　　　　　　　文号：〔　　〕　号

<table>
<tr><td colspan="2">公文标题：
××××大学关于举办2019中国—东盟艺术院校校长圆桌会议的请示</td></tr>
<tr><td colspan="2">主题词：</td></tr>
<tr><td>拟稿人：
请领导审阅。
工作人员A，2019.10.9.</td><td>核稿人：
已核。
部门负责人K，2019.10.9</td></tr>
<tr><td>主送单位：××省教育厅</td><td>抄送单位：</td></tr>
<tr><td>校 对：</td><td>份 数：</td></tr>
<tr><td>拟办意见：
请Z校长、H副校长阅示。
办公室主任Y
2019.10.10</td><td>签 发：
请按要求修改。
H副校长，2019.10.11
拟同意。
H副校长，2019.10.11</td></tr>
<tr><td colspan="2">备注：</td></tr>
</table>

过程稿6:

××××大学关于举办2019中国—东盟艺术院校校长圆桌会议的请示

××省教育厅:

为进一步增进区域教育合作交流，推进大学联盟建设，深化双边多边教育合作，夯实中国—东盟合作关系，我校拟于2019年10月在××市举办2019中国—东盟艺术院校校长圆桌会议，现将有关情况请示如下:

一、会议的目的和意义

紧跟“一带一路”发展步伐，建立中国—东盟艺术高校命运共同体，共同促进中国—东盟文化艺术教育事业的繁荣与进步。加深与东盟院校战略规划合作，进一步完善文化艺术交流与合作平台，建立资源分享机制，推动国际协同育人平台的建设。扩大与东盟国家各高校间的教育往来，深化务实合作，提高人才培养质量，共同推动中国—东盟艺术高校教育合作深入发展。∧增强文化理解，发挥并提升我校在中国—东盟文化艺术交流中的重要作用。对外传播中华优秀文化艺术，进一步加强中国文化在东盟地区的传播。

充分利用当前中国—东盟艺术高校联盟的良好发展形势，主动加强联盟建设，

二、会议主题

本次会议的主题为“深化艺术交流与合作，共促区域文化繁荣发展”。

本次会议议题不涉台、涉藏和其他敏感问题。

三、会议时间、地点

会议定于2019年10月27日至10月30日在××市召开，会期 4天。

四、参加会议人员

参加会议人员共计55人。∧

此处分别写明中方和国外与会者的人数。

五、会议经费

此次会议的场地租金、同声传译设备租金、宴请费用、市内交通费用、志愿者费用、翻译费用及其他会务费用从我院“2019年特色专业项目：中国—东盟艺术人才培养项目”经费中支出。参会人员的交通及食宿费用自理。本次会议经费开支严格按照财政部《在华举办国际会议经费管理办法》（财行〔2015〕371号）执行。

妥否？请批示。

××××大学

2019年10月12日

××××大学发文稿纸

密级： 文号： 〔 〕 号

公文标题： ××××大学关于举办2019中国—东盟艺术院校校长圆桌会议的请示	
主题词：	
拟稿人： **请领导审阅。** **工作人员A，2019.10.9.**	核稿人： **已核。** **部门负责人K，2019.10.9**
主送单位：**××省教育厅**	抄送单位：
校 对：	份 数：
拟办意见： **请Z校长、H副校长阅示。** **办公室主任Y** **2019.10.10**	签 发： **请按要求修改。** **H副校长，2019.10.11** **拟同意。** **H副校长，2019.10.11** **请按要求修改。** **Z校长，2019.10.12**
备注：	

过程稿7:

××××大学关于举办2019中国—东盟艺术院校校长圆桌会议的请示

××省教育厅:

为进一步增进区域教育合作交流,推进大学联盟建设,深化双边多边教育合作,夯实中国—东盟合作关系,我校拟于2019年10月在××市举办2019中国—东盟艺术院校校长圆桌会议,现将有关情况请示如下:

一、会议的目的和意义

紧跟“一带一路”发展步伐,建立中国—东盟艺术高校命运共同体,共同促进中国—东盟文化艺术教育事业的繁荣与进步。加深与东盟院校战略规划合作,进一步完善文化艺术交流与合作平台,建立资源分享机制,推动国际协同育人平台的建设。扩大与东盟国家各高校间的教育往来,深化务实合作,提高人才培养质量,共同推动中国—东盟艺术高校教育合作深入发展。充分利用当前中国—东盟艺术高校联盟的良好发展形势,主动加强联盟建设,增强文化理解,发挥并提升我校在中国—东盟文化艺术交流中的重要作用。对外传播中华优秀文化艺术,进一步加强中国文化在东盟地区的传播。

二、会议主题

本次会议的主题为“深化艺术交流与合作,共促区域文化繁荣发展”。

本次会议议题不涉台、涉藏和其他敏感问题。

三、会议时间、地点

会议定于2019年10月27日至10月30日在××市召开,会期4天。

四、参加会议人员

参加会议人员共计55人。其中,国外与会者30人,中方人员25人。

五、会议经费

此次会议的场地租金、同声传译设备租金、宴请费用、市内交通费用、志愿者费用、翻译费用及其他会务费用从我院“2019年特色专业项目:中国—东盟艺术人才培养项目”经费中支出。参会人员的交通及食宿费用自理。本次会议经费开支严格按照财政部《在华举办国际会议经费管理办法》(财行〔2015〕371号)执行。

妥否?请批示。

××××大学

2019年10月12日

××××大学发文稿纸

密级：　　　　　　　　　　　　　　文号：〔　　〕　号

<table>
<tr><td colspan="2">公文标题：
××××大学关于举办2019中国—东盟艺术院校校长圆桌会议的请示</td></tr>
<tr><td colspan="2">主题词：</td></tr>
<tr><td>拟稿人：
请领导审阅。
工作人员A，2019.10.9.</td><td>核稿人：
已核。
部门负责人K，2019.10.9</td></tr>
<tr><td>主送单位：××省教育厅</td><td>抄送单位：</td></tr>
<tr><td>校　对：</td><td>份　数：</td></tr>
<tr><td>拟办意见：
请Z校长、H副校长阅示。
办公室主任Y
2019.10.10</td><td>签　发：
请按要求修改。
H副校长，2019.10.11
拟同意。
H副校长，2019.10.11
请按要求修改。
Z校长，2019.10.12
同意上报。
Z校长，2019.10.12</td></tr>
<tr><td colspan="2">备注：</td></tr>
</table>

××××大学发文稿纸

密级：　　　　　　　　　　　　　　　　　　文号：××政报〔2019〕×号

<table>
<tr><td colspan="2">公文标题：
××××大学关于举办2019中国—东盟艺术院校校长圆桌会议的请示</td></tr>
<tr><td colspan="2">主题词：</td></tr>
<tr><td>拟稿人：
请领导审阅。
工作人员A，2019.10.9.</td><td>核稿人：
已核。
部门负责人K，2019.10.9</td></tr>
<tr><td>主送单位：××省教育厅</td><td>抄送单位：</td></tr>
<tr><td>校 对：</td><td>份 数：</td></tr>
<tr><td>拟办意见：
请Z校长、H副校长阅示。
办公室主任Y
2019.10.10</td><td>签 发：
请按要求修改。
H副校长，2019.10.11
拟同意。
H副校长，2019.10.11
请按要求修改。
Z校长，2019.10.12
同意上报。
Z校长，2019.10.12</td></tr>
<tr><td colspan="2">备注：</td></tr>
</table>

××××大学发文稿纸

密级：　　　　　　　　　　　　　文号：××政报〔2019〕×号

<table>
<tr><td colspan="2">公文标题：
××××大学关于举办2019中国—东盟艺术院校校长圆桌会议的请示</td></tr>
<tr><td colspan="2">主题词：</td></tr>
<tr><td>拟稿人：
请领导审阅。
工作人员A，2019.10.9.</td><td>核稿人：
已核。
部门负责人K，2019.10.9</td></tr>
<tr><td>主送单位：××省教育厅</td><td>抄送单位：</td></tr>
<tr><td>校 对：工作人员B</td><td>份 数：</td></tr>
<tr><td>拟办意见：
请Z校长、H副校长阅示。
办公室主任Y
2019.10.10</td><td>签 发：
请按要求修改。
H副校长，2019.10.11
拟同意。
H副校长，2019.10.11
请按要求修改。
Z校长，2019.10.12
同意上报。
Z校长，2019.10.12</td></tr>
<tr><td colspan="2">备注：</td></tr>
</table>

××××大学发文稿纸

密级：　　　　　　　　　　　　　文号：××政报〔2019〕×号

<table>
<tr><td colspan="2">公文标题：
××××大学关于举办2019中国—东盟艺术院校校长圆桌会议的请示</td></tr>
<tr><td colspan="2">主题词：</td></tr>
<tr><td>拟稿人：
请领导审阅。
工作人员A，2019.10.9.</td><td>核稿人：
已核。
部门负责人K，2019.10.9</td></tr>
<tr><td>主送单位：××省教育厅</td><td>抄送单位：</td></tr>
<tr><td>校 对：工作人员B</td><td>份 数：　6份</td></tr>
<tr><td>拟办意见：
请Z校长、H副校长阅示。
办公室主任Y
2019.10.10</td><td>签 发：
请按要求修改。
H副校长，2019.10.11
拟同意。
H副校长，2019.10.11
请按要求修改。
Z校长，2019.10.12
同意上报。
Z校长，2019.10.12</td></tr>
<tr><td colspan="2">备注：</td></tr>
</table>

××××大学文件

××政报〔2019〕×号　　　　　　　　　　　　　签发人: Z××

××××大学关于举办2019中国—东盟艺术院校校长圆桌会议的请示

××省教育厅:

为进一步增进区域教育合作交流，推进大学联盟建设，深化双边多边教育合作，夯实中国—东盟合作关系，我校拟于2019年10月在××市举办2019中国—东盟艺术院校校长圆桌会议，现将有关情况请示如下:

一、会议的目的和意义

紧跟“一带一路”发展步伐，建立中国—东盟艺术高校命运共同体，共同促进中国—东盟文化艺术教育事业的繁荣与进步。加深与东盟院校战略规划合作，进一步完善文化艺术交流与合作平台，建立资源分享机制，推动国际协同育人平台的建设。扩大与东盟国家各高校间的教育往来，深化务实合作，提高人才培养质量，共同推动中国—东盟艺术高校教育合作深入发展。充分利用当前中国—东盟艺术高校联盟的良好发展形势，主动加强联盟建设，增强文化理解，发挥并提升我校在中国—东盟文化艺术交流中的重要作用。对外传播中华优秀文化艺术，进一步加强中国文化在东盟地区的传播。

二、会议主题

本次会议的主题为“深化艺术交流与合作，共促区域文化繁荣发展”。

本次会议议题不涉台、涉藏和其他敏感问题。

三、会议时间、地点

会议定于2019年10月27日至10月30日在××市召开，会期 4天。

四、参加会议人员

参加会议人员共计55人。其中，国外与会者30人，中方人员25人。

五、会议经费

此次会议的场地租金、同声传译设备租金、宴请费用、市内交通费用、志愿者费用、翻译费用及其他会务费用从我院“2019年特色专业项目：中国—东盟艺术人才培养项目”经费中支出。参会人员的交通及食宿费用自理。本次会议经费开支严格按照财政部《在华举办国际会议经费管理办法》（财行〔2015〕371号）执行。

妥否？请批示。

××××大学（盖章）

2019年10月12日

（联系人：××　　　　联系电话：138××××××××、×××××××）

×××× 党政办公室	2019 年 10 月 12 日印发

思考题：

结合上述流程，谈谈你对公文中上行文的认识。

第四节　平行文写作教学示例*

平行文写作流程与场景展示：

关于赴××××大学考察学习的函

● 任务

为加强学科建设，吸取马克思主义学院建设经验，GXWY大学计划派出一支队伍到××××大学考察交流。成行之前，需要以学校名义向对方去函。

● 拟稿

1. GXWY大学马克思主义学院H老师作为本次考察交流的主要联系人，事先与××××大学马克思主义学院取得联系，经过双方几番沟通与请示，初步商定了考察交流的时间、内容、人员，拟写了初稿，并在空白发文稿中填写发文标题、主送单位，在拟稿人处签名并署上日期。

● 核稿

2. H老师把发文稿和初稿交单位负责人L院长审阅，L院长对初稿进行修改，形成过程稿1。

3. H老师根据L院长的意见，誊清为过程稿2。

4. L院长审核过程稿2，表示认可，在发文稿上签署核稿意见“同意”，并签名、署日期，同时嘱咐H老师向一同前往调研的宣传部同志征求意见。

● 会签

5. 思政队伍建设是学校宣传部职能范围，去兄弟院校调研思政课教师队伍建设，要征求宣传部意见，所以H老师把发文稿及过程稿2送至宣传部，说明了前期沟通的情况，并就本函向宣传部征求意见。

6. 宣传部负责人J部长审阅过程稿2，在发文稿核稿处签“无异议”。H老师根据规范要求对格式等进行调整，形成过程稿3。

---

* 说明：出于编写需要，这里出现的公文拟稿、发文稿、成稿和公布稿都有实际依据。出于课堂教学需要，我们对相关内容进行了适当调整。

● 流转

7. H老师将发文稿和过程稿3交给学校办公室，以流转文件。

8. 办公室秘书L收到文件后，登记、办文，登记的内容包括来文单位、办文联系人、公文标题等。

9. 办公室秘书L审核公文内容，修改了标点符号，规范了人员职务、时间的写法，形成过程稿4，并将发文稿和过程稿4呈递办公室主任Y审阅。

10. 办公室主任Y审阅文稿，认为没有问题，在发文稿上签署拟办意见“请学校C书记、M副书记阅示”，并签名、署日期。

● 签发

11. 办公室秘书L把发文稿和过程稿4，先呈递给学校M副书记审阅，M副书记在过程稿4上提出修改意见，形成过程稿5，并在发文稿上签批“请按要求修改”。

12. 办公室秘书L根据M副书记的意见，整理誊清为过程稿6，再把发文稿和过程稿6呈递给M副书记审阅。

13. M副书记审阅过程稿6，无异议，在发文稿上签批“拟同意”。

14. 办公室秘书L接着把发文稿和过程稿6继续呈递给学校C书记审定。C书记同意，签发意见为“请深入开展马克思主义学科建设的考察交流，同意发函”。

● 编号

15. 办公室秘书L根据文件性质编发文号为GXWY党函〔2019〕×号，填写入发文稿，并将办好的文件（发文稿以及相关过程稿）转回给H老师。

● 校对

16. GXWY大学马克思主义学院T老师仔细校对签发的誊清稿，检查错漏，提醒加上H老师的联系方式，形成定稿，并在发文稿的校对处签名。

17. 考虑到学校存档需要2份正式文件，送出1份，马克思主义学院存档需要1份，预备1份，H老师在发文稿中填写需要印制的份数为“5份”，交给文印室印制文件。

● 印文

18. 文印室根据办公室编发的文号及定稿，按照公文规定格式，套用“小红头”稿纸印制文件。

● 盖章

19. H老师从文印室取来印制好的文件，将其送往机要室盖章。

20. 落章的文件正式生效，H老师把文件扫描成PDF，通过电子邮件的形式发送到××××大学指定的邮箱，或直接将文件原件寄送至××××大学。

● 存档

21. H老师将发文稿、红头文件一式两份以及其他相关文稿存于机要室等相关部门，年底统一移交给档案室。

● 后续

22. 因函件上联系人是H老师，××××大学收到此函后，任何变动、接洽工作均需联系H老师，直至考察学习交流完成。

初拟稿：

关于到××××大学考察学习的函

××××大学：

为学习贵校先进经验和做法，我校拟于6月4日上午10：00—12：00到贵校学习交流，主要通过参观、座谈等形式，考察学习马克思主义学院组织与管理架构情况、马克思主义学院5门课程教学的技术环节、马克思主义学院学科建设与科研的情况等。

我校考察学习人员有：学校党委常委、纪委书记W××，宣传部部长J××，马克思主义学院院长L××，马克思主义学院副院长W×，马克思主义学院教学秘书H××，马克思主义学院教研室主任L×、M×、Z×、S××等。

中共GXWY大学委员会

2019年6月1日

GXWY大学发文稿纸

密级：　　　　　　　　　　　　　　　　　　文号：　〔　　〕　号

<table>
<tr><td colspan="2">公文标题：
关于赴××××大学考察学习的函</td></tr>
<tr><td colspan="2">主题词：</td></tr>
<tr><td>拟稿人：
请领导审阅。
H老师，2019.6.1</td><td>核稿人：</td></tr>
<tr><td>主送单位：××××**大学**</td><td>抄送单位：</td></tr>
<tr><td>校　对：</td><td>份　数：</td></tr>
<tr><td>拟办意见：</td><td>签　发：</td></tr>
<tr><td colspan="2">备注：</td></tr>
</table>

过程稿1：

“到”改为“赴”

关于到××××大学考察学习的函

在马克思主义学院建设方面的

××××大学：

为学习贵校 ∧ 先进经验和做法，我校拟于6月4日上午10：00—12：00到贵校学习交流，主要通过参观、座谈等形式，考察学习马克思主义学院组织与管理架构情况、马克思主义学院5门课程教学的技术环节、马克思主义学院学科建设与科研的情况等。

我校考察学习人员有：学校党委常委、纪委书记W××，宣传部部长J××，马克思主义学院院长L××，马克思主义学院副院长W×，马克思主义学院教学秘书H××，马克思主义学院教研室主任L×、M×、Z×、S××等。

∧

结束加一句：感谢贵校的大力支持！

中共GXWY大学委员会

2019年6月1日

过程稿2：

关于赴××××大学考察学习的函

××××大学：

为学习贵校在马克思主义学院建设方面的先进经验和做法，我校拟于6月4日上午10：00—12：00到贵校学习交流，主要通过参观、座谈等形式，考察学习马克思主义学院组织与管理架构情况、马克思主义学院5门课程教学的技术环节、马克思主义学院学科建设与科研的情况等。

我校考察学习人员有：学校党委常委、纪委书记W××，宣传部部长J××，马克思主义学院院长L××，马克思主义学院副院长W×，马克思主义学院教学秘书H××，马克思主义学院教研室主任L×、M×、Z×、S××等。

感谢贵校的大力支持！

中共GXWY大学委员会

2019年6月1日

GXWY大学发文稿纸

密级:　　　　　　　　　　　　　　文号:〔　　〕号

<table>
<tr><td colspan="2">公文标题:
关于赴××××大学考察学习的函</td></tr>
<tr><td colspan="2">主题词:</td></tr>
<tr><td>拟稿人:
请领导审阅。
H老师, 2019.6.1</td><td>核稿人:
同意。
L院长, 2019.6.1</td></tr>
<tr><td>主送单位: ××××大学</td><td>抄送单位:</td></tr>
<tr><td>校 对:</td><td>份 数:</td></tr>
<tr><td>拟办意见:</td><td>签 发:</td></tr>
<tr><td colspan="2">备注:</td></tr>
</table>

过程稿3：

关于赴××××大学考察学习的函

××××大学：

为学习贵校在马克思主义学院建设方面的先进经验和做法，我校拟于6月4日上午10：00—12：00到贵校学习交流，主要通过参观、座谈等形式，考察学习马克思主义学院组织与管理架构情况、马克思主义学院5门课程教学的技术环节、马克思主义学院学科建设与科研的情况等。

我校考察学习人员有：学校党委常委、纪委书记W××，宣传部部长J××，马克思主义学院院长L××，马克思主义学院副院长W×，马克思主义学院教学秘书H××，马克思主义学院教研室主任L×、M×、Z×、S××等。∧

请将考察学习内容、参加考察学习人员分项逐行排列。

感谢贵校的大力支持！

中共GXWY大学委员会
2019年6月1日

过程稿4：

关于赴××××大学考察学习的函

××××大学：

为学习贵校在马克思主义学院建设方面的先进经验和做法，我校党委常委、纪委书记W××一行9人拟于6月4日上午到贵校学习交流，请予以接洽为盼。

一、考察学习内容

（一）马克思主义学院组织与管理架构情况；

（二）马克思主义学院5门课程教学的技术环节；

（三）马克思主义学院学科建设与科研的情况。

二、考察学习人员（共9人）

W××　　纪委书记

J××　　宣传部部长

L××　　马克思主义学院院长

W×　　马克思主义学院副院长

H×× 马克思主义学院教学秘书

L× 马克思主义学院《中国近现代史纲要》教研室主任

M× 教研室主任

Z× 教研室主任

S×× 教研室主任

三、考察学习时间

6月4日（周二）上午10：00—12：00

感谢贵校的大力支持！

中共GXWY大学委员会

2019年6月2日

GXWY大学发文稿纸

密级：　　　　　　　　　　　　　　　　　文号：　〔　　〕　号

<table>
<tr><td colspan="2">公文标题：
关于赴××××大学考察学习的函</td></tr>
<tr><td colspan="2">主题词：</td></tr>
<tr><td>拟稿人：
请领导审阅。
H老师，2019.6.1</td><td>核稿人：
同意。
L院长，2019.6.1
无异议。
J部长，2019.6.1</td></tr>
<tr><td>主送单位：××××大学</td><td>抄送单位：</td></tr>
<tr><td>校 对：</td><td>份 数：</td></tr>
<tr><td>拟办意见：</td><td>签 发：</td></tr>
<tr><td colspan="2">备注：</td></tr>
</table>

GXWY大学发文稿纸

密级：　　　　　　　　　　　　　　　文号：〔　　〕号

<table>
<tr><td colspan="2">公文标题：
关于赴××××大学考察学习的函</td></tr>
<tr><td colspan="2">主题词：</td></tr>
<tr><td>拟稿人：
请领导审阅。
H老师，2019.6.1</td><td>核稿人：
同意。
L院长，2019.6.1
无异议。
J部长，2019.6.1</td></tr>
<tr><td>主送单位：**××××大学**</td><td>抄送单位：</td></tr>
<tr><td>校 对：</td><td>份 数：</td></tr>
<tr><td>拟办意见：
请C书记、M副书记阅示。
办公室主任Y
2019.6.2</td><td>签 发：</td></tr>
<tr><td colspan="2">备注：</td></tr>
</table>

过程稿5：

关于赴××××大学考察学习的函

××××大学：

为学习贵校在马克思主义学院建设方面的先进经验和做法，我校党委常委、纪委书记W××一行9人拟于6月4日上午到贵校学习交流，请予以接洽为盼。

一、考察学习内容

（一）马克思主义学院组织与管理架构情况；

（二）马克思主义学院5门课程教学的技术环节；

（三）马克思主义学院学科建设与科研的情况。

二、考察学习人员（共9人）

W××　∧纪委书记

J××　∧宣传部部长

L××　∧马克思主义学院院长

W×　∧马克思主义学院副院长

H××　∧马克思主义学院教学秘书

L×　∧马克思主义学院《中国近现代史纲要》教研室主任

M×　∧教研室主任

Z×　∧教研室主任

S××　∧教研室主任

> 请把每一位参加考察人员的职务、身份写清楚，并加上单位名称“GXWY大学”。

三、考察学习时间

6月4日（周二）上午10：00—12：00

感谢贵校的大力支持！

中共GXWY大学委员会

2019年6月2日

GXWY大学发文稿纸

密级：　　　　　　　　　　　　文号：〔　　〕　号

<table>
<tr><td colspan="2">公文标题：
关于赴××××大学考察学习的函</td></tr>
<tr><td colspan="2">主题词：</td></tr>
<tr><td>拟稿人：
请领导审阅。
H老师，2019.6.1</td><td>核稿人：
同意。
L院长，2019.6.1
无异议。
J部长，2019.6.1</td></tr>
<tr><td>主送单位：××××大学</td><td>抄送单位：</td></tr>
<tr><td>校　对：</td><td>份　数：</td></tr>
<tr><td>拟办意见：
请C书记、M副书记阅示。
办公室主任Y
2019.6.2</td><td>签　发：
请按要求修改。
M副书记，2019.6.2</td></tr>
<tr><td colspan="2">备注：</td></tr>
</table>

过程稿6:

关于赴××××大学考察学习的函

××××大学:

为学习贵校在马克思主义学院建设方面的先进经验和做法,我校党委常委、纪委书记W××一行9人拟于6月4日上午到贵校学习交流,请予以接洽为盼。

一、考察学习内容

(一) 马克思主义学院组织与管理架构情况;

(二) 马克思主义学院5门课程教学的技术环节;

(三) 马克思主义学院学科建设与科研的情况。

二、考察学习人员(共9人)

W××　　GXWY大学党委常委、纪委书记

J××　　GXWY大学党委常委、宣传部部长

L××　　GXWY大学马克思主义学院院长

W×　　GXWY大学马克思主义学院副院长

H××　　GXWY大学马克思主义学院教学秘书

L×　　GXWY大学马克思主义学院“中国近现代史纲要”教研室主任

M×　　GXWY大学马克思主义学院“马克思主义基本原理概论”教研室主任

Z×　　GXWY大学马克思主义学院“思想道德修养与法律基础”教研室主任

S××　　GXWY大学马克思主义学院“毛泽东思想和中国特色社会主义理论体系概论”教研室主任

三、考察学习时间

6月4日(周二)上午10:00—12:00

感谢贵校的大力支持!

中共GXWY大学委员会

2019年6月3日

GXWY大学发文稿纸

密级: 文号: 〔 〕 号

<table>
<tr><td colspan="2">公文标题:
关于赴××××大学考察学习的函</td></tr>
<tr><td colspan="2">主题词:</td></tr>
<tr><td>拟稿人:
请领导审阅。
H老师，2019.6.1</td><td>核稿人:
同意。
L院长，2019.6.1
无异议。
J部长，2019.6.1</td></tr>
<tr><td>主送单位: ××××大学</td><td>抄送单位:</td></tr>
<tr><td>校 对:</td><td>份 数:</td></tr>
<tr><td>拟办意见:
请C书记、M副书记阅示。
办公室主任Y
2019.6.2</td><td>签 发:
请按要求修改。
M副书记，2019.6.2
拟同意。
M副书记，2019.6.3</td></tr>
<tr><td colspan="2">备注:</td></tr>
</table>

GXWY大学发文稿纸

密级:　　　　　　　　　　　　　　　　　　文号:　〔　　〕　号

<table>
<tr><td colspan="2">公文标题:
关于赴××××大学考察学习的函</td></tr>
<tr><td colspan="2">主题词:</td></tr>
<tr><td>拟稿人:
请领导审阅。
H老师, 2019.6.1</td><td>核稿人:
同意。
L院长, 2019.6.1
无异议。
J部长, 2019.6.1</td></tr>
<tr><td>主送单位: ××××大学</td><td>抄送单位:</td></tr>
<tr><td>校 对:</td><td>份 数:</td></tr>
<tr><td>拟办意见:
请C书记、M副书记阅示。
办公室主任Y
2019.6.2</td><td>签 发:
请按要求修改。
M副书记, 2019.6.2
拟同意。
M副书记, 2019.6.3
请深入开展马克思主义学科建设的考察交流, 同意发函。
C书记, 2019.6.3</td></tr>
<tr><td colspan="2">备注:</td></tr>
</table>

GXWY大学发文稿纸

密级:　　　　　　　　　　　　　　　　文号: GXWY 党函〔2019〕×

<table>
<tr><td colspan="2">公文标题:
关于赴××××大学考察学习的函</td></tr>
<tr><td colspan="2">主题词:</td></tr>
<tr><td>拟稿人:
请领导审阅。
H老师, 2019.6.1</td><td>核稿人:
同意。
L院长, 2019.6.1
无异议。
J部长, 2019.6.1</td></tr>
<tr><td>主送单位: ××××大学</td><td>抄送单位:</td></tr>
<tr><td>校 对:</td><td>份 数:</td></tr>
<tr><td>拟办意见:
请C书记、M副书记阅示。
办公室主任Y
2019.6.2</td><td>签 发:
请按要求修改。
M副书记, 2019.6.2
拟同意。
M副书记, 2019.6.3
请深入开展马克思主义学科建设的考察交流, 同意发函。
C书记, 2019.6.3</td></tr>
<tr><td colspan="2">备注:</td></tr>
</table>

GXWY大学发文稿纸

密级：　　　　　　　　　　　　　　　　　　文号：GXWY 党函〔2019〕×

<table>
<tr><td colspan="2">公文标题：
关于赴××××大学考察学习的函</td></tr>
<tr><td colspan="2">主题词：</td></tr>
<tr><td>拟稿人：
请领导审阅。
H老师，2019.6.1</td><td>核稿人：
同意。
L院长，2019.6.1
无异议。
J部长，2019.6.1</td></tr>
<tr><td>主送单位：××××大学</td><td>抄送单位：</td></tr>
<tr><td>校 对：×老师</td><td>份 数：</td></tr>
<tr><td>拟办意见：
请C书记、M副书记阅示。
办公室主任Y
2019.6.2</td><td>签 发：
请按要求修改。
M副书记，2019.6.2
拟同意。
M副书记，2019.6.3
请深入开展马克思主义学科建设的考察交流，同意发函。
C书记，2019.6.3</td></tr>
<tr><td colspan="2">备注：</td></tr>
</table>

GXWY大学发文稿纸

密级:　　　　　　　　　　　　　　　　文号: GXWY 党函〔2019〕×

<table>
<tr><td colspan="2">公文标题:
关于赴××××大学考察学习的函</td></tr>
<tr><td colspan="2">主题词:</td></tr>
<tr><td>拟稿人:
请领导审阅。
H老师, 2019.6.1</td><td>核稿人:
同意。
L院长, 2019.6.1
无异议。
J部长, 2019.6.1</td></tr>
<tr><td>主送单位: ××××大学</td><td>抄送单位:</td></tr>
<tr><td>校 对: ×老师</td><td>份 数: 5份</td></tr>
<tr><td>拟办意见:
请C书记、M副书记阅示。
办公室主任Y
2019.6.2</td><td>签 发:
请按要求修改。
M副书记, 2019.6.2
拟同意。
M副书记, 2019.6.3
请深入开展马克思主义学科建设的考察交流, 同意发函。
C书记, 2019.6.3</td></tr>
<tr><td colspan="2">备注:</td></tr>
</table>

中共GXWY大学委员会

GXWY党函〔2019〕×号

关于赴××××大学考察学习的函

××××大学：

为学习贵校在马克思主义学院建设方面的先进经验和做法，我校党委常委、纪委书记W××一行9人拟于6月4日上午到贵校学习交流，请予以接洽为盼。

一、考察学习内容

（一）马克思主义学院组织与管理架构情况；

（二）马克思主义学院5门课程教学的技术环节；

（三）马克思主义学院学科建设与科研的情况。

二、考察学习人员（共9人）

W××　　GXWY大学党委常委、纪委书记

J××　　GXWY大学党委常委、宣传部部长

L××　　GXWY大学马克思主义学院院长

W ×　　GXWY大学马克思主义学院副院长

H××　　GXWY大学马克思主义学院教学秘书

L ×　　GXWY大学马克思主义学院"中国近现代史纲要"教研室主任

M ×　　GXWY大学马克思主义学院"马克思主义基本原理概论"教研室主任

Z ×　　GXWY大学马克思主义学院"思想道德修养与法律基础"教研室主任

S××　　GXWY大学马克思主义学院"毛泽东思想和中国特色社会主义理论体系概论"教研室主任

三、考察学习时间

6月4日（周二）上午10：00—12：00

感谢贵校的大力支持！

中共GXWY大学委员会（盖章）

2019年6月3日

（GXWY大学联系人：H××，联系电话：189××××××××）

练习题：

请以学习小组配合的方式，模拟流程和场景，为所在大学学生会写一份派团到南京艺术学院进行交流考察的函。

第五节 下行文写作教学示例*

下行文写作流程与场景展示：

关于组织我校师生参加××××大学2018年毕业生艺术作品博览会（研究生毕业作品展）的通知

● 任务

××××大学毕业生艺术作品博览会简称“艺博会”，为有序组织研究生参加学校2018年“艺博会”研究生毕业作品展，学校需要下发通知，告知展览及开幕式的时间、地点，以及相关的工作要求。

● 拟稿

1. 主办部门研究生处的科员Q主要负责本次展览工作的具体组织和执行，他从部门领导处记录了组织参展的关键信息，拟写了初稿，并在空白发文稿中填写了发文标题、主送单位，在拟稿人处签名并署上日期。

● 核稿

2. 科员Q把发文稿和初稿交部门负责人W审阅，W对初稿进行修改，形成过程稿1。

3. 科员Q根据过程稿1的修改意见，进行修改调整，形成过程稿2。

4. 部门负责人W审核过程稿2，表示认可，在发文稿上签署核稿意见“已核”，并签名、署日期。

● 流转

5. 科员Q将发文稿和过程稿2交给学校办公室，以流转文件。

6. 办公室秘书L收到文件后，登记、办文，登记的内容包括来文单位、办文联系人、公文标题等。

---

* 说明：根据编写要求，这里出现的公文拟稿、发文稿、成稿和公布稿都有实际依据。出于课堂教学需要，我们对相关内容进行了适当调整。

7. 办公室秘书L审核语言是否通顺、标点是否正确，从公文规范性的角度对文稿中的错漏之处进行修改，形成过程稿3，并将发文稿和过程稿3呈递办公室主任Y审阅。

8. 办公室主任Y审阅文稿，认为没有问题，在发文稿上签署拟办意见“请C副校长阅示”，并签名、署日期。

● 签发

9. 办公室秘书L把发文稿和过程稿3呈递给C副校长审阅，C副校长在过程稿3上提出修改意见，形成过程稿4，并在发文稿上签批“请按要求修改”。

10. 办公室秘书L根据C副校长的意见，整理誊清为过程稿5。

11. 办公室秘书L把发文稿和过程稿5再次呈递给C副校长审定，C副校长审阅后，认为没有问题，签发意见为“同意发文”。

● 编号

12. 办公室秘书L根据文件性质编发文号为××××大学政办〔2018〕×号，填写入发文稿，并将办好的文件（发文稿以及相关过程稿）转回给科员Q。

● 校对

13. 研究生处培养科科长M仔细校对签发的稿件，确认没有错漏，在发文稿的校对处签名，过程稿5随即转为定稿。

14. 考虑到学校存档文件需要2份正式文件，部门用来扫描及存档需要2份，于是科员Q在发文稿中填写需要印制的份数为“4份”，交给文印室印制文件。

● 印文

15. 文印室根据办公室编发的文号及定稿，按照公文规定格式，套用“小红头”稿纸印制文件。

● 盖章

16. 科员Q从文印室取来印制好的文件，将其送往机要室盖章。

17. 落章的文件正式生效，科员Q把文件扫描成PDF，并通过学校的OA系统（办公自动化系统）发布。

● 存档

18. 科员Q将发文稿、红头文件一式两份以及其他相关文稿存在机要室等相关部门，年底统一移交给档案室。

初拟稿:

关于组织我校师生参加××××大学2018年毕业生艺术作品博览会(研究生毕业作品展)的通知

各相关部门:

根据学校安排,××××大学2018年毕业生艺术作品博览会(研究生毕业作品展)将于2018年5月22日开展。为确保本次研究生毕业作品展的成功举办,现将有关事项通知如下:

一、展览时间、地点

展览时间:2018年5月22—25日。

展览地点:××××大学艺术中心大楼二、三楼展厅。

二、开幕式时间、地点

开幕式时间:2018年5月22日上午10:00。

开幕式地点:××××大学艺术中心大楼一楼大厅。

三、参加人员

校外嘉宾;学校领导;中国画学院、美术学院、造型艺术学院、设计学院、建筑艺术学院等研究生教学单位的书记、院长及分管研究生教学工作副院长;所有提交作品参加此次展览的研究生毕业生;研究生处(学科建设办公室)全体工作人员。

四、工作要求

(一)请相关教学单位高度重视,做好本单位作品的布展、守展、撤展等各项工作。

(二)请相关教学单位积极组织本单位师生参加开幕式和参观学习,交通方式由各教学单位妥善安排。

(三)请相关教学单位提前通知本单位参展的研究生,在展览开幕式结束后,所有参展研究生应在自己作品展位前就位,做好参展作品的讲解工作。

(四)请相关教学单位提前做好师生安全教育,确保校区间往来的交通安全,保护好单位和个人的贵重物品。要求师生自觉遵守并维护展会秩序,文明参展。

展览期间各项事宜可与研究生处培养科联系,联系人:×××,电话:×××××××。

××××大学研究生处

2018年5月19日

××××大学发文稿纸

密级:　　　　　　　　　　　　　　　文号:　〔　　〕　号

<table>
<tr><td colspan="2">公文标题:
关于组织我校师生参加××××大学2018年毕业生艺术作品博览会（研究生毕业作品展）的通知</td></tr>
<tr><td colspan="2">主题词:</td></tr>
<tr><td>拟稿人:
请领导审阅。
科员Q，2018.5.19</td><td>核稿人:</td></tr>
<tr><td>主送单位: 各相关部门</td><td>抄送单位:</td></tr>
<tr><td>校 对:</td><td>份 数:</td></tr>
<tr><td>拟办意见:</td><td>签 发:</td></tr>
<tr><td colspan="2">备注:</td></tr>
</table>

过程稿1：

关于组织我校师生参加××××大学2018年毕业生艺术作品博览会（研究生毕业作品展）的通知

各相关部门：

根据学校安排，××××大学2018年毕业生艺术作品博览会（研究生毕业作品展）将于2018年5月22日开展。∧为确保本次研究生毕业作品展的成功举办，现将有关事项通知如下：

此次研究生毕业作品展是“艺博会”的重要组成部分，也是展示我校美术设计类研究生教育教学成果的重要窗口。

一、展览时间、地点

展览时间：2018年5月22—25日。

展览地点：××××大学艺术中心大楼二、三楼展厅。

二、开幕式时间、地点

开幕式时间：2018年5月22日上午10：00。

开幕式地点：××××大学艺术中心大楼一楼大厅。

三、参加人员

校外嘉宾；学校领导；中国画学院、美术学院、造型艺术学院、设计学院、建筑艺术学院等研究生教学单位的书记、院长及分管研究生教学工作副院长∧；所有提交作品参加此次展览的研究生毕业生；研究生处（学科建设办公室）全体工作人员。

，研究生教学秘书

四、工作要求

本次展览是第一次将研究生毕业留校作品在“艺博会”上单独展出，

（一）∧请相关教学单位高度重视，做好本单位作品的布展、守展、撤展等各项工作。

（二）请相关教学单位积极组织本单位师生参加开幕式和参观学习，交通方式由各教学单位妥善安排。∧

，安排专人负责学生考勤

（三）请相关教学单位提前通知本单位参展的研究生，在展览开幕式结束后，所有参展研究生应在自己作品展位前就位，做好参展作品的讲解工作。

（四）请相关教学单位提前做好师生安全教育，确保校区间往来的交通安全，保护好单位和个人的贵重物品。要求师生自觉遵守并维护展会秩序，文明参展。

展览期间各项事宜可与研究生处培养科联系，联系人：×××，电话：××××××××。

××××大学研究生处

2018年5月19日

过程稿2:

关于组织我校师生参加××××大学2018年毕业生艺术作品博览会（研究生毕业作品展）的通知

各相关部门:

根据学校安排，××××大学2018年毕业生艺术作品博览会（研究生毕业作品展）将于2018年5月22日开展。此次研究生毕业作品展是“艺博会”的重要组成部分，也是展示我校美术设计类研究生教育教学成果的重要窗口。为确保本次研究生毕业作品展的成功举办，现将有关事项通知如下:

一、展览时间、地点

展览时间: 2018年5月22—25日。

展览地点: ××××大学艺术中心大楼二、三楼展厅。

二、开幕式时间、地点

开幕式时间: 2018年5月22日上午10: 00。

开幕式地点: ××××大学艺术中心大楼一楼大厅。

三、参加人员

校外嘉宾；学校领导；中国画学院、美术学院、造型艺术学院、设计学院、建筑艺术学院等研究生教学单位的书记、院长及分管研究生教学工作副院长，研究生教学秘书；所有提交作品参加此次展览的研究生毕业生；研究生处（学科建设办公室）全体工作人员。

四、工作要求

（一）本次展览是第一次将研究生毕业留校作品在“艺博会”上单独展出，请相关教学单位高度重视，做好本单位作品的布展、守展、撤展等各项工作。

（二）请相关教学单位积极组织本单位师生参加开幕式和参观学习，交通方式由各教学单位妥善安排，安排专人负责学生考勤。

（三）请相关教学单位提前通知本单位参展的研究生，在展览开幕式结束后，所有参展研究生应在自己作品展位前就位，做好参展作品的讲解工作。

（四）请相关教学单位提前做好师生安全教育，确保校区间往来的交通安全，保护好单位和个人的贵重物品。要求师生自觉遵守并维护展会秩序，文明参展。

展览期间各项事宜可与研究生处培养科联系，联系人: ×××，电话: ×××××××。

××××大学研究生处

2018年5月19日

××××大学发文稿纸

密级： 文号： 〔 〕 号

<table>
<tr><td colspan="2">公文标题：
关于组织我校师生参加××××大学2018年毕业生艺术作品博览会（研究生毕业作品展）的通知</td></tr>
<tr><td colspan="2">主题词：</td></tr>
<tr><td>拟稿人：
请领导审阅。
科员Q，2018.5.19</td><td>核稿人：
已核
部门负责人W，2018.5.19</td></tr>
<tr><td>主送单位：各相关部门</td><td>抄送单位：</td></tr>
<tr><td>校 对：</td><td>份 数：</td></tr>
<tr><td>拟办意见：</td><td>签 发：</td></tr>
<tr><td colspan="2">备注：</td></tr>
</table>

过程稿3：

关于组织我校师生参加××××大学2018年毕业生艺术作品博览会（研究生毕业作品展）的通知

各相关部门：

根据学校安排，××××大学2018年毕业生艺术作品博览会（研究生毕业作品展）将于2018年5月22日开展。此次研究生毕业作品展是“艺博会”的重要组成部分，也是展示我校美术设计类研究生教育教学成果的重要窗口。为确保本次研究生毕业作品展的成功举办，现将有关事项通知如下：

一、展览时间、地点

展览时间：2018年5月22—25日。

展览地点：××××大学艺术中心大楼二、三楼展厅。

二、开幕式时间、地点

开幕式时间：2018年5月22日上午10：00。

开幕式地点：××××大学艺术中心大楼一楼大厅。

三、参加人员

∧（一）校外嘉宾；　插入（一）（二）……

∧（二）学校领导；

∧（三）中国画学院、美术学院、造型艺术学院、设计学院、建筑艺术学院等研究生教学单位的书记、院长及分管研究生教学工作副院长，研究生教学秘书；

∧（四）所有提交作品参加此次展览的研究生毕业生；

∧（五）研究生处（学科建设办公室）全体工作人员。

四、工作要求

（一）本次展览是第一次将研究生毕业留校作品在“艺博会”上单独展出，请相关教学单位高度重视，做好本单位作品的布展、守展、撤展等各项工作。

（二）请相关教学单位积极组织本单位师生参加开幕式和参观学习，交通方式由各教学单位妥善安排，安排专人负责学生考勤。

（三）请相关教学单位提前通知本单位参展的研究生，在展览开幕式结束后，所有参展研究生应在自己作品展位前就位，做好参展作品的讲解工作。

（四）请相关教学单位提前做好师生安全教育，确保校区间往来的交通安全，保护好单位和个人的贵重物品。要求师生自觉遵守并维护展会秩序，文明参展。

展览期间各项事宜可与研究生处培养科联系，联系人：×××，电话：×××××××。

××××大学研究生处

落款改为党政办公室，根据发文要求，党办发文

2018年5月19日

××××大学发文稿纸

密级：　　　　　　　　　　　　　　　　文号：〔　　〕　号

公文标题： **关于组织我校师生参加××××大学2018年毕业生艺术作品博览会（研究生毕业作品展）的通知**	
主题词：	
拟稿人： **请领导审阅。** **科员Q，2018.5.19**	核稿人： **已核** **部门负责人W，2018.5.19**
主送单位：**各相关部门**	抄送单位：
校　对：	份　数：
拟办意见： **请C副校长阅示。** **办公室主任Y** **2018.5.19**	签　发：
备注：	

过程稿4：

关于组织我校师生参加××××大学2018年毕业生艺术作品博览会（研究生毕业作品展）的通知

各相关部门：

根据学校安排，××××大学2018年毕业生艺术作品博览会（研究生毕业作品展）将于2018年5月22日开展。此次研究生毕业作品展是“艺博会”的重要组成部分，也是展示我校美术设计类研究生教育教学成果的重要窗口。为确保本次研究生毕业作品展的成功举办，现将有关事项通知如下：

一、展览时间、地点

展览时间：2018年5月22—25日。

展览地点：××××大学艺术中心大楼二、三楼展厅。

二、开幕式时间、地点

开幕式时间：2018年5月22日上午10：00。

开幕式地点：××××大学艺术中心大楼一楼大厅。

三、参加人员

（一）校外嘉宾；

（二）学校领导；

（三）中国画学院、美术学院、造型艺术学院、设计学院、建筑艺术学院等研究生教学单位的书记、院长及分管研究生教学工作副院长，研究生教学秘书；

（四）所有提交作品参加此次展览的研究生毕业生；

（五）研究生处（学科建设办公室）全体工作人员。

∧ ← 加一类参加人员：美术学科、美术领域、设计学、设计领域各方向研究生导师。

四、工作要求

（一）本次展览是第一次将研究生毕业留校作品在“艺博会”上单独展出，请相关教学单位高度重视，做好本单位作品的布展、守展、撤展等各项工作。

（二）请相关教学单位积极组织本单位师生参加开幕式和参观学习，交通方式由各教学单位妥善安排，安排专人负责学生考勤。

（三）请相关教学单位提前通知本单位参展的研究生，在展览开幕式结束后，所有参展研究生应在自己作品展位前就位，做好参展作品的讲解工作。

（四）请相关教学单位提前做好师生安全教育，确保校区间往来的交通安全，保护好单位和个人的贵重物品。要求师生自觉遵守并维护展会秩序，文明参展。

∧展览期间各项事宜可与研究生处培养科联系，联系人：×××，电话：×××××××。

→ 加一条要求：请相关教学单位加强对展览的宣传力度，展览期间注意收集各类影像资料，通过各类媒介和载体进行广泛宣传，营造积极、良好的展览氛围。

××××大学党政办公室

2018年5月20日

××××大学发文稿纸

密级：　　　　　　　　　　　　　　文号：〔　　〕　号

公文标题： **关于组织我校师生参加××××大学2018年毕业生艺术作品博览会（研究生毕业作品展）的通知**	
主题词：	
拟稿人： **请领导审阅。** **科员Q，2018.5.19**	核稿人： **已核** **部门负责人W，2018.5.19**
主送单位：**各相关部门**	抄送单位：
校　对：	份　数：
拟办意见： **请C副校长阅示。** **办公室主任Y** **2018.5.19**	签　发： **请按要求修改。** **C副校长，2018.5.20**
备注：	

过程稿5:

关于组织我校师生参加××××大学2018年毕业生艺术作品博览会（研究生毕业作品展）的通知

各相关部门:

根据学校安排，××××大学2018年毕业生艺术作品博览会（研究生毕业作品展）将于2018年5月22日开展。此次研究生毕业作品展是“艺博会”的重要组成部分，也是展示我校美术设计类研究生教育教学成果的重要窗口。为确保本次研究生毕业作品展的成功举办，现将有关事项通知如下:

一、展览时间、地点

展览时间: 2018年5月22—25日。

展览地点: ××××大学艺术中心大楼二、三楼展厅。

二、开幕式时间、地点

开幕式时间: 2018年5月22日上午10: 00。

开幕式地点: ××××大学艺术中心大楼一楼大厅。

三、参加人员

（一）校外嘉宾;

（二）学校领导;

（三）中国画学院、美术学院、造型艺术学院、设计学院、建筑艺术学院等研究生教学单位的书记、院长及分管研究生教学工作副院长，研究生教学秘书;

（四）美术学科、美术领域、设计学、设计领域各方向研究生导师;

（五）所有提交作品参加此次展览的研究生毕业生;

（六）研究生处（学科建设办公室）全体工作人员。

四、工作要求

（一）本次展览是第一次将研究生毕业留校作品在“艺博会”上单独展出，请相关教学单位高度重视，做好本单位作品的布展、守展、撤展等各项工作。

（二）请相关教学单位积极组织本单位师生参加开幕式和参观学习，交通方式由各教学单位妥善安排，安排专人负责学生考勤。

（三）请相关教学单位提前通知本单位参展的研究生，在展览开幕式结束后，所有参展研究生应在自己作品展位前就位，做好参展作品的讲解工作。

（四）请相关教学单位提前做好师生安全教育，确保校区间往来的交通安全，保护好单位和个人的贵重物品。要求师生自觉遵守并维护展会秩序，文明参展。

（五）请相关教学单位加强对展览的宣传力度，展览期间注意收集各类影像资料，通过各类媒介和载体进行广泛宣传，营造积极、良好的展览氛围。

展览期间各项事宜可与研究生处培养科联系，联系人：×××，电话：××××××××。

××××大学党政办公室

2018年5月21日

××××大学发文稿纸

密级:　　　　　　　　　　　　　　　文号:　〔　　〕　号

<table>
<tr><td colspan="2">公文标题:
关于组织我校师生参加××××大学2018年毕业生艺术作品博览会(研究生毕业作品展)的通知</td></tr>
<tr><td colspan="2">主题词:</td></tr>
<tr><td>拟稿人:
请领导审阅。
科员Q,2018.5.19</td><td>核稿人:
已核
部门负责人W,2018.5.19</td></tr>
<tr><td>主送单位:各相关部门</td><td>抄送单位:</td></tr>
<tr><td>校　对:</td><td>份　数:</td></tr>
<tr><td>拟办意见:
请C副校长阅示。
办公室主任Y
2018.5.19</td><td>签　发:
请按要求修改。
C副校长,2018.5.20
同意发文。
C副校长,2018.5.21</td></tr>
<tr><td colspan="2">备注:</td></tr>
</table>

××××大学发文稿纸

密级:　　　　　　　　　　　　　　　　　　文号：××××政办〔2018〕×号

<table>
<tr><td colspan="2">公文标题:
关于组织我校师生参加××××大学2018年毕业生艺术作品博览会（研究生毕业作品展）的通知</td></tr>
<tr><td colspan="2">主题词:</td></tr>
<tr><td>拟稿人:
请领导审阅。
科员Q，2018.5.19</td><td>核稿人:
已核
部门负责人W，2018.5.19</td></tr>
<tr><td>主送单位：**各相关部门**</td><td>抄送单位:</td></tr>
<tr><td>校 对:</td><td>份 数:</td></tr>
<tr><td>拟办意见:
请C副校长阅示。
办公室主任Y
2018.5.19</td><td>签 发:
请按要求修改。
C副校长，2018.5.20
同意发文。
C副校长，2018.5.21</td></tr>
<tr><td colspan="2">备注:</td></tr>
</table>

××××大学发文稿纸

密级:　　　　　　　　　　　　　　　　文号: ××××政办〔2018〕×号

<table>
<tr><td colspan="2">公文标题:
关于组织我校师生参加××××大学2018年毕业生艺术作品博览会（研究生毕业作品展）的通知</td></tr>
<tr><td colspan="2">主题词:</td></tr>
<tr><td>拟稿人:
请领导审阅。
科员Q，2018.5.19</td><td>核稿人:
已核
部门负责人W，2018.5.19</td></tr>
<tr><td>主送单位: 各相关部门</td><td>抄送单位:</td></tr>
<tr><td>校 对: 科长M</td><td>份 数:</td></tr>
<tr><td>拟办意见:
请C副校长阅示。
办公室主任Y
2018.5.19</td><td>签 发:
请按要求修改。
C副校长，2018.5.20
同意发文。
C副校长，2018.5.21</td></tr>
<tr><td colspan="2">备注:</td></tr>
</table>

××××大学发文稿纸

密级: 　　　　　　　　　　　　文号: ××××政办〔2018〕×号

<table>
<tr><td colspan="2">公文标题:
关于组织我校师生参加××××大学2018年毕业生艺术作品博览会（研究生毕业作品展）的通知</td></tr>
<tr><td colspan="2">主题词:</td></tr>
<tr><td>拟稿人:
请领导审阅。
科员Q，2018.5.19</td><td>核稿人:
已核
部门负责人W，2018.5.19</td></tr>
<tr><td>主送单位: 各相关部门</td><td>抄送单位:</td></tr>
<tr><td>校 对: 科长M</td><td>份 数: 4份</td></tr>
<tr><td>拟办意见:
请C副校长阅示。
办公室主任Y
2018.5.19</td><td>签 发:
请按要求修改。
C副校长，2018.5.20
同意发文。
C副校长，2018.5.21</td></tr>
<tr><td colspan="2">备注:</td></tr>
</table>

最终文件:

××××大学

××政办〔2018〕×号

关于组织我校师生参加××××大学2018年毕业生艺术作品博览会（研究生毕业作品展）的通知

各相关部门:

根据学校安排，××××大学2018年毕业生艺术作品博览会（研究生毕业作品展）将于2018年5月22日开展。此次研究生毕业作品展是“艺博会”的重要组成部分，也是展示我校美术设计类研究生教育教学成果的重要窗口。为确保本次研究生毕业作品展的成功举办，现将有关事项通知如下:

一、展览时间、地点

展览时间: 2018年5月22—25日。

展览地点: ××××大学艺术中心大楼二、三楼展厅。

二、开幕式时间、地点

开幕式时间: 2018年5月22日上午10: 00。

开幕式地点: ××××大学艺术中心大楼一楼大厅。

三、参加人员

（一）校外嘉宾;

（二）学校领导;

（三）中国画学院、美术学院、造型艺术学院、设计学院、建筑艺术学院等研究生教学单位的书记、院长及分管研究生教学工作副院长，研究生教学秘书;

（四）美术学科、美术领域、设计学、设计领域各方向研究生导师;

（五）所有提交作品参加此次展览的研究生毕业生;

（六）研究生处（学科建设办公室）全体工作人员。

四、工作要求

（一）本次展览是第一次将研究生毕业留校作品在“艺博会”上单独展出，请相关教学单位高度重视，做好本单位作品的布展、守展、撤展等各项工作。

（二）请相关教学单位积极组织本单位师生参加开幕式和参观学习，交通方式由各教学单位妥善安排，安排专人负责学生考勤。

（三）请相关教学单位提前通知本单位参展的研究生，在展览开幕式结束后，所有参展研究生应在自己作品展位前就位，做好参展作品的讲解工作。

（四）请相关教学单位提前做好师生安全教育，确保校区间往来的交通安全，保护好单位和个人的贵重物品。要求师生自觉遵守并维护展会秩序，文明参展。

（五）请相关教学单位加强对展览的宣传力度，展览期间注意收集各类影像资料，通过各类媒介和载体进行广泛宣传，营造积极、良好的展览氛围。

展览期间各项事宜可与研究生处培养科联系，联系人：×××，电话：××××××××。

××××大学党政办公室（盖章）

2018年5月21日

练习题：

请结合上述流程，谈谈你对下行文的认识。

第十章 艺术项目中应用文综合运用示例

应用文写作都与具体的事务安排相对应，多种应用文的综合运用，形成对特定工作任务的文本支持系统。在艺术院校，许多学科范畴和专业性质的工作任务，都要通过项目运作来完成。艺术项目的开展，需要综合运用多种应用文，循序渐进地将工作任务交代清楚，落实下去。以下对艺术项目中应用文综合运用情况做简要描述，并选择××××大学中国—东盟音乐周、百米中国画长卷《八桂脱贫攻坚图》项目，作为观察应用文在艺术项目中综合运用的两个窗口。

第一节 应用文与艺术项目的运作

所谓艺术项目，是指将艺术人才、艺术材料和运营经费等资源组织起来，根据相关策划安排，进行一项一次性或不定期限的独立艺术工作任务，以期达到由数量和质量指标所限定的目标。艺术项目包括组织创作艺术作品、组织艺术作品展演与拍卖、组织艺术竞赛活动和组织艺术主题的学术会议等。在艺术项目运作过程中，应用文具有重要的文本支撑功能。

应用文不仅是人们传递信息、处理事务、交流感情的工具，还是具有契约性质的凭证和依据。和其他项目一样，艺术项目参数主要包括项目范围、质量、成本、时间、资源。在项目运作过程中，这些参数的预设、约定、更动，都需要通过应用文本予以确认，随后才具有效力和约束力。除基本参数之外，艺术项目运作过程中出现的其他目标、任务和具体事务，凡是需要通过程序加以确认的，一般也都以应用文的形式进行部署，即使相关描述全面、准确、不存疑义，也可作为归档资料以备日后查阅。可以说，正确、有效、充分利用应用文，是艺术项目正常运作的基本保障。

艺术项目的实施，要综合运用多种应用文。至于会用到什么文种，是由艺术项目实施的具体情况决定的。从艺术项目实施对应用文写作的要求看，加强单篇应用文写作能力固然是必要的，但也要强调应用文综合利用能力的重要性。以下我们开列一个清单，说明举办一场大型文艺活动基本上会涉及的应用文种类。

1. 策划案或项目申报书。在大型文艺活动的筹办阶段，要做一个事务性文书——策划案，作为向上级单位请示的依据，并以附件形式出现。有些学术性较强的文艺活动，按照现代项目管理制度，必须进行申报立项，这就要填写项目申报书。项目申报书属于技术业务类文书。

2. 递交上级部门请求举办这场活动的请示（附策划案）。高等院校的大型艺术活动，牵涉到政治导向、安全稳定、经费来源等复杂问题，需要向上级党政部门提交请示，得到上级党政部门认可的批复后，才能正式展开相关工作。

3. 上级部门的批复文（批复）。上级党政部门得到举办大型文艺活动的请示之后，会给出明确批示。在多数情况下，为避免烦琐的文来文往，上级部门会以签批单或批示的方式展示答复意见。

4. 工作方案。工作方案也可以作为文艺活动筹办阶段的文字材料，并往往处理成请示的附件。在更多情况下，工作方案指请示得到上级党政部门认可之后，为完成举办大型文艺活动任务而拟制的工作计划。工作方案一旦通过，就要严格执行。

5. 推进工作的会议纪要。大型文艺活动主办方与相关企业、部门、单位，就需要合作的工作事宜进行商洽，将达成共识的和有待达成共识的问题择要予以记录，作为今后开展工作的依据。

6. 签订的协议或合同。主办大型文艺活动，凡是可能涉及法律责任，特别是主办方与其他单位、个人之间的经费往来，如活动经费支持、广告营收、劳务费支出、场地车辆租用等，都要以协议或合同的方式予以明确。艺术项目的经济合同主要用于明确和经费相关的问题，如经济权利、经济责任和相关义务，以及任务完成后的奖金激励和任务不能完成情形下的经济赔偿等。

7. 通知。艺术项目实施过程中经常用到通知，该文种可以属于不同类别。如上级部门下发要求下属单位组织人员观看该大型文艺活动演出的通知，属于党政公务类文书。至于该大型活动组委会为开展工作，组织召开学术研讨会、召集工作人员开会的内部通知，一般而言属于事务类文书。

8. 涉及相关重大事项的专门请示。大型文艺活动的工作推进，有时会出现工作方向需要调整，与当初作为附件提交的策划案有较大出入的情况，这时就要专门就这一问题向上级部门提交请示。再如，大型文艺活动开幕等场合，若需上级部门领导致辞，也应专门发文请示。

9. 去函与复函。举办大型文艺活动，经常要与其他单位协调和对接相关工作，一般通过去函的方式传递要求，然后根据对方的复函内容相应地安排工作。按照公务文书的处理规定，一般是来函必复。开展艺术活动和艺术项目需外出调研时，经常用到考察函。

10. 邀请函。邀请函通常是发给个人的，公务性质不明显，因此并非一定要回复。大型艺术活动的开展，如请名家出场、请专家指导、组织评审和其他活动时，需要用到邀请函。大型艺术活动的组委会发邀请函，如果涉及安排住宿问题，一般要附回执供对方填写。

11. 广告、海报、推文。大型艺术活动和艺术项目成果的展演、汇报，其社会价值主要通过受众面和影响力来衡量。根据工作进展的需要发布广告、海报和推文，对于扩大艺术活动和艺术项目的影响力，无疑很有必要。广告、海报和推文，属于传播类文书。

12. 致辞。艺术项目经常通过作品展演和学术会议呈现工作进度，需要用到致辞。艺术活动致辞中比较重要的是开幕词和闭幕词，致辞人一般是主办方的领导，或者是德高望重的业界精英。在需要主持人的艺术活动中，还要提前拟写主持词。开幕词、闭幕词、主持词以及不常用的祝酒词，都属于礼仪类文书。

13. 宣传报道新闻稿。展演结束后，主办方一般要约请有影响力的媒体就举办的艺术活动撰写新闻稿件并及时发布。主办方也要组织本单位宣传部门撰写新闻稿，在本单位的官网上发布。本单位的新闻稿一般要点明所主办文艺活动的时间、地点、重要参与者、级别（国家级、省级、市厅级）等，还要简述活动的主要内容、创新之处和社会影响。

14. 工作总结。一项重要的工作结束之后要写总结，这是常规的工作任务，举办大型艺术活动也不例外。大型艺术活动工作总结的撰写，除了要陈述经验与收获、问题与不足之外，还要确立比较对象，即分析跟同类型的成功艺术活动比，差异和差距在哪里。通过对照，比较容易提炼出有价值的改进方向。

15. 表彰决定和表彰证书。对于得到省部级以上党政部门表扬的重大艺术活动或艺术项目，主办单位一般会对主创人员和有突出贡献者作出表彰决定，并颁发表彰证书。

16. 感谢信。大型艺术活动或艺术项目的开展，需要来自方方面面的帮助。任务结束之后，应对提供无偿帮助的组织和个人致信感谢。感谢信不能千篇一律，要简单说明感谢对象所做的具体贡献。

在大型文艺活动的筹划和运行过程中，我们可以对照以上清单并酌情增减，做好应用文写作的准备工作。

第二节　中国—东盟音乐周项目应用文示例*

例文目录：

1. 关于成立中国—东盟音乐周组委会的请示
2. 关于成立中国—东盟音乐周组委会的通知

---

* 说明：本书所使用的这些项目应用文案例，以某大学中国—东盟音乐周项目历年的应用文作为基础。这里根据教材编写和课堂教学需要，对原文进行了适度调整更改，对涉及的单位名称、人名、地名、时间、金额等，以若干×符号替代，以突出例文的模板作用和示范效应。

3. 邀请函（附日程安排和参会回执）
4. 租车协议书
5. 2018第七届中国—东盟音乐周开幕式致辞
6. 2018第七届中国—东盟音乐周开幕式主持词
7. 2018第七届中国—东盟音乐周开幕晚宴祝酒词
8. 海报
9. 2018第七届中国—东盟音乐周工作报告
10. 2018中国—东盟音乐周闭幕推动新音乐创作发展
11. 2018第七届中国—东盟音乐周在南宁开幕

例1：请示

关于成立中国—东盟音乐周组委会的请示

学校领导：

中国—东盟音乐周自2012以来，已成功举办六届，被誉为继北京现代音乐节、上海当代音乐周之后中国新音乐创作与交流的重要平台，在国内和国际音乐界享有较高声誉。在第七届中国—东盟音乐周来临之际，为了进一步规范管理，切实做好中国—东盟音乐周的各项工作，经研究，建议成立中国—东盟音乐周组织委员会。

妥否，请批示。

附件：1. 《中国—东盟音乐周章程》；
2. 《中国—东盟音乐周组委会成员名单》

××××大学音乐学院
2018年3月25日

例2：通知

关于成立中国—东盟音乐周组委会的通知

学校各部门、各单位：

为了切实做好我校中国—东盟音乐周各项有关工作，整合学校资源，共同打造国际高端艺术交流平台，经学校研究，决定成立中国—东盟音乐周组委会，成员名单如下：

主　席: ××× ×××

副主席: ××× ××× ××× ××× ××× ×××

顾　问: ××× ×××

中国—东盟音乐周组委会下设中国—东盟音乐周艺术委员会，负责组织开展中国—东盟音乐周各项具体工作:

主　任: ××× ×××

委　员: ××× ××× ××× ××× ××× ×××

××× ××× ××× ×××

×××(菲律宾) ×××(马来西亚)

各项具体工作由执行总监负责落实:

艺术总监: ×××

音乐总监: ×××

行政总监: ×××

学术总监: ×××

中国—东盟音乐周组委会下设办公室:

主任: ×××

××××大学

2018年3月29日

例3：邀请函

邀请函

尊敬的________________:

为促进中国与东盟国家之间的文化艺术交流，服务国家“一带一路”建设，我校自2012年以来每年举办“中国—东盟音乐周”(China-ASEAN music festival)，至今已成功举办六届，得到中国及东盟国家著名音乐院校、音乐团体及艺术家们的热情响应和积极参与，影响力逐年扩大，现已跻身于包括北京现代音乐节、上海当代音乐周在内的中国三大音乐交流平台之列，在国内甚至国际音乐界都享有较高的声誉，对推动中国与东盟国家的文化艺术交流，提升广西和南宁的知名度起到积极作用。

由中国音乐家协会、国际现代音乐协会(ISCM)指导，南宁市委宣传部支持，我校主办的第七届中国—东盟音乐周将于2018年5月29日至6月3日在广西首府南宁举行。本届音乐周将云集国内20余所院校、27个国家和地区的200余位音乐家。在为期6天的活动中，将举行21场精品音乐会、3场高峰论坛、1场钢琴独奏作品比赛、1场当代音乐评论比赛、1场中国—东盟音乐家联盟年会暨学术研讨会及5场大师班讲座。来自中国和东盟多国的高水平大型交响乐团、室内乐团将带来精湛的音乐表演。菲律宾作为本届音乐周的主题国，除了举办音乐会外，还将举办菲律宾民族乐器展。本届音乐周活动主要在我校和广西文化艺术中心举行，除在广西文化艺术中心音乐厅的4场音乐会以外，其余17场音乐会全部免票入场，向社会公众开放。

现诚挚邀请您参加本届音乐周的各项活动，并出席5月29日（周二）晚8：00在广西文化艺术中心音乐厅举办的音乐周开幕式交响乐作品音乐会。

感谢您对我校一直以来的关心支持。祝您生活愉快、工作顺利！

附件：1. 2018第七届中国—东盟音乐周日程表

2. 2018第七届中国—东盟音乐周开幕式交响乐作品音乐会参会回执

××××大学

2018年5月24日

（联系人：×××，联系电话：×××××××）

附件1

2018第七届中国—东盟音乐周日程表

日 期	上 午9: 30-12: 00	下 午15: 00-18: 00	晚 上20: 00
5月29日 星期二	报到与接待	报到与接待	开幕式交响乐作品音乐会 演奏: 越南国家交响乐团 指挥: ××××(日本) 地点: 广西文化艺术中心音乐厅
5月30日 星期三	1. 9: 30音乐周主题国菲律宾民族乐器展开幕式 地点: ××××大学艺术中心二楼 2. 10: 00 高峰论坛(一) 各国音乐专家学术交流 地点: ××××大学艺术中心一楼	1. 15: 00莫斯科现代室内乐团音乐会 地点: ××××大学音乐厅 2. 17: 00越南Gladia弦乐四重奏音乐会 地点: ××××大学音乐厅	越南国家交响乐团音乐会 指挥: ××××(日本) 地点: 广西文化艺术中心音乐厅
5月31日 星期四	9: 30高峰论坛(二) 音乐周主题国菲律宾 音乐专家论坛专场 地点: ××××大学艺术中心一楼	1. 15: 00四川音乐学院电子音乐与民族室内乐“幻境”音乐会 地点: ××××大学音乐厅 2. 17: 00中国—东盟音乐节钢琴独奏比赛获奖作品音乐会 地点: ××××大学音乐厅	美国AWS小交响乐团音乐会 指挥: ××××(美国) 地点: ××××大学会演中心
6月1日 星期五	9: 30高峰论坛(三) 各国音乐专家学术交流 地点: ××××大学艺术中心一楼	1. 15: 00竹韵小集(香港)室内乐团音乐会 地点: ××××大学音乐厅 2. 17: 00卢森堡室内乐协会乐团音乐会 地点: ××××大学音乐厅	1. 菲律宾大学音乐学院TUGMA乐团音乐会 地点: ××××大学会演中心 2. 法国长笛演奏家杜尚独奏音乐会 地点: ××××大学会演中心
6月2日 星期六	1. 9: 30中国—东盟音乐周乐评比赛 地点: ××××大学学术报告厅 2. 10: 00中国东盟音乐家联盟年会 地点: ××××大学音乐学院会议室	1. 15: 00马来西亚北纬10度室内乐团与印尼甘美兰音乐会 地点: ××××大学音乐厅 2. 17: 00南宁国际民歌节作品与××××大学室内乐团音乐会 地点: ××××大学音乐厅	1. 交响乐作品音乐会 演奏: 广西交响乐团&××××大学交响乐团 指挥: ×××(中国) 地点: ××××大学中心音乐厅 2. ××××大学合唱团音乐会 指挥: ×××(中国) 地点: ××××大学音乐厅
6月3日 星期日	10: 00“双姊黑白”钢琴二重奏音乐会 地点: ××××大学音乐厅	1. 15: 00星海音乐学院岭南民族室内乐团专场音乐会 地点: ××××大学音乐厅 2. 17: 00 缅甸围锣、日本传统乐器室内乐音乐会 地点: ××××大学音乐厅	闭幕式民族管弦乐作品音乐会 演奏: ××××大学民族乐团&广西民族乐团 指挥: ××××(中国) 地点: 广西文化艺术中心音乐厅

附件2

2018第七届中国—东盟音乐周开幕式交响乐作品音乐会参会回执

单位名称（盖章）：

姓名	职务	联系电话	车辆号码

备注：1. 开幕式音乐会时间：2018年5月29日（周二）晚8：00；

2. 回执请于5月28日（周一）前传真至×××××，或发送电子版至×××××（邮件主题请注明“参加音乐周开幕式音乐会”）。

例4：协议书

租车协议书

甲方：××××大学（以下简称甲方）

乙方：广西×××汽车服务有限公司（以下简称乙方）

经双方协商，乙方以收费的方式为甲方提供包车服务，并达成以下条款：

一、乙方按甲方用车的日期、路线、车型提供相应的车辆及服务，双方商定车价等。

二、行程：市内。

三、租车时间：　　年　　月　　日至　　日（共用×天）。

四、乙方责任和义务：

1. 乙方向甲方提供的车辆必须具备齐全有效的各种证件。甲方提供车辆的车牌号是：桂ARN0×2 、桂AN9×6Q、桂AV6×6B，共三部车。

2. 司机必须持符合国家行业要求的有效证件上岗（驾驶证、行驶证、资格上岗证等）。

3. 在包车期间，司机做到听从甲方调度，遵守交通规则，保证行车安全。

4. 乙方如未能在本协议约定的时间内向甲方提供协议约定用车，应对甲方所发生的损失负责并赔偿。

五、乙方租车费用结算方式：转账。包车总费用合计：¥　　　元（含税）。

六、所有包车行程中所产生的油费、过路费、停车费由乙方负责。

七、所有包车行程中所产生的司机餐费和住宿费由甲方提供。

八、因不可抗因素（如：自然灾害等）导致协议终止，双方互不承担责任。

九、本协议如有未尽事宜，双方应友好协商解决，签订补充协议。协商不能达成一致意见，可向协议签订之地的法院申请仲裁。

十、补充协议可作为本合同的附件，同样具有法律效力。

十一、本合同一式两份，双方各执一份，一经双方代表签字盖章，即具备同等法律效力。

甲方：××××大学 （公章）	乙方：×××××汽车服务有限公司
代表：	代表：
电话：	开户行：
	账号：
	电话：
年　　月　　日	年　　月　　日

例5：开幕式致辞

2018第七届中国—东盟音乐周开幕式致辞

尊敬的各位领导、各位来宾，亲爱的老师、同学们：

大家晚上好！

今晚，2018第七届中国—东盟音乐周在大家的期待中拉开序幕。在此，我谨代表××××大学，向出席今晚开幕式的各位领导、各位艺术家及外国朋友们表示热烈欢迎！向关心支持我校事业发展的各界人士表示诚挚的感谢！

朋友们，在中国音乐家协会、国际现代音乐协会（ISCM）指导下，在广西壮族自治区党委宣传部、自治区文化厅、南宁市委宣传部等上级有关部门以及世界各地艺术院校、团体的大力支持下，我校从2012年至今已成功举办了六届中国—东盟音乐周。音乐周的影响力不断扩大，成为中国和世界各国音乐家新音乐创作交流的一个中心，为挖掘新作品、培养新音乐创作表演人才、培养扩大听众群体提供了动力。

在本届音乐周各项工作准备就绪之际，上海音乐学院“上海当代音乐周”与我校“中国—东盟音乐周”联合申报，成功获得2021年世界新音乐节（World New Music Days）举办权。此次联合申办融合了中国两大新音乐平台的特色，将为来自全世界的新音乐家和研究者提供全新的创作机遇和研究视角，将极大地促进中国和东盟新音乐的发展。这代表着国际音乐界对中国—东盟音乐周及中国当代音乐文化发展的肯定，是我们共同的荣耀与骄傲。

各位来宾、朋友们！艺术没有国界，人文艺术交流是促进“一带一路”建设的坚实基础、促进民心相通的重要内容，中国—东盟音乐周开辟了中国与东盟艺术交流合作的新平台，成为各国加深了解、增进友谊的重要桥梁。希望各位在本届音乐周的艺术盛宴中感受各国音乐文化的魅力，希望中国—东盟音乐周能进一步推动中国—东盟以及世界音乐的发展交流，成为艺术“丝绸之路”的重要一站。

今夜，让我们从越南国家交响乐团开始，开启本次音乐周的音乐盛宴，预祝本届音乐周取得圆满成功。**现在，我宣布：2018第七届中国—东盟音乐周开幕！**

例6：主持词

2018第七届中国—东盟音乐周开幕式主持词

尊敬的各位领导、各位来宾、亲爱的朋友们：

大家晚上好！欢迎大家来到2018第七届中国—东盟音乐周开幕式交响作品音乐会现场，我是主持人×××。

在中国音乐家协会、国际现代音乐协会（ISCM）的指导下，在自治区党委宣传部、南宁市委宣传部等有关部门的大力支持下，由××××大学主办的第七届中国—东盟音乐周如期与大家见面了。此前，中国—东盟音乐周成功举办了六届，引起了较大的社会关注，逐渐发展成为蜚声国内外的音乐文化盛会。今晚，我们在此隆重举行2018中国—东盟音乐周的开幕式并举办本届音乐周的首场交响乐作品音乐会。

首先，有请全国政协常委、中国文联副主席、中国音协主席、中央音乐学院教授、博士生导师、北京现代音乐节艺术总监×××先生致辞，大家欢迎！

……（致辞完毕）谢谢×××先生热情洋溢的致辞。

上周，在国际现代音乐协会（ISCM）2018年全体大会上，上海音乐学院“上海当代音乐周”与我校“中国—东盟音乐周”联合申报，成功获得了2021年世界新音乐节（World New Music Days）举办权。今天，国际现代音乐协会主席、比利时皇家音乐学院作曲系教授×××先生也来到了大会现场，让我们以热烈的掌声欢迎×××先生为本届中国—东盟音乐周致辞！

……（致辞完毕）谢谢×××先生，感谢国际现代音乐协会对中国—东盟音乐周和我校的肯定。

今年，中国—东盟音乐周首次设立了音乐周主题国，本届音乐周主题国是菲律宾。下面，有请菲律宾驻广州副总领事×××先生致辞，大家欢迎。

……（致辞完毕）谢谢×××先生。期待菲律宾的音乐界朋友给本届音乐周带来精彩的菲律宾音乐元素。

我校高度重视中国—东盟音乐周的举办，举全校之力精心培育和打造中国—东盟音乐周这个国际性学术交流平台。下面，请全国人大常委会委员、××××大学校长×××教授致辞并宣布本届音乐周开幕，大家欢迎。

……（致辞并宣布完毕）谢谢×××校长！

2018第七届中国—东盟音乐周开幕式到此结束。接下来，本届音乐周首场音乐会即将开始，越南国家交响乐团将为大家送上来自东盟国家以及中国和美国的音乐家们创作的8部音乐作品，乐团指挥：×××（日本）。

音乐会上半场，大家将欣赏到×××先生创作的《风花雪月III 碧蓝洱海》，×××先生的作品*Rice Small Drum*，×××先生创作的音乐作品《交响舞剧组曲“情殇”》，×××女士创作的音乐作品《动势》，×××先生的作品《白马印象（第三章）》，请大家欣赏。

……

女士们、先生们，音乐会的上半场到这里就结束了，让我们休息十五分钟。之后精彩继续。

……

各位领导、各位来宾，现场的观众朋友们，欢迎大家再次回到2018第七届中国—东盟音乐周开幕式交响作品音乐会现场。下面我们即将欣赏的是×××先生的作品《破晓》，中国作曲家×××先生创作的作品《敦煌序曲》，×××先生的作品《第八交响曲—尘Ⅲ》。

……

各位领导、各位嘉宾，2018第七届中国—东盟音乐周开幕式交响作品音乐会到这里就全部结束了。感谢乐团指挥×××先生及越南国家交响乐团艺术家的精彩演出，感谢音乐家创作了如此美好的音乐，让我们共同度过了一个美好的夜晚。

今天晚上的交响乐作品音乐会拉开了本届中国—东盟音乐周的序幕。从今天开始到6月3日，在为期6天的时间内，中国—东盟音乐周将陆续为大家献上21场音乐会、3场高峰论坛、1场钢琴独奏作品比赛、1场当代音乐评论比赛、1场中国—东盟音乐家联盟年会暨学术研讨会和5场大师班讲座，期待大家的关注。祝各位在音乐周期间，身体健康、心情愉快。今晚的活动到此结束，祝大家晚安！

例7：祝酒词

2018第七届中国—东盟音乐周开幕晚宴祝酒词

尊敬的各位来宾，女士们、先生们：

大家晚上好！

很高兴我们又相聚在中国—东盟音乐周。今晚，第七届音乐周即将开幕，在接下来的6天时间里，来自国内20余所院校、27个国家和地区的300余位音乐家欢聚一堂，将呈现多场高质量、高水平的音乐表演。这是一场难得的艺术盛宴，也是一个文化艺术交流的盛会。我为各位朋友远道而来参加音乐周而感到万分高兴，在此，我谨代表××××大学全体师生，对在座的各位表示热烈欢迎，为我们能够相聚表示衷心的感谢！

艺术是无国界的，期待大家在本次音乐周活动中尽情畅谈与分享，在音乐中增进情谊，在艺术中促进交流。现在我提议，为2018第七届中国—东盟音乐周的顺利举办，为创造更美好的音乐，为我们友谊长存，干杯！

例8：海报

例9：工作报告

2018第七届中国—东盟音乐周工作报告

中国—东盟音乐周自2012年以来，已成功地举办了六届，共演出了一百余场音乐会，展演了国内外数百部音乐作品，举行了二十余场“高峰论坛”，获得了国内外音乐家们的关注与好评，对中国和东南亚以及全世界现代音乐的发展交流发挥了重要作用。音乐周秉承“传统与现代的结合—民族与世界的融通”这一宗旨，推动了民族音乐的发展与传播，向世界展现了中国民族音乐的魅力。2018第七届中国—东盟音乐周于5月29日开始，于6月3日落下帷幕，现将本届音乐周举办情况及有关成果报告如下。

一、举办情况及成果

（一）规模与影响不断扩大。本届音乐周邀请到来自菲律宾、越南、马来西亚、泰国、美国、西班牙、以色列、俄罗斯、日本等27个国家和地区的音乐家汇聚南宁共襄盛会。出席本届音乐周的国内外来访专家、乐团总人数达308人（国内104人，国外204人，其中东盟国家占159人），中外音乐演出团体共21个，参加活动的国内院校共计20多所。我校参加创作、演出以及服务工作的老师共81人，学生志愿者共285人。在为期6天的时间内，共举行了21场精品音乐会、3场高峰论坛、1场钢琴独奏作品比赛、1场当代音乐评论比赛、1场中国—东盟音乐家联盟年会暨学术研讨会和5场大师班讲座。

（二）参加两赛（作曲比赛、当代音乐评论比赛）的作品学术质量高、创作水平高、竞争激烈。本次比赛共收到钢琴独奏作品52部、文章51篇。在作曲比赛中，获奖作品在音乐周期间举办专场音乐会，由音乐学院钢琴系青年教师×××、×××、×××、×××、×××、×××等倾情演绎。在当代音乐评论比赛中，我校×××同学获三等奖，×××和×××两位同学分别获得优秀奖。

（三）极大地提升了我校音乐学科水平。在音乐创作方面，我校×××、×××、×××、×××、×××、×××、×××、×××、×××、×××、×××、×××、×××等老师创作的新作品共有25部。在演奏方面，我校交响乐团×××、×××、×××、×××、×××，民乐团×××、×××、×××、×××、×××，室内乐团×××、×××等演奏专业的老师和学生，参加排练、演出多场音乐会。在演唱方面，音乐学院声乐系×××、×××、×××、×××以及合作钢琴×××、×××等老师纷纷参加演出工作，×××老师带领合唱团举办专场音乐会。通过排练这些高难度的当代音乐作品，我校师生的演奏、演唱水平得到很大提高，并向全国乃至世界展示了我校音乐专业的实力，音乐学科水平得到很大提升。

（四）获得2021年世界新音乐节的举办权。2018年5月25日，在国际现代音乐协会（ISCM）2018年全体成员大会上，我校“中国—东盟音乐周”和上海音乐学院“上海当代音乐周”联合申报，成功获得“2021年世界新音乐节”的举办权。这说明中国—东盟音乐周在音乐界的影响得到了国际现代音乐协会的认可，说明国际音乐界对中国—东盟音乐周及中国当代音乐文化发展给予了充分肯定，这将有助于促进我校音乐学科的发展，是我校努力实现国内一流、国际有影响、特色鲜明的综合性艺术大学办学目标的生动实践，为学校80周年校庆献上了一份厚礼。这是中国当代音乐事业的骄傲，更是广西音乐与世界音乐融为一体的里程碑式转折。

（五）注重宣传，新媒体的加入为推广音乐周起到了关键作用。与时俱进，邀请了具有影响力的媒体，选择了目前传播量大而且受众群广泛的新媒体——手机直播平台、微信公众号等方式来参与音乐周的全程报道，在现有的条件下最大限度地拓宽了宣传的广度。本次活动共邀请了音乐周报、中国艺术报、广西日报、中新社、中央广电总台国际在线、中国新闻网、当代新闻网等多家媒体报道，习音堂直播平台和乐评界著名微信公众号“潮人谈”等公众号纷纷发布报道。其中直播平台为音乐周创造了26 087人次的浏览量，公众号的阅读量也达到了19 027人次。

二、活动亮点

（一）音乐周的立足点在于展示东盟国家的民族民间音乐文化，彰显中国与东南亚区域民族音乐文化特色，促进中国与东盟各国的音乐文化交流。音乐周首次设立主题国（菲律宾），除了举办专场音乐会、专场高峰论坛外，还首设菲律宾民族乐器展。17个种类共计43件菲律宾传统乐器，向观众展示了菲律宾极富特色的民族民间音乐文化。

（二）音乐周重视回到音乐的根本——强调音乐要造福于民。在音乐周期间，17场音乐会向市民免费开放，这是与北京、上海不同的地方，也是我们的特色。北京现代音乐节和上海当代音乐节的受众多为专业音乐人士，呈现出音乐与音乐家单向连接的特点。中国—东盟音乐周打破了这一局面，呈现出多元化现代音乐节的画面，使音乐走到大街小巷，与普通民众互动融合，每场音乐会和高峰论坛都座无虚席。

（三）“邀请世界一流的音乐家，演奏世界一流的音乐作品”已成为中国—东盟音乐周的一大特色。本届音乐周不仅邀请到指挥家×××（日本）、小提琴家×××（美国）、单簧管演奏家×××（美国）、长笛演奏家×××（法国）等多位世界知名演奏家与越南国家交响乐团、美国WAS小交响乐团、广西交响乐团等国内外著名交响乐团，还集聚了在国际上负有盛名的室内乐音乐团体，既有莫斯科现代室内乐团、卢森堡室内乐团等独具欧洲现代元素的乐团，也有来自香港竹韵小集室内乐团和日本传统乐器室内乐团等独具传统元素的乐团，更有来自东盟国家的菲律宾大学TUJMA乐团、马来西亚北纬10度室内乐团等独具东盟元素的乐团。除此之外，××××大学民族乐团、××××大学交响乐团、星海音乐学院民族室内乐团、四川音乐学院电子音乐与民族室内乐团等都为此次音乐周作出了巨大的努力与贡献。

（四）三百余位志愿者默默付出，为音乐周的顺利举办保驾护航。由音乐学院全体领导成立的执行委员会机构，下设八个分组：学术组×××、×××、×××、×××等，宣传组×××、×××等，演出事务组×××、×××等，舞台保障组×××、×××、×××、×××、×××等，安全保卫组×××等，接待组×××、×××、×××等，后勤保障组×××等以及国交处×××院长、×××、×××等多位教师全力支持的外事组，带领我校285名学生志愿者参加了本次活动的服务工作。细心、周到、热情的服务，得到了与会音乐家们的一致好评。

三、发展目标

中国—东盟音乐周所取得的成绩，得到了国际现代音乐协会的认可，形成了世界影响。但未来如何更好地发展这一音乐平台，始终是一项重要课题，我们要认真总结经验，在创新中坚守自己的特色与优势。具体从以下五个方面加以改进：

（一）加强管理，确保活动有序进行。举办大型活动的经验还需不断提高，管理上还存在许多不足，应使工作更加精细化，加强执行委员会机构的责任制，做到真正与世界接轨，向名副其实的世界级目标奋斗。

（二）加强软件建设，提高音乐专业水平。在音乐创作、演唱、演奏上，还存在许多不足，应该提高音乐创作质量，加强演唱、演奏水平，大力引进人才。

（三）加强硬件建设，推进规范管理。音乐周每届来访的乐团有十余支，目前的排练厅场地基本能满足乐团排练的需要，但像低音贝斯、打击乐等大件乐器的配置，无法满足乐团排练的需求。

（四）音响、总谱、文章等资料的出版和保存。对于我校教师创作的作品，建议出版音响、视频和总谱资料。另外，后续的文章宣传也要跟进，如每年都在《人民音乐》期刊发表活动的综述，上海音乐学院主办的《中国音乐年鉴》，收录了历届音乐周的综述。在这方面，我们还应扩大宣传，力求资料保存完整。

（五）进一步深入加强对外联系交流。在演出和学术活动方面应更深入地加强与东盟国家的交流，尤其是在学科研究领域，可上升为重大研究课题方向。

只有总结经验与不足，不断优化改进，才能使中国—东盟音乐周始终充满活力、动力与竞争力，使中国—东盟音乐周保持中国乃至世界音乐展示的重要平台地位，并为举办2021年世界音乐节打下坚实的基础。只要我们精诚团结，就一定能将中国—东盟音乐周做到真正意义上的世界级水准。

例10：新闻报道

2018中国—东盟音乐周闭幕 推动新音乐创作发展

中新社南宁6月3日电 （记者 ×××）2018中国—东盟音乐周闭幕晚会3日在广西南宁市举行，为期7天的盛会落下帷幕。

中国—东盟音乐周与北京现代音乐节、上海当代音乐周共同组成中国“新音乐”创作的三大平台，今年吸引了来自世界27个国家和地区的近300名音乐家共享盛宴。

越南国家交响乐团呈现了由中国、越南及以色列三国优秀作曲家创作的作品；有着“美国音乐界最原始的乐团”之称的美国AlarmWillSound小交响乐团，在专场音乐会上展现交响乐的独特魅力；莫斯科现代室内乐团通过演绎风格各异的作品，表现了俄罗斯音乐的独特魅力；卢森堡室内乐团（KMVL）对中国、菲律宾、韩国作曲家的新作进行了诠释……

作为本届音乐周的“主题国”，菲律宾携带17个种类共计43件传统乐器亮相，并举办民族乐器展；菲律宾大学音乐学院乐团连演两场，生动呈现了当地不同地理空间的音乐文化，引发观众强烈共鸣。

菲律宾驻广州总领事馆副领事×××说，音乐是菲律宾文化的重要组成部分，此次带来的传统音乐体现了菲律宾人民热情活泼的个性和非凡的创造力。音乐周平台加深了中国—东盟各国音乐家的交流和感情，有助于促进民心相通。

×××副领事期待菲律宾与中国今后在音乐领域开展更多合作，共同保护传承发展民族音乐。

中国音乐家协会主席×××也表示，本届音乐周吸引众多高水平音乐家参与，印证了当今中国音乐的蓬勃发展，对推动中国与世界音乐的交流融合、扩大新音乐创作的影响力起到重要作用。

越南音乐家协会主席×××也表示，本届音乐周对区域艺术人才的培养、优秀音乐作品的创造传播和中越传统友谊的巩固传承，具有积极意义。

“音乐有汇聚人心的力量，能够缓解矛盾，促进合作。”国际现代音乐协会主席×××希望，中国—东盟音乐周不断扩大国际影响力，成为世界顶尖音乐家创作“新音乐”的中心之一。

例11：新闻报道

2018第七届中国—东盟音乐周在南宁开幕

人民网-广西频道 2018-05-31

人民网5月31日电 （×××）5月29日，2018第七届中国—东盟音乐周在广西文化艺术中心音乐厅开幕。自治区相关领导，国内音乐界专家、学者，××××大学校领导及广大市民到场参加了开幕。

中国—东盟音乐周（China-ASEAN music festival）是由中国音乐家协会、国际现代音乐协会（ISCM）指导，南宁市委宣传部支持，××××大学主办，××××大学音乐学院承办的国际大型音乐文化交流活动。中国—东盟音乐周创办于2012年，以中国、东盟各国及亚洲国家和地区为中心，与欧美国家密切联系和深入交流音乐新作品的创作、理论研究和音乐表演，使中国音乐在全世界进一步扩大影响。

第七届中国—东盟音乐周期间，来访国家（地区）有27个，来访音乐家近300人，中外演出团体23个。在为期7天的时间内，将举行21场音乐会、3场高峰论坛、1场钢琴独奏作品比赛、1场当代音乐评论比赛、1场中国—东盟音乐家联盟年会暨学术研讨会和5场大师班讲座，可谓是大咖云集。菲律宾作为本届音乐周的主题国，除举办音乐会外，还将举办菲律宾民族乐器展。

在本届音乐周上，越南国家交响乐团、广西交响乐团、××××大学民族管弦乐团等国内外优秀的大型演出团体，将在广西文化艺术中心音乐厅呈献4场大型交响乐作品音乐会；菲律宾大学音乐学院TUMA乐团、马来西亚北纬10度室内乐团、缅甸围鼓围锣室内乐团、印度尼西亚甘美兰乐团、美国WAS小交响乐团、俄罗斯莫斯科现代室内乐团等国内外一流的演出团体也将带来当代音乐作品与精湛的表演，将演奏×××、×××、×××、×××、×××、×××、×××、×××、×××、×××、×××等国内外著名作曲家的新作品。

本届音乐周除了在广西文化艺术中心音乐厅举办的4场音乐会以外，其余17场音乐会全部免票入场，向社会公众开放。

中国—东盟音乐周是中国和世界各国顶尖音乐家创作“新音乐”的一个重要中心，与北京现代音乐节、上海当代音乐周共同组成中国“新音乐”创作的三大平台，是挖掘新作品、培养新音乐人才、扩大新听众的重要力量。中国—东盟音乐周自举办以来已经成为中国—东盟间的大型周期性音乐创作、表演、理论研究艺术活动，成为艺术家、表演团体、演出机构竞相展示实力、参与交流的重要舞台之一，有力推动了中国、东盟以及世界音乐的交流和发展。

5月25日，在国际现代音乐协会（ISCM）2018年全体成员大会上，由××××大学“中国—东盟音乐周”和上海音乐学院“上海当代音乐周”联合组成的申办团队获得2021年国际现代音乐协会世界新音乐节（World New Music Days）主办权。据悉，这也是继中央音乐学院“北京现代音乐节”成功获得2018国际现代音乐协会世界新音乐节举办权后，中国的当代音乐周再次获得该音乐节的举办权。

练习题：

假如××××大学拟举办“2025年中国—东盟舞蹈邀请赛”，请以小组合作的方式完成以下任务：1. 列出完成本次活动需要用到的应用文清单；2. 按照确定的清单，完成所有应用文的写作任务。

第三节　百米中国画长卷《八桂脱贫攻坚图》项目应用文示例*

例文目录：

1. ××××大学关于百米中国画长卷《八桂脱贫攻坚图》创作经费支持的请示

* 说明：本书所使用应用文案例，以某大学《八桂脱贫攻坚图》创作项目的应用文作为基础。这里根据教材编写和课堂教学需要，对原文进行了适度调整更改，对涉及的单位名称、人名、地名、时间、金额等，以若干×符号替代，以突出例文的模板作用和示范效应。

2. 关于××××大学申请百米中国画长卷《八桂脱贫攻坚图》创作经费支持的批复

3. 百米中国画长卷《八桂脱贫攻坚图》创作协议

4. 百米中国画长卷《八桂脱贫攻坚图》创作展览活动方案

5. 关于《八桂脱贫攻坚图》创作的工作进度报告

6. ××××大学庆祝中国共产党成立100周年脱贫攻坚主题百米长卷《八桂脱贫攻坚图》画展邀请函

7. 庆祝中国共产党成立100周年脱贫攻坚主题百米长卷《八桂脱贫攻坚图》画展开幕式致辞

8. ××××大学庆祝中国共产党成立100周年脱贫攻坚主题百米长卷《八桂脱贫攻坚图》画展开幕式主持词

9. 海报

10. 《八桂脱贫攻坚图》前言

11. 百米长卷巨幅中国画震撼亮相南宁

12. 百米巨幅长卷《八桂脱贫攻坚图》献给党

13. 《八桂脱贫攻坚图》创作委员会证书

例1：请示

××××大学关于百米中国画长卷《八桂脱贫攻坚图》创作经费支持的请示

自治区××部：

2021年是中国共产党成立100周年。在迎来中国共产党成立100周年的重要时刻，我国脱贫攻坚战取得了全面胜利，完成了消除绝对贫困的艰巨任务，创造了又一个彪炳史册的人间奇迹。这是中国人民的伟大光荣，是中国共产党的伟大光荣，是中华民族的伟大光荣。广西作为脱贫攻坚的主战场之一，在党中央的正确领导下，历届党委、政府带领全区各族干部群众齐心协力，尽锐出战，如期高质量打赢了脱贫攻坚战，取得了巨大成就，为“建设壮美广西　共圆复兴梦想”奠定了坚实的基础。

为了用艺术的形式全景式展示和记录脱贫攻坚的宏伟历史和伟大成就，激励全区人民昂首阔步、满怀信心投入乡村振兴建设，歌颂党的丰功伟绩，进一步推进我区重大题材美术作品的创作，我校拟联合××书画院、××画派促进会一百余名画家共同创作百米中国画长卷《八桂脱贫攻坚图》，向建党100周年献礼，拟于2021年7月前正式展出。

该作品创作经费预算×××万元（包括画材、写生、展览、装裱、出版等费用），为确保作品如期高质量完成，特恳请自治区××部给予我校×××万元的创作经费支持。

妥否，请批示。

××××大学

×年×月×日

（联系人：×××，联系电话：××××××××××）

例2：批复

关于××××大学请示百米中国画长卷《八桂脱贫攻坚图》创作经费支持的批复

××××大学：

你校《关于百米中国画长卷<八桂脱贫攻坚图>创作经费支持的请示》（××政报〔2021〕×号）已收悉。

经研究，为支持百米中国画长卷《八桂脱贫攻坚图》创作，用艺术的形式展示和记录脱贫攻坚的宏伟历史和伟大成就，激励全区人民昂首阔步、满怀信心投入乡村振兴建设，歌颂党的丰功伟绩，献礼中国共产党成立100周年，同意划拨××万元用于《八桂脱贫攻坚图》创作，并将该项目纳入自治区建党100周年的献礼工程。

希望全体创作人员用心用情投入创作，确保作品如期高质量完成，打造出一项留得下、传得开的主旋律精品力作。

此复

广西壮族自治区××部

×年×月×日

例3：协议书

百米中国画长卷《八桂脱贫攻坚图》创作协议

甲方：××××大学

乙方：××书画院

为庆祝中国共产党成立100周年，××××大学、××书画院联合组织画家共同创作百米中国画长卷《八桂脱贫攻坚图》（以下简称作品），经双方协商以一致，达成以下条款，以资共同遵守：

一、合作目的

甲方与乙方利用各自优势，共同组织画家，创作百米中国画长卷《八桂脱贫攻坚图》，参与画家人数及具体人员由双方协商确定。

二、创作经费

甲方预估作品创作经费需人民币×××（大写）万元整（¥×××.××元），经甲方向区××部请求经费支援，根据部领导指示精神，双方各承担一半，即甲乙双方各承担创作经费人民币×××（大写）元整（¥×××.××元），以资共同完成百米长卷创作。

创作经费由甲方负责管理，乙方负责创作经费支付形式为甲方整理相应票据，按乙方财务制度制作报销单，由乙方审核，审核通过签字批准报销相应费用，乙方负责创作经费以人民币×××（大写）元（¥×××.××元）为限。

三、甲方的权利义务

1. 负责组织、协调画家完成作品的创作；

2. 负责为画家提供创作环境和后勤保障；

3. 负责作品的装裱、展览、宣传推介等事务；

4. 所有宣传推介必须注明××××大学和××书画院两家名称；

5. 负责创作经费人民币×××（大写）元整（¥×××.××元），不足部分亦由甲方补足；

6. 甲方统筹安排支付创作过程中所需要的经费，如：材料费、写生费用、装裱费、展览和宣传推介等费用。

7. 承担作品的收藏和保管责任，配合乙方的展览、出版等需求，积极发挥作品的教育和研究功能。

四、乙方的权利义务

1. 组织本院的画家参与作品部分内容的创作；

2. 与甲方一起分担作品经费，乙方负责经费人民币×××（大写）元整（¥×××.××元），并以此为限；

3. 配合甲方做好作品的展览、宣传等工作，宣传推介必须注明××××大学和××书画院两家名称；

4. 对创作经费的使用有知情权和监督权。

五、其他

1. 作品的版权、所有权属于甲乙双方共同所有。

2. 甲乙双方皆对作品拥有展览、宣传、署名等权利。

3. 作品由甲方永久负责收藏和保管，主要用于教学、展览和学科建设等事宜，乙方需要作品展览、出版时，由乙方向甲方发出书面通知，甲方需在×日内答复乙方，并配合移交作品给乙方用于相关事宜，如因甲方原因导致乙方展览等事宜延误，甲方需向乙方承担相应违约责任及损害赔偿责任。

4. 未尽事宜，由双方协商解决。

5. 本协议一式两份，经双方签字盖章后生效。

××××大学（盖章）	××书画院（盖章）
法定代表人	法定代表人
或授权代表（签字）：	或授权代表（签字）：
年 月 日	年 月 日

例4：策划案

百米长卷《八桂脱贫攻坚图》创作展览活动方案

2021年是中国共产党成立100周年。2月25日，习近平总书记在全国脱贫攻坚总结表彰大会上庄严宣告，经过全党全国各族人民共同努力，在迎来中国共产党成立100周年的重要时刻，我国脱贫攻坚战取得了全面胜利，完成了消除绝对贫困的艰巨任务，创造了又一个彪炳史册的人间奇迹！这是中国人民的伟大光荣，是中国共产党的伟大光荣，是中华民族的伟大光荣！

广西作为脱贫攻坚的主战场之一，在党中央的正确领导下，历届党委、政府带领全区各族干部群众齐心协力，如期高质量打赢了脱贫攻坚战。为充分展示广西脱贫攻坚的重大成就，我校与广西美术家协会、××书画院、××画派促进会联合广西部分优秀画家拟共同创作百米中国画长卷《八桂脱贫攻坚图》，具体方案如下。

一、作品主题

《八桂脱贫攻坚图》以表现广西人民牢记习近平总书记的嘱托，在自治区党委政府的领导下齐心协力，决战决胜脱贫攻坚的重大决策、重大实践和重大成果，以及在脱贫攻坚中涌现出的先进榜样为主题，反映广西八桂儿女勤劳朴实、团结向上、担当实干、奋发勇为的精神。

二、创作内容

《八桂脱贫攻坚图》共分为《伟大的决策》《伟大的行动》《伟大的榜样》《伟大的成就》《伟大的新征程》五个篇章，以百米长卷中国画形式，全景式描绘广西各族人民在党中央和自治区党委政府的领导下高质量打赢脱贫攻坚战，昂首阔步、满怀信心投入乡村振兴建设的生动画卷。

三、主办单位

××××大学

××书画院

××画派促进会

四、组织机构

顾 问：××× ×××

总策划：××× ×××

执行策划：××× ××× ××× ××× ×××

××× ×××

（一）策划组

分管领导：××× ×××

组　长：××× ×××

副组长：××× ××× ××× ×××

成　员：××× ××× ×××

工作职责：撰写创作文案，制订活动计划，宣传报道。

（二）创作组

分管领导：××× ×××

组 长：××× ×××

副组长：××× ××× ××× ×××

成　员：××× ×××

工作职责：制订采风、创作计划，绘制草图，组织画家完成创作任务。

（三）展览组

分管领导：×××

组 长：×××

副组长：×××

成员：××× ×××

工作职责：作品装裱，布置展览。

（四）后勤组

分管校领导：××× ×××

组长：×××

副组长：××× ×××

成员：××× ××× ×××

工作职责：安排经费和场地，提供交通保障等。

五、创作计划

1. 3月3日前完成长卷小样并开展第一次讨论

2. 5月1日前完成作品

3. 6月1日前完成作品装裱

4. 6月中旬展览

六、经费预算（××万元）

1. 作品创作材料费：××万元
2. 画家下乡写生费：××万元
3. 作品装裱费：××万元
4. 展览活动摄像、图文、编辑、设计等制作宣传费：×万元
5. 展览场馆租赁费：××万元
6. 展览活动布、撤展费：×万元
7. 画家劳务补助费：×万元
8. 展览活动其他不可预见费用：××万元

××××大学党委宣传部
×年×月×日

例5：工作报告

关于《八桂脱贫攻坚图》创作的工作进度报告

学校领导：

2021年2月份以来，在自治区××部的指导下，我校师生与××书画院、××画派促进会的百余名艺术家根据《八桂脱贫攻坚图》创作工作的安排部署，克服时间紧、任务重的困难，聚焦广西脱贫攻坚这一宏大主题和伟大实践，集中精力、通力合作，历经3个月，已形成初稿，现将创作工作进度有关情况报告如下：

一、上一阶段的创作情况

2月初，确定篇幅和标段。经讨论，确定长卷作品由《伟大的决策》《伟大的行动》《伟大的榜样》《伟大的成就》《伟大的征程》五个篇章组成，组成百米左右的国画长卷。

2月底前，解读主题。采取分段分组创作的方式，确定人员分工，全体创作人员对自己负责的篇章进行主题解读，明确立意并寻找资料进行小稿创作。全卷前四部分扶贫攻坚的表现手法是现实主义，第一部分《伟大的决策》重点表现党中央、国务院关于脱贫攻坚的伟大决策部署以及习近平总书记对广西及广西脱贫工作的关心，描绘了习近平总书记在广西考察的足迹；第二部分《伟大的行动》描绘广西脱贫攻坚的重大场景；第三部分《伟大的榜样》凸显广西脱贫攻坚战场上涌现出的优秀先进人物；第四部分《伟大的成就》展现广西脱贫攻坚取得的巨大成就；第五部分《伟大的征程》以浪漫主义的手法歌颂今天，展望美好未来。

3月，收集资料。要求画中所有人物和场景均依据广西脱贫攻坚的真实事件进行创作，选取

画面和表现细节要求展现深刻内涵和时代意义，全体创作人员通过采风调研等方式收集资料、遴选场景，最后确定选取30多个典型场景创作成画面。

4月，创作小稿。根据选取的画面，用多种创作手法、从多个角度创作小稿，要求反复修改、专注创作，结合实地考察，让每个绘画场景都讲述出脱贫攻坚动人的故事，尽可能真实地再现广西脱贫攻坚的辛勤付出和优异成绩，画出一个开放的广西、和谐的广西、绿色的广西、发展的广西，表达团结与繁荣、开放与发展的主题。

二、存在的问题

一是题材宏大，通过表现广西的脱贫攻坚实践，充分反映党的十八以来中国脱贫攻坚的伟大斗争、伟大实践和伟大成就，政治性强，敏感度高，典型画面选取需要反复斟酌、讨论；**二是篇幅宏大，**长不少于100米、高不少于1.5米的中国画长卷形式，全景式描绘广西各族人民在党中央和自治区党委政府的领导下高质量打赢脱贫攻坚战的艰辛历程，以及昂首阔步、满怀信心投入乡村振兴建设的生动画卷，要完成这样气势宏伟的巨制，需要100余名艺术家，创作队伍庞大，工作总量巨大，统筹工作复杂；**三是意义重大，**这是一项思想性、艺术性相结合的重大工程，画卷涉及人物、花鸟、山水等多个画科，需要采用写意、工笔以及兼工带写等多种技法和写实主义、浪漫主义等综合表现手法，创作难度较大。

三、下一阶段创作计划

为庆祝建党100周年，建设壮美广西，共圆复兴梦想，《八桂脱贫攻坚图》紧紧围绕举旗帜、聚民心、育新人、兴文化、展形象使命的任务，以表现广西人民牢记习近平总书记的嘱托，在自治区党委政府的领导下齐心协力，决战决胜脱贫攻坚的重大决策、重大实践和重大成果，以及在脱贫攻坚中涌现出的先进榜样为主题，反映广西八桂儿女勤劳朴实、团结向上、担当实干、奋发勇为的精神，热情讴歌中国共产党的伟大领导，讴歌社会主义制度好，讴歌中国的繁荣发展，讴歌八桂大英雄儿女，整个创作过程预计5个月。下一步，计划用整个5月份正式上稿，以中国画写意的形式进行统一表现，之后再进行画面衔接。其中，第五部分作为全卷的高潮，重点表现在以习近平同志为核心的党中央的坚强领导下，广西12个世居民族团结一心，奋发图强，携手迈向新征程，建设新时代中国特色社会主义壮美广西的坚定信心和美好愿景。计划在第五部分《伟大的征程》原有的画面上以中国工笔重彩的形式，加入2021年总书记到广西视察的部分画面，以视察的时间轴为顺序来构图，描绘壮乡儿女与总书记在一起的情景及八桂秀美的绿水青山等，表达广西人民对总书记的爱戴之情以及建设新时代中国特色社会主义壮美广西的决心。6月上旬，学校领导审稿并整体修改，定稿。6月下旬，装裱、布展。画展拟于6月底至7月初向公众开放。

特此报告

《八桂脱贫攻坚图》项目组

×年×月×日

例6：邀请函

××××大学庆祝中国共产党成立100周年脱贫攻坚主题百米长卷《八桂脱贫攻坚图》画展邀请函

×××先生（女士）：

为热烈庆祝中国共产党成立100周年，用艺术形式记录和展示广西脱贫攻坚工作这一恢宏历史和伟大成就，在自治区党委宣传部的指导下，××××大学、××××书画院、××画派促进会共同组织100余名画家和师生历时5个月，创作了百米长卷国画《八桂脱贫攻坚图》。作品横135米，高1.72米，全景式再现了党的十八大以来，自治区党委和政府以及全区各族人民坚决贯彻以习近平同志为核心的党中央决策部署，举全区之力，集全民之智，取得广西脱贫攻坚全面胜利，书写中国减贫奇迹八桂华章的生动画面。

《八桂脱贫攻坚图》源自生活，生机勃勃，堪称思想性、艺术性和观赏性有机结合的精品力作。诚挚邀请您莅临现场参观指导！

××××大学

×年×月×日

例7：开幕词

庆祝中国共产党成立100周年脱贫攻坚主题百米长卷《八桂脱贫攻坚图》画展开幕式致辞

尊敬的各位领导、各位来宾、各位画家，老师们、同学们以及媒体的朋友们：

大家上午好！

在全党深入开展党史学习教育，喜迎中国共产党百年华诞之际，今天我们欢聚在这里，隆重举行××××大学庆祝中国共产党成立100周年脱贫攻坚主题百米长卷《八桂脱贫攻坚图》画展开幕式，我谨代表××××大学党委、行政对各位领导、嘉宾的到来表示热烈的欢迎！对为本次展览成功举办付出辛勤汗水的各位画家、老师和同学们表示衷心的感谢和诚挚的慰问！

2021年2月25日，习近平总书记在全国脱贫攻坚总结表彰大会上庄严宣告，经过全党全国各族人民共同努力，在迎来中国共产党成立100周年的重要时刻，我国脱贫攻坚战取得了全面胜利，区域性整体贫困得到解决，完成了消除绝对贫困的艰巨任务，创造了又一个彪炳史册的人间奇迹！这是中国人民的伟大光荣，是中国共产党的伟大光荣，是中华民族的伟大光荣！

千年梦想今朝圆。脱贫攻坚这一亘古未有的伟大胜利，极大地振奋了中国人民的民族自豪感和自信心，为我们逐梦新时代、奋进新征程注入强大信心和力量。

我们广西是全国脱贫攻坚的主战场之一。习近平总书记高度重视、十分关心广西脱贫攻坚工作，多次作出重要指示批示，充分体现了对广西发展的特殊关怀，对壮乡各族人民的深情厚爱。党的十八大以来，自治区党委和政府全面贯彻落实习近平总书记对广西脱贫攻坚的重要指示批示精神，把脱贫攻坚作为最大政治责任和第一民生工程，坚持核心是精准、关键在落实、确保可持续，凝心聚力、迎难而上、尽锐出战，全面打赢了脱贫攻坚战，实现全区634万建档立卡贫困人口全部脱贫、5379个贫困村全部出列、54个贫困县全部摘帽，交出了一份高质量的脱贫攻坚广西答卷。

伟大的时代呼唤伟大的文艺作品。为了记录和展示广西脱贫攻坚这一恢宏历程和伟大成就，庆祝中国共产党百年华诞，在自治区党委宣传部的关心支持和具体指导下，××××大学、××书画院、××画派促进会组织100余名画家挥毫泼墨，历时5个月，精心创作了百米巨幅中国画《八桂脱贫攻坚图》。作品长135米，高1.72米，全景式再现了党的十八大以来，自治区党委和政府以及全区各族人民坚决贯彻以习近平同志为核心的党中央决策部署，举全区之力，集全民之智，取得广西脱贫攻坚全面胜利，书写中国减贫奇迹八桂华章的生动画面。作品源自生活，生机勃勃，堪称思想性、艺术性和观赏性有机结合的精品力作。

同时，今天展出的还有我校教师开展党史学习教育暨庆祝中国共产党成立100周年而创作的100余件美术设计作品，这些作品从不同角度讴歌了党的百年奋斗历程和辉煌成就，抒发了广大教师爱党、爱国、爱社会主义的炽热情感。长期以来，××××大学注重发挥专业优势，将红色主题融入艺术教育和创作，推出了一大批红色主题歌曲、话剧、舞蹈、雕塑、美术等优秀艺术作品，得到上级领导及社会各界的高度肯定。2021年6月3日，党史学习教育中央第七指导组组长×××在×××常委的陪同下莅临我校检查指导党史学习教育工作，给予我校党史学习教育成果高度肯定。

各位领导、各位来宾，100多米的长卷虽然不能充分展现广西脱贫攻坚的宏大历史与辉煌成就，但广大艺术家深入生活、用心用情用功抒写伟大时代，不断推出讴歌党、讴歌祖国、讴歌人民、讴歌英雄的精品力作的追求，是我们广大文艺工作者始终要坚守的初心和使命。在全面建设社会主义现代化国家的新征途中，我们将持续深入学习贯彻习近平总书记关于文艺工作的重要论述和视察广西时的重要讲话精神，牢记记录新时代、书写新时代、讴歌新时代的光荣使命，以永不懈怠的精神状态、一往无前的奋斗姿态，努力创作出更多无愧于时代、无愧于人民、无愧于民族的优秀作品，为建设新时代中国特色社会主义壮美广西作出新的更大的贡献。

最后，预祝脱贫攻坚主题百米长卷《八桂脱贫攻坚图》画展取得圆满成功！祝愿我们伟大的中国共产党永葆生机活力！祝愿我们伟大的祖国更加繁荣富强！

谢谢大家！

例8：主持词

××××大学庆祝中国共产党成立100周年脱贫攻坚主题百米长卷《八桂脱贫攻坚图》画展开幕式主持词

尊敬的各位领导、各位来宾，老师们、同学们：

大家上午好！

在中国共产党百年华诞到来之际，今天我们在这里隆重举行××××大学庆祝中国共产党成立100周年脱贫攻坚主题百米长卷《八桂脱贫攻坚图》画展开幕式。《八桂脱贫攻坚图》是在自治区党委宣传部的指导和大力支持下，由××××大学、××书画院、××画派促进会组织100余名画家和师生联合进行创作的。

参加今天开幕式的领导和嘉宾有：

自治区政协原副主席、致公党中央副主席、中国美协副主席、××××大学校长，现任中国美术家协会顾问、××画派促进会会长×××教授；

全国人大常委会委员、××××大学原校长×××教授；

自治区党委宣传部副部长×××；

自治区乡村振兴局党组副书记、副局长、一级巡视员×××；

自治区文化和旅游厅二级巡视员、人事处处长×××；

自治区乡村振兴局政研督察处处长×××；

××大学艺术学院院长×××；

××美术家协会主席×××；

××美术家协会常务副主席、秘书长×××；

××书画院副院长×××；

××××股份有限公司南宁分公司副总经理×××；

××大学教授、博士生导师×××；

××××大学党委书记×××；

××××大学党委副书记×××；

××××大学党委常委、副校长×××。

参加今天开幕式的还有参与《八桂脱贫攻坚图》创作的全体画家和学生，××××大学师生代表以及媒体界的朋友们。我们对大家的到来表示热烈的欢迎和衷心的感谢。

今天的开幕式共有四项议程：

首先，请××××大学党委书记××教授致辞！大家欢迎。

（领导致辞完毕）

谢谢××××大学××教授。

××书画院作为《八桂脱贫攻坚图》的创作单位之一，积极组织画家参与长卷的创作，并密切配合做好创作的相关组织协调工作。下面有请百米长卷主创团队成员、××书画院副院长×××博士讲话，大家欢迎。

（×××博士致辞结束）

谢谢×××博士。《八桂脱贫攻坚图》创作历时5个多月，100多名画家和学生努力克服时间紧、任务重、要求高等诸多困难，夜以继日、全力以赴，几经修改完善，才创作出了这幅在广西美术史上具有重要意义的作品。下面有请百米长卷主创团队成员××××大学中国画学院×××老师发言，大家欢迎。

（×××老师发言完毕）

谢谢×××老师！

最后，让我们以热烈的掌声有请自治区政协原副主席、致公党中央副主席、中国美协副主席、××××大学校长，现任中国美术家协会顾问、××画派促进会会长×××教授宣布画展开幕。

（宣布完毕）

谢谢×××教授！画展开幕式到此结束，请大家移步××××大楼三楼展厅观看画作。

谢谢大家！

例9：海报

例10：前言

《八桂脱贫攻坚图》前言

2021年2月25日，中华人民共和国的历史翻开崭新篇章。习近平总书记在全国脱贫攻坚总结表彰大会上庄严宣告，经过全党全国各族人民共同努力，在迎来中国共产党成立100周年的重要时刻。我国脱贫攻坚战取得了全面胜利，区域性整体贫困得到解决，完成了消除绝对贫困的艰巨任务，创造了又一个彪炳史册的人间奇迹！这是中国人民的伟大光荣，是中国共产党的伟大光荣，是中华民族的伟大光荣！

千年梦想今朝圆。脱贫攻坚这一亘古未有的伟大胜利，辉映百年大党的初心使命，极大地振奋了中国人民的民族自豪感和自信心，为我们逐梦新时代、奋进新征程注入强大信心和力量。我们坚信，在以习近平同志为核心的党中央坚强领导下，告别绝对贫困、更加意气风发的中国人民，在全面建设社会主义现代化国家新征程上团结奋斗，必将创造更多令世界刮目相看的人间奇迹！

广西是全国脱贫攻坚的主战场之一。习近平总书记高度重视、十分关心广西脱贫攻坚工作，多次作出重要指示批示，充分体现了对广西发展的特殊关怀，对壮乡各族人民的深情厚爱。自治区党委和政府全面贯彻落实习近平总书记对广西脱贫攻坚的重要指示批示精神，把脱贫攻坚作为最大政治责任和第一民生工程，坚持核心是精准、关键在落实、确保可持续，凝心聚力、迎难而上、尽锐出战，全面打赢了脱贫攻坚战。实现了全区634万建档立卡贫困人口全部脱贫，5379个贫困村全部出列，54个贫困县全部摘帽，交出了一份高质量的脱贫攻坚广西答卷。

伟大的时代呼唤伟大的文艺作品，为记录和展示广西脱贫攻坚这一恢宏历程和伟大成就，庆祝中国共产党百年华诞，在自治区党委宣传部的关心支持和具体指导下，××××大学、××书画院、××画派组织100余名画家和师生历时5个月，挥毫泼墨，激情创作出百米长卷巨幅中国画《八桂脱贫攻坚图》。作品长135米、高1.72米，由《伟大的决策》《伟大的行动》《伟大的榜样》《伟大的成就》《伟大的征程》五个篇章组成，全景式再现了党的十八大以来，自治区党委和政府以及全区各族人民坚决贯彻以习近平同志为核心的党中央决策部署，举全区之力，集全民之智，取得广西脱贫攻坚全面胜利，书写中国减贫奇迹八桂华章的生动画面。作品源自生活，生机勃勃，堪称思想性、艺术性和观赏性有机结合的精品力作。

征途漫漫，唯有奋斗。全区广大文艺工作者要持续深入学习贯彻习近平总书记关于文艺工作重要论述和视察广西时的重要讲话精神，始终牢记记录新时代、书写新时代、讴歌新时代的光荣使命，以永不懈怠的精神状态，一往无前的奋斗姿态，努力创作出更多无愧于时代、无愧于人民、无愧于民族的优秀作品，为建设新时代中国特色社会主义壮美广西作出新的更大的贡献！

例11：新闻通稿

百米长卷巨幅中国画震撼亮相南宁

从精准识别到第一书记出征，从扶贫政策宣讲到扶贫产业开发，从党员先锋队、艺术下乡到山区人民勤劳致富，从黄文秀到毛南族整族脱贫……这些广西脱贫攻坚的历史性画面，你都可以在一幅百米中国画长卷上看到。6月22日上午，××××大学庆祝中国共产党成立100周年脱贫攻坚百米长卷《八桂脱贫攻坚图》画展开幕。长卷聚焦广西脱贫攻坚这一宏大主题和伟大实践，以中国画特有的创作方式描绘了脱贫攻坚战役上值得铭记的历史时刻，庆祝中国共产党百年华诞。

百米巨幅长卷《八桂脱贫攻坚图》长135米，高1.72米，由××××大学、××书画院、××画派促进会组织100余名画家和师生历时5个月，挥毫泼墨、倾情创作，是当前国内描绘脱贫攻坚主题篇幅最大、参与人数最多、气势最宏伟的中国画作品之一。作品由《伟大的决策》《伟大的行动》《伟大的榜样》《伟大的成就》《伟大的征程》五个篇章组成，思想性、艺术性高度融合，人物山水相得益彰，画面气势恢宏，全景式再现了党的十八大以来，自治区党委和政府以及全区各族人民坚决贯彻以习近平同志为核心的党中央关于脱贫攻坚的决策部署，举全区之力，集全民之智，取得广西脱贫攻坚全面胜利，书写中国减贫奇迹八桂华章的生动画面。

创作百米巨幅中国画作品《八桂脱贫攻坚图》，既是××××大学自觉贯彻落实习近平总书记关于文艺工作重要论述，坚持深入生活、扎根人民，用心用情用功抒写伟大时代，不断推出讴歌党、讴歌祖国、讴歌人民、讴歌英雄的精品力作的具体表现，也是该校师生发挥专业优势，扎实开展党史学习教育的重要成果。长卷以艺术的视角，运用美术绘画的形式生动描绘了30多个脱贫攻坚感人故事和600多位人物形象，热情歌颂了党的正确领导、人民至上的理念以及共产党员全心全意为人民服务的精神，饱含着对党的热爱，对先进榜样的崇敬，对伟大时代的歌颂，是开展党史学习教育的具体实践和生动教材。

长卷主创团队成员，××××大学中国画学院院长×××教授表示，画中的所有人物和场景都是依据广西脱贫攻坚的真实事件来创作的，“广西脱贫攻坚是全国脱贫攻坚的重要组成部分，是中国共产党历史上一个非常重要，值得特别铭记的大事，我们用了很多方式，以不同的墨色营造作品的气势，力图再现脱贫攻坚的艰辛和伟大成就”。

展览将持续到7月10日，面向社会公众开放。

例12：新闻报道

百米巨幅长卷《八桂脱贫攻坚图》献给党

广西日报　2021-07-08

历时5个月，广西百余名画家联手打造的百米巨幅长卷《八桂脱贫攻坚图》来了！

6月22日至7月10日，××××大学庆祝中国共产党成立100周年脱贫攻坚百米长卷《八桂脱贫攻坚图》画展在该校××校区展出。长卷聚焦广西脱贫攻坚这一宏大主题和伟大实践，以中国画特有的创作方式描绘了脱贫攻坚战役值得铭记的历史时刻，庆祝中国共产党百年华诞。这也是当前国内描绘脱贫攻坚主题篇幅最大、参与人数最多、气势最宏伟的中国画作品之一。

长135米、高1.72米的百米巨幅长卷《八桂脱贫攻坚图》由《伟大的决策》《伟大的行动》《伟大的榜样》《伟大的成就》《伟大的征程》五个篇章相交织。画作呈现了一幅幅历史性画面：从精准识别到第一书记出征，从扶贫政策宣讲到扶贫产业开发，从党员先锋队、艺术下乡到山区人民勤劳致富，从黄文秀到毛南族整族脱贫……思想性、艺术性融合，人物山水相得益彰，画面有气势，全景式再现了党的十八大以来，自治区党委政府和全区各族人民坚决贯彻以习近平同志为核心的党中央关于脱贫攻坚的决策部署，举全区之力，集全民之智，取得脱贫攻坚全面胜利，书写中国减贫奇迹八桂华章的生动画面。

《八桂脱贫攻坚图》是史诗性的长卷，每一个场景都讲述着脱贫攻坚动人的故事。"广西是全国脱贫攻坚的主战场之一，我们特别选取广西脱贫攻坚这一主题，举全校之力开展美术创作，这既是我们艺术家应有的担当和作为，也是对中国共产党的深情礼赞。长卷力求描绘出共产党员的坚守初心，更从脱贫攻坚的伟大壮举中呈现中国共产党建党百年以来的宏伟篇章，为举国上下庆祝党的百年华诞增加浓重的色彩。"谈及长卷创作的初衷，××××大学校长×××如是说。

为了再现广西脱贫攻坚真实事迹，百余名画家通过实地采访、考察等手段，再现了脱贫攻坚中付出的辛勤劳动与取得的优异成绩。××××大学近几年选派的多名驻村第一书记就是画家，长期在驻村扶贫点写生采风，他们以"画说扶贫"的方式展现山村新风貌，讴歌劳动人民，推广扶贫产品，服务地方经济发展，同时收集了大量鲜活的创作素材，为图卷的创作奠定了坚实的基础。

长卷主创团队成员、××××大学中国画学院院长×××介绍，"画中的所有人物和场景都是依据广西脱贫攻坚的真实事件来创作的，每一个画面和细节都有其深刻内涵。在长卷创作上我们用了很多手法和角度，选取30多个典型画面再现脱贫攻坚的艰辛和伟大成就"。

时间紧，任务重，能否创作出满意的作品，这是对××××大学中国画创作水平的一个检验。五大篇章各组成员紧锣密鼓地展开行动。2月初，大家对自己负责的篇章进行主题解读，明确立意后，寻找资料进行小稿创作，这个过程细碎而又烦琐。4月，正式上稿以中国画写意的形式进行统一表现，分段分组创作，之后再进行画面衔接。

天安门城楼、万里长城，红日初升，群山延绵，远处是广西南宁的地标建筑会展中心、北部湾港、红树林……画面第一部分《伟大的决策》重点表现党中央、国务院关于脱贫攻坚的伟大决策部署以及习近平总书记对广西及广西脱贫工作的关心，描绘了习近平总书记2017年在广西考察的足迹。该部分主创×××回忆："画卷涉及人物、花鸟、山水等多个画科，需要采用写意、工笔以及兼工带写等多种技法和写实主义、浪漫主义等综合表现手法。第一部分画起来还是有难度的，既要准确展示天安门城楼的形，又要表现其恢宏的气势，并通过天安门展现脱贫攻坚决策的伟大和领导人的魄力，非常不容易。"

全卷前四部分扶贫攻坚的表现手法是现实主义，那么，第五部分《伟大的征程》的定位就是浪漫主义；前四部分表现昨天，第五部分表现今天和明天。

主创教师×××说："我们的基调就是要画出一个开放的广西、和谐的广西、绿色的广西、发展的广西。团结与繁荣、开放与发展都是我们这个主题想要表达的。在表现手法上我们运用了传统中国画画领袖像的一个经典样式，是一个对称式的构图，画面以习近平总书记和广西12个世居少数民族在一起为中心，左右两边各描绘了一组欢腾愉快的画面，以动衬静，左边以漓江作为背景，右边表现一组吹芦笙的画面，后面以北部湾为背景，这样就把江海结合起来了，最后以青山绿水为背景，意为绿水青山就是金山银山。"

作为全卷的高潮，第五部分重点表现在以习近平同志为核心的党中央的坚强领导下，广西12个世居民族团结一心、奋发图强、携手迈向新征程，建设新时代中国特色社会主义壮美广西的坚定信心和美好愿景。青年教师×××说："在第五部分《伟大的征程》原有的画面上以中国工笔重彩的形式来体现。我们加入了2021年总书记到广西视察的部分画面，以视察的时间为顺序来构图。"作为本组人物表现的主创画家，×××要在短时间里完成画面人物的形象以及群像的构图调整，有一定难度，她说："我们用笔墨描绘壮乡儿女与总书记在一起的情景及八桂秀美的绿水青山等，表达广西人民对总书记的爱戴之情以及建设新时代中国特色社会主义壮美广西的决心。"

创作《八桂脱贫攻坚图》，既是××××大学自觉贯彻落实习近平总书记关于文艺工作重要论述，坚持深入生活、扎根人民，用心用情用功抒写伟大时代，不断推出讴歌党、讴歌祖国、讴歌人民、讴歌英雄的精品力作的具体表现，也是该校师生发挥专业优势，扎实开展党史学习教育的重要成果。××××大学党委书记×××说："长卷以艺术的视角，运用美术绘画的形式生动描绘了30多个脱贫攻坚感人故事和600多位人物形象，热情歌颂了党的领导、人民至上的理念以及共产党员全心全意为人民服务的精神，饱含着对党的热爱，对先进榜样的崇敬，对伟大时代的歌颂，是开展党史学习教育的具体实践和生动教材。"

例13：表彰证书

《八桂脱贫攻坚图》创作委员会证书

×××同志：

值此××××大学庆祝中国共产党成立100周年之际，您担任百米长卷《八桂脱贫攻坚图》项目创作委员会副主任委员，贡献突出。

谨呈证书，永兹纪念

××××大学
×年×月

练习题：

假如××××大学拟举办“2025届中国画学院毕业生优秀作品展”，请以小组合作的方式完成以下任务：1. 列出完成这次展览需要用到的应用文清单；2. 按照确定的清单，完成所有应用文的写作任务。

附　录

附录1：党政机关公文处理工作条例*

第一章 总则

第一条 为了适应中国共产党机关和国家行政机关（以下简称党政机关）工作需要，推进党政机关公文处理工作科学化、制度化、规范化，制定本条例。

第二条 本条例适用于各级党政机关公文处理工作。

第三条 党政机关公文是党政机关实施领导、履行职能、处理公务的具有特定效力规范体式的文书，是传达贯彻党和国家的方针政策，公布法规和规章，指导、布置和商洽工作，请示和答复问题，报告、通报和交流情况等的重要工具。

第四条 公文处理工作是指公文拟制、办理、管理等一系列相互关联、衔接有序的工作。

第五条 公文处理工作应当坚持实事求是、准确规范、精简高效、安全保密的原则。

第六条 各级党政机关应当高度重视公文处理工作，加强组织领导，强化队伍建设，设立文秘部门或者由专人负责公文处理工作。

第七条 各级党政机关办公厅（室）主管本机关的公文处理工作，并对下级机关的公文处理工作进行业务指导和督促检查。

第二章 公文种类

第八条 公文种类主要有：

（一）决议。适用于会议讨论通过的重大决策事项。

（二）决定。适用于对重要事项作出决策和部署、奖惩有关单位和人员、变更或者撤销下级机关不适当的决定事项。

（三）命令（令）。适用于公布行政法规和规章、宣布施行重大强制性措施、批准授予和晋升衔级、嘉奖有关单位和人员。

（四）公报。适用于公布重要决定或者重大事项。

（五）公告。适用于向国内外宣布重要事项或者法定事项。

（六）通告。适用于在一定范围内公布应当遵守或者周知的事项。

（七）意见。适用于对重要问题提出见解和处理办法。

---

* 党政机关公文处理工作条例[EB/OL].(2013-02-22) [2022-04-22]. http://www.gov.cn/zhengce/2013-02/22/content_2640088.htm?gs_ws=weixin_636061101488905124.

（八）通知。适用于发布、传达要求下级机关执行和有关单位周知或者执行的事项，批转、转发公文。

（九）通报。适用于表彰先进、批评错误、传达重要精神和告知重要情况。

（十）报告。适用于向上级机关汇报工作、反映情况，回复上级机关的询问。

（十一）请示。适用于向上级机关请求指示、批准。

（十二）批复。适用于答复下级机关请示事项。

（十三）议案。适用于各级人民政府按照法律程序向同级人民代表大会或者人民代表大会常务委员会提请审议事项。

（十四）函。适用于不相隶属机关之间商洽工作、询问和答复问题、请求批准和答复审批事项。

（十五）纪要。适用于记载会议主要情况和议定事项。

第三章　公文格式

第九条　公文一般由份号、密级和保密期限、紧急程度、发文机关标志、发文字号、签发人、标题、主送机关、正文、附件说明、发文机关署名、成文日期、印章、附注、附件、抄送机关、印发机关和印发日期、页码等组成。

（一）份号。公文印制份数的顺序号。涉密公文应当标注份号。

（二）密级和保密期限。公文的秘密等级和保密的期限。涉密公文应当根据涉密程度分别标注“绝密”“机密”“秘密”和保密期限。

（三）紧急程度。公文送达和办理的时限要求。根据紧急程度，紧急公文应当分别标注“特急”“加急”，电报应当分别标注“特提”“特急”“加急”“平急”。

（四）发文机关标志。由发文机关全称或者规范化简称加“文件”二字组成，也可以使用发文机关全称或者规范化简称。联合行文时，发文机关标志可以并用联合发文机关名称，也可以单独用主办机关名称。

（五）发文字号。由发文机关代字、年份、发文顺序号组成。联合行文时，使用主办机关的发文字号。

（六）签发人。上行文应当标注签发人姓名。

（七）标题。由发文机关名称、事由和文种组成。

（八）主送机关。公文的主要受理机关，应当使用机关全称、规范化简称或者同类型机关统称。

（九）正文。公文的主体，用来表述公文的内容。

（十）附件说明。公文附件的顺序号和名称。

（十一）发文机关署名。署发文机关全称或者规范化简称。

（十二）成文日期。署会议通过或者发文机关负责人签发的日期。联合行文时，署最后签发机关负责人签发的日期。

（十三）印章。公文中有发文机关署名的，应当加盖发文机关印章，并与署名机关相符。有特定发文机关标志的普发性公文和电报可以不加盖印章。

（十四）附注。公文印发传达范围等需要说明的事项。

（十五）附件。公文正文的说明、补充或者参考资料。

（十六）抄送机关。除主送机关外需要执行或者知晓公文内容的其他机关，应当使用机关全称、规范化简称或者同类型机关统称。

（十七）印发机关和印发日期。公文的送印机关和送印日期。

（十八）页码。公文页数顺序号。

第十条 公文的版式按照《党政机关公文格式》国家标准执行。

第十一条 公文使用的汉字、数字、外文字符、计量单位和标点符号等，按照有关国家标准和规定执行。民族自治地方的公文，可以并用汉字和当地通用的少数民族文字。

第十二条 公文用纸幅面采用国际标准A4型。特殊形式的公文用纸幅面，根据实际需要确定。

第四章 行文规则

第十三条 行文应当确有必要，讲求实效，注重针对性和可操作性。

第十四条 行文关系根据隶属关系和职权范围确定。一般不得越级行文，特殊情况需要越级行文的，应当同时抄送被越过的机关。

第十五条 向上级机关行文，应当遵循以下规则：

（一）原则上主送一个上级机关，根据需要同时抄送相关上级机关和同级机关，不抄送下级机关。

（二）党委、政府的部门向上级主管部门请示、报告重大事项，应当经本级党委、政府同意或者授权；属于部门职权范围内的事项应当直接报送上级主管部门。

（三）下级机关的请示事项，如需以本机关名义向上级机关请示，应当提出倾向性意见后上报，不得原文转报上级机关。

（四）请示应当一文一事。不得在报告等非请示性公文中夹带请示事项。

（五）除上级机关负责人直接交办事项外，不得以本机关名义向上级机关负责人报送公文，不得以本机关负责人名义向上级机关报送公文。

（六）受双重领导的机关向一个上级机关行文，必要时抄送另一个上级机关。

第十六条 向下级机关行文，应当遵循以下规则：

（一）主送受理机关，根据需要抄送相关机关。重要行文应当同时抄送发文机关的直接上级机关。

（二）党委、政府的办公厅（室）根据本级党委、政府授权，可以向下级党委、政府行文，其他部门和单位不得向下级党委、政府发布指令性公文或者在公文中向下级党委、政府提出指令性要求。需经政府审批的具体事项，经政府同意后可以由政府职能部门行文，文中须注明已经政府同意。

（三）党委、政府的部门在各自职权范围内可以向下级党委、政府的相关部门行文。

（四）涉及多个部门职权范围内的事务，部门之间未协商一致的，不得向下行文；擅自行文的，上级机关应当责令其纠正或者撤销。

（五）上级机关向受双重领导的下级机关行文，必要时抄送该下级机关的另一个上级机关。

第十七条 同级党政机关、党政机关与其他同级机关必要时可以联合行文。属于党委、政府各自职权范围内的工作，不得联合行文。党委、政府的部门依据职权可以相互行文。部门内设机构除办公厅（室）外不得对外正式行文。

第五章 公文拟制

第十八条 公文拟制包括公文的起草、审核、签发等程序。

第十九条 公文起草应当做到：

（一）符合党的理论路线方针政策和国家法律法规，完整准确体现发文机关意图，并同现行有关公文相衔接。

（二）一切从实际出发，分析问题实事求是，所提政策措施和办法切实可行。

（三）内容简洁，主题突出，观点鲜明，结构严谨，表述准确，文字精练。

（四）文种正确，格式规范。

（五）深入调查研究，充分进行论证，广泛听取意见。

（六）公文涉及其他地区或者部门职权范围内的事项，起草单位必须征求相关地区或者部门意见，力求达成一致。

（七）机关负责人应当主持、指导重要公文起草工作。

第二十条 公文文稿签发前，应当由发文机关办公厅（室）进行审核。审核的重点是：

（一）行文理由是否充分，行文依据是否准确。

（二）内容是否符合党的理论路线方针政策和国家法律法规；是否完整准确体现发文机关意图；是否同现行有关公文相衔接；所提政策措施和办法是否切实可行。

（三）涉及有关地区或者部门职权范围内的事项是否经过充分协商并达成一致意见。

（四）文种是否正确，格式是否规范；人名、地名、时间、数字、段落顺序、引文等是否准确；文字、数字、计量单位和标点符号等用法是否规范。

（五）其他内容是否符合公文起草的有关要求。

需要发文机关审议的重要公文文稿，审议前由发文机关办公厅（室）进行初核。

第二十一条　经审核不宜发文的公文文稿，应当退回起草单位并说明理由；符合发文条件但内容需作进一步研究和修改的，由起草单位修改后重新报送。

第二十二条　公文应当经本机关负责人审批签发。重要公文和上行文由机关主要负责人签发。党委、政府的办公厅（室）根据党委、政府授权制发的公文，由受权机关主要负责人签发或者按照有关规定签发。签发人签发公文，应当签署意见、姓名和完整日期；圈阅或者签名的，视为同意。联合发文由所有联署机关的负责人会签。

第六章　公文办理

第二十三条　公文办理包括收文办理、发文办理和整理归档。

第二十四条　收文办理主要程序是：

（一）签收。对收到的公文应当逐件清点，核对无误后签字或者盖章，并注明签收时间。

（二）登记。对公文的主要信息和办理情况应当详细记载。

（三）初审。对收到的公文应当进行初审。初审的重点是：是否应当由本机关办理，是否符合行文规则，文种、格式是否符合要求，涉及其他地区或者部门职权范围内的事项是否已经协商、会签，是否符合公文起草的其他要求。经初审不符合规定的公文，应当及时退回来文单位并说明理由。

（四）承办。阅知性公文应当根据公文内容、要求和工作需要确定范围后分送。批办性公文应当提出拟办意见报本机关负责人批示或者转有关部门办理；需要两个以上部门办理的，应当明确主办部门。紧急公文应当明确办理时限。承办部门对交办的公文应当及时办理，有明确办理时限要求的应当在规定时限内办理完毕。

（五）传阅。根据领导批示和工作需要将公文及时送传阅对象阅知或者批示。办理公文传阅应当随时掌握公文去向，不得漏传、误传、延误。

（六）催办。及时了解掌握公文的办理进展情况，督促承办部门按期办结。紧急公文或者重要公文应当由专人负责催办。

（七）答复。公文的办理结果应当及时答复来文单位，并根据需要告知相关单位。

第二十五条　发文办理主要程序是：

（一）复核。已经发文机关负责人签批的公文，印发前应当对公文的审批手续、内容、文种、格式等进行复核；需作实质性修改的，应当报原签批人复审。

（二）登记。对复核后的公文，应当确定发文字号、分送范围和印制份数并详细记载。

（三）印制。公文印制必须确保质量和时效。涉密公文应当在符合保密要求的场所印制。

（四）核发。公文印制完毕，应当对公文的文字、格式和印刷质量进行检查后分发。

第二十六条 涉密公文应当通过机要交通、邮政机要通信、城市机要文件交换站或者收发件机关机要收发人员进行传递，通过密码电报或者符合国家保密规定的计算机信息系统进行传输。

第二十七条 需要归档的公文及有关材料，应当根据有关档案法律法规以及机关档案管理规定，及时收集齐全、整理归档。两个以上机关联合办理的公文，原件由主办机关归档，相关机关保存复制件。机关负责人兼任其他机关职务的，在履行所兼职务过程中形成的公文，由其兼职机关归档。

第七章 公文管理

第二十八条 各级党政机关应当建立健全本机关公文管理制度，确保管理严格规范，充分发挥公文效用。

第二十九条 党政机关公文由文秘部门或者专人统一管理。设立党委（党组）的县级以上单位应当建立机要保密室和机要阅文室，并按照有关保密规定配备工作人员和必要的安全保密设施设备。

第三十条 公文确定密级前，应当按照拟定的密级先行采取保密措施。确定密级后，应当按照所定密级严格管理。绝密级公文应当由专人管理。

公文的密级需要变更或者解除的，由原确定密级的机关或者其上级机关决定。

第三十一条 公文的印发传达范围应当按照发文机关的要求执行；需要变更的，应当经发文机关批准。

涉密公文公开发布前应当履行解密程序。公开发布的时间、形式和渠道，由发文机关确定。

经批准公开发布的公文，同发文机关正式印发的公文具有同等效力

第三十二条 复制、汇编机密级、秘密级公文，应当符合有关规定并经本机关负责人批准。绝密级公文一般不得复制、汇编，确有工作需要的，应当经发文机关或者其上级机关批准。复制、汇编的公文视同原件管理。

复制件应当加盖复制机关戳记。翻印件应当注明翻印的机关名称、日期。汇编本的密级按照编入公文的最高密级标注。

第三十三条 公文的撤销和废止，由发文机关、上级机关或者权力机关根据职权范围和有关法律法规决定。公文被撤销的，视为自始无效；公文被废止的，视为自废止之日起失效。

第三十四条 涉密公文应当按照发文机关的要求和有关规定进行清退或者销毁。

第三十五条 不具备归档和保存价值的公文，经批准后可以销毁。销毁涉密公文必须严格按照有关规定履行审批登记手续，确保不丢失、不漏销。个人不得私自销毁、留存涉密公文。

第三十六条 机关合并时，全部公文应当随之合并管理；机关撤销时，需要归档的公文经整理后按照有关规定移交档案管理部门。

工作人员离岗离职时，所在机关应当督促其将暂存、借用的公文按照有关规定移交、清退。

第三十七条 新设立的机关应当向本级党委、政府的办公厅（室）提出发文立户申请。经审查符合条件的，列为发文单位，机关合并或者撤销时，相应进行调整。

第八章 附 则

第三十八条 党政机关公文含电子公文。电子公文处理工作的具体办法另行制定。

第三十九条 法规、规章方面的公文，依照有关规定处理。外事方面的公文依照外事主管部门的有关规定处理。

第四十条 其他机关和单位的公文处理工作，可以参照本条例执行。

第四十一条 本条例由中共中央办公厅、国务院办公厅负责解释。

第四十二条 本条例自2012年7月1日起施行。1996年5月3日中共中央办公厅发布的《中国共产党机关公文处理条例》和2000年8月24日国务院发布的《国家行政机关公文处理办法》停止执行。

附录2：党政机关公文格式（节选）*

前言

本标准按照GB/T1.1-2009给出的规则起草。

本标准根据中共中央办公厅、国务院办公厅印发的《党政机关公文处理工作条例》的有关规定对GB/T9704-1999《国家行政机关公文格式》进行修订。本标准相对GB/T9704-1999主要做如下修订：

a）标准名称改为《党政机关公文格式》，标准英文名称也作相应修改；

b）适用范围扩展到各级党政机关制发的公文；

c）对标准结构进行适当调整；

d）对公文装订要求进行适当调整；

e）增加发文机关署名和页码两个公文格式要素，删除主题词格式要素，并对公文格式各要素的编排进行较大调整；

f）进一步细化特定格式公文的编排要求；

g）新增联合行文公文首页版式、信函格式首页、命令（令）格式首页版式等式样。

本标准中公文用语与《党政机关公文处理工作条例》中的用语一致。

本标准为第二次修订。

本标准由中共中央办公厅和国务院办公厅提出。

本标准由中国标准化研究院归口。

本标准起草单位：中国标准化研究院、中共中央办公厅秘书局、国务院办公厅秘书局、中国标准出版社。

本标准主要起草人：房庆、杨雯、郭道锋、孙维、马慧、张书杰、徐成华、范乔、李玲

本标准代替了GB/T9704-1990

GB/T9704-1999的历次版本发布情况为：

——GB/T9704-1988。

---

* 中华人民共和国国家标准GB/T 9704—2012代替GB/T 9704—1999党政机关公文格式[S/OL]. (2013-02-22) [2022-04-22].http://c.gb688.cn/bzgk/gb/showGb?type=online&hcno=F3CC9BEF482524C895FDA7A08BB4A70E.

党政机关公文格式

1 范围

本标准规定了党政机关公文通用的纸张要求、排版和印制装订要求、公文格式各要素的编排规则，并给出了公文的式样。

本标准适用于各级党政机关制发的公文。其他机关和单位的公文可以参照执行。

使用少数民族文字印制的公文，其用纸、幅面尺寸及版面、印制等要求按照本标准执行，其余可以参照本标准并按照有关规定执行。

2 规范性引用文件

下列文件对于本标准的应用是必不可少的。凡是注日期的引用文件，仅所注日期的版本适用于本标准。凡是不注日期的引用文件，其最新版本（包括所有的修改单）适用于本标准。

GB/T 148　印刷、书写和绘图纸幅面尺寸

GB 3100　国际单位制及其应用

GB 3101　有关量、单位和符号的一般原则

GB 3102（所有部分）　量和单位

GB/T 15834　标点符号用法

GB/T 15835　出版物上数字用法

3 术语和定义

下列术语和定义适用于本标准。

3.1 字 word

标示公文中横向距离的长度单位。在本标准中，一字指一个汉字宽度的距离

3.2 行 line

标示公文中纵向距离的长度单位。在本标准中，一行指一个汉字的高度加3号汉字高度的7/8的距离

4 公文用纸主要技术指标

公文用纸一般使用纸张定量为60g/m2～80g/m2的胶版印刷纸或复印纸。纸张白度80%～90%，横向耐折度≥15次，不透明度≥85%，pH值为7.5～9.5。

5 公文用纸幅面尺寸及版面要求

5.1 幅面尺寸

公文用纸采用GB/T 148中规定的A4型纸，其成品幅面尺寸为：210mm×297mm。

5.2 版面

5.2.1 页边与版心尺寸

公文用纸天头（上白边）为37mm±1mm，公文用纸订口（左白边）为28mm±1m，版心尺寸为156mm×225mm。

5.2.2 字体和字号

如无特殊说明，公文格式各要素一般用3号仿宋体字。特定情况可以做适当调整。

5.2.3 行数和字数

一般每面排22行，每行排28个字，并撑满版心。特定情况可以做适当调整。

5.2.4 文字的颜色

如无特殊说明，公文中文字的颜色均为黑色。

6 印制装订要求

6.1 制版要求

版面干净无底灰，字迹清楚无断划，尺寸标准，版心不斜，误差不超过1mm。

6.2 印刷要求

双面印刷；页码套正，两面误差不超过2mm。黑色油墨应当达到色谱所标BL100%，红色油墨应当达到色谱所标Y80%、M80%。印品着墨实、均匀；字面不花、不白、无断划。

6.3 装订要求

公文应当左侧装订，不掉页，两页页码之间误差不超过4mm，裁切后的成品尺寸允许误差±2mm，四角成90°，无毛茬或缺损。

骑马订或平订的公文应当：

a）订位为两钉外订眼距版面上下边缘各70mm处，允许误差±4mm；

b）无坏钉、漏钉、重钉，钉脚平伏牢固；

c）骑马订钉锯均订在折缝线上，平订钉锯与书脊间的距离为3mm~5mm。

包本装订公文的封皮（封面、书脊、封底）与书芯应吻合、包紧、包平、不脱落。

7 公文格式各要素编排规则

7.1 公文格式各要素的划分

本标准将版心内的公文格式各要素划分为版头、主体、版记三部分。公文首页红色分隔线以上的部分称为版头；公文首页红色分隔线（不含）以下、公文末页首条分隔线（不含）以上的部分称为主体；公文末页首条分隔线以下、末条分隔线以上的部分称为版记。

页码位于版心外。

7.2 版头

7.2.1 份号

如需标注份号，一般用6位3号阿拉伯数字，顶格编排在版心左上角第一行。

7.2.2 密级和保密期限

如需标注密级和保密期限，一般用3号黑体字，顶格编排在版心左上角第二行；保密期限中的数字用阿拉伯数字标注。

7.2.3 紧急程度

如需标注紧急程度，一般用3号黑体字，顶格编排在版心左上角；如需同时标注份号、密级和保密期限、紧急程度，按照份号、密级和保密期限、紧急程度的顺序自上而下分行排列。

7.2.4 发文机关标志

由发文机关全称或者规范化简称加“文件”二字组成，也可以使用发文机关全称或者规范化简称。

发文机关标志居中排布，上边缘至版心上边缘为35mm，推荐使用小标宋体字，颜色为红色，以醒目、美观、庄重为原则。

联合行文时，如需同时标注联署发文机关名称，一般应当将主办机关名称排列在前；如有“文件”二字，应当置于发文机关名称右侧，以联署发文机关名称为准上下居中排布。

7.2.5 发文字号

编排在发文机关标志下空二行位置，居中排布。年份、发文顺序号用阿拉伯数字标注；年份应标全称，用六角括号“〔〕”括入；发文顺序号不加“第”字，不编虚位（即1不编为01），在阿拉伯数字后加“号”字。

上行文的发文字号居左空一字编排，与最后一个签发人姓名处在同一行。

7.2.6 签发人

由“签发人”三字加全角冒号和签发人姓名组成，居右空一字，编排在发文机关标志下空二行位置。“签发人”三字用3号仿宋体字，签发人姓名用3号楷体字。如有多个签发人，签发人姓名按照发文机关的排列顺序从左到右、自上而下依次均匀编排，一般每行排两个姓名，回行时与上一行第一个签发人姓名对齐。

7.2.7 版头中的分隔线

发文字号之下4mm处居中印一条与版心等宽的红色分隔线。

7.3 主体

7.3.1 标题

一般用2号小标宋体字，编排于红色分隔线下空二行位置，分一行或多行居中排布；回行时，要做到词意完整，排列对称，长短适宜，间距恰当，标题排列应当使用梯形或菱形。

7.3.2 主送机关

编排于标题下空一行位置，居左顶格，回行时仍顶格，最后一个机关名称后标全角冒号。如主送机关名称过多导致公文首页不能显示正文时，应当将主送机关名称移至版记，标注方法见7.4.2。

7.3.3 正文

公文首页必须显示正文。一般用3号仿宋体字，编排于主送机关名称下一行，每个自然段左空二字，回行顶格。文中结构层次序数依次可以用“一、”“（一）”“1.”“（1）”标注；一般第一层用黑体字、第二层用楷体字、第三层和第四层用仿宋体字标注。

7.3.4 附件说明

如有附件，在正文下空一行左空二字编排“附件”二字，后标全角冒号和附件名称。如有多个附件，使用阿拉伯数字标注附件顺序号（如“附件：1. ×××××”）；附件名称后不加标点符号。附件名称较长需回行时，应当与上一行附件名称的首字对齐。

7.3.5 发文机关署名、成文日期和印章

7.3.5.1 加盖印章的公文

成文日期一般右空四字编排，印章用红色，不得出现空白印章。

单一机关行文时，一般在成文日期之上、以成文日期为准居中编排发文机关署名，印章端正、居中下压发文机关署名和成文日期，使发文机关署名和成文日期居印章中心偏下位置，印章顶端应当上距正文（或附件说明）一行之内。联合行文时，一般将各发文机关署名按照发文机关顺序整齐排列在相应位置，并将印章一一对应、端正、居中下压发文机关署名，最后一个印章端正、居中下压发文机关署名和成文日期，印章之间排列整齐、互不相交或相切，每排印章两端不得超出版心，首排印章顶端应当上距正文（或附件说明）一行之内。

7.3.5.2 不加盖印章的公文

单一机关行文时，在正文（或附件说明）下空一行右空二字编排发文机关署名，在发文机关署名下一行编排成文日期，首字比发文机关署名首字右移二字，如成文日期长于发文机关署名，应当使成文日期右空二字编排，并相应增加发文机关署名右空字数。

联合行文时，应当先编排主办机关署名，其余发文机关署名依次向下编排。

7.3.5.3 加盖签发人签名章的公文

单一机关制发的公文加盖签发人签名章时，在正文（或附件说明）下空二行右空四字加盖签发人签名章，签名章左空二字标注签发人职务，以签名章为准上下居中排布。在签发人签名章下空一行右空四字编排成文日期。

联合行文时，应当先编排主办机关签发人职务、签名章，其余机关签发人职务、签名章依次向下编排，与主办机关签发人职务、签名章上下对齐；每行只编排一个机关的签发人职务、签名章；签发人职务应当标注全称。

签名章一般用红色。

7.3.5.4 成文日期中的数字

用阿拉伯数字将年、月、日标全，年份应标全称，月、日不编虚位（即1不编为01）。

7.3.5.5 特殊情况说明

当公文排版后所剩空白处不能容下印章或签发人签名章、成文日期时，可以采取调整行距、字距的措施解决。

7.3.6 附注

如有附注，居左空两字加圆括号编排在成文日期下一行。

7.3.7 附件

附件应当另面编排，并在版记之前，与公文正文一起装订。“附件”二字及附件顺序号用3号黑体字顶格编排在版心左上角第一行。附件标题居中编排在版心第三行。附件顺序号和附件标题应当与附件说明的表述一致。附件格式要求同正文。如附件与正文不能一起装订，应当在附件左上角第一行顶格编排公文的发文字号并在其后标注“附件”二字及附件顺序号。

7.4 版记

7.4.1 版记中的分隔线

版记中的分隔线与版心等宽，首条分隔线和末条分隔线用粗线（推荐高度为0.35mm），中间的分隔线用细线（推荐高度0.25mm）。首条分隔线位于版记中第一个要素之上，末条分隔线与公文最后一面的版心下边缘重合。

7.4.2 抄送机关

如有抄送机关，一般用4号仿宋体字，在印发机关和印发日期之上一行、左右各空一字编排。“抄送”二字后加全角冒号和抄送机关名称，回行时与冒号后的首字对齐，最后一个抄送机关名称后标句号。

如需把主送机关移至版记，除将“抄送”二字改为“主送”外，编排方法同抄送机关。既有主送机关又有抄送机关时，应当将主送机关置于抄送机关之上一行，之间不加分隔线。

7.4.3 印发机关和印发日期

印发机关和印发日期一般用4号仿宋体字，编排在末条分隔线之上，印发机关左空一字，印发日期右空一字，用阿拉伯数字将年、月、日标全，年份应标全称，月、日不编虚位（即1不编为01），后加“印发”二字。

版记中如有其他要素，应当将其与印发机关和印发日期用一条细分隔线隔开。

7.5 页码

一般用4号半角宋体阿拉伯数字，编排在公文版心下边缘之下，数字左右各放一条一字线；一字线上距版心下边缘7mm。单页码居右空一字，双页码居左空一字。公文的版记页前有空白页的，空白页和版记页均不编排页码。公文的附件与正文一起装订时，页码应当连续编排。

8 公文中的横排表格

A4纸型的表格横排时，页码位置与公文其他页码保持一致，单页码表头在订口一边，双页码表头在切口一边。

9 公文中计量单位、标点符号和数字的用法

公文中计量单位的用法应当符合GB 3100、GB 3101和GB 3102（所有部分），标点符号的用法应当符合GB/T 15834，数字用法应当符合GB/T 15835。

10 公文的特定格式

10.1 信函格式

发文机关标志使用发文机关全称或者规范化简称，居中排布，上边缘至上页边为30mm，推荐使用红色小标宋体字。联合行文时，使用主办机关标志。

发文机关标志下4mm处印一条红色双线（上粗下细），距下页边20mm处印一条红色双线（上细下粗），线长均为170mm，居中排布。

如需标注份号、密级和保密期限、紧急程度，应当顶格居版心左边缘编排在第一条红色双线下，按照份号、密级和保密期限、紧急程度的顺序自上而下分行排列，第一个要素与该线的距离为3号汉字高度的7/8

发文字号顶格居版心右边缘编排在第一条红色双线下，与该线的距离为3号汉字高度的7/8。

标题居中编排，与其上最后一个要素相距二行。

第二条红色双线上一行如有文字，与该线的距离为3号汉字高度的7/8。

首页不显示页码。

版记不加印发机关和印发日期、分隔线，位于公文最后一面版心内最下方。

10.2 命令（令）格式

发文机关标志由发文机关全称加“命令”或“令”字组成，居中排布，上边缘至版心上边缘为20mm，推荐使用红色小标宋体字。

发文机关标志下空二行居中编排令号，令号下空二行编排正文。

签发人职务、签名章和成文日期的编排见7.3.5.3。

10.3 纪要格式

纪要标志由“×××××纪要”组成，居中排布，上边缘至版心上边缘为35mm，推荐使用红色小标宋体字。

标注出席人员名单，一般用3号黑体字，在正文或附件说明下空一行左空二字编排“出席”二字，后标全角冒号，冒号后用3号仿宋体字标注出席人单位、姓名，回行时与冒号后的首字对齐。

标注请假和列席人员名单，除依次另起一行并将“出席”二字改为“请假”或“列席”外，编排方法同出席人员名单。

纪要格式可以根据实际制定。

11 式样（略）

后　记

这本教材是2021年度广西艺术学院优质教材资助项目成果，为新文科背景下高等艺术院校通用课程建设提供学术支持。

我们以2015年度广西高等教育本科教学改革工程项目“高等艺术院校《应用文写作》教材改革研究”结题成果为基础编写这本教材，不仅增加了四章8万余字，对原有内容也做了较大幅度调整。同时，我们也吸收了2018年广西艺术学院教学研究与改革项目“艺术院校应用文写作教学改革与创新”的教学实践成果。

应用文教材的编写，难免要提供大量例文。我们选文的基本原则，一是坚持政治性，选择党政部门典范的文件资料，让例文本身就成为课程思政资源；二是坚持实用性，选择切近高等艺术院校学生的案例，使之看起来亲切，学起来容易上手；三是强调拓展性，选择富有时代气息和具有一定思想内涵的例文，以扩大学生见识的深广度。这本教材选文来源广泛，其中大部分为党政部门和企事业单位公开发布的文稿，并根据教材援引例文的基本规则选用。对于其他可能涉及著作权的例文，我们都尽量在书中做了说明。但其中有一些例文，来自我们自己使用的讲义，出于各种原因，一时难以找到来源，相关说明只好暂付阙如。如果有人了解这些例文的出处，请及时告知我们，以便我们和作者联系，并于再版时予以标注。

本书在编写过程中，得到广西艺术学院相关部门的大力支持。广西艺术学院宣传部、党政办、音乐学院同意我们援引由其经办的事例和保管的例文进入教材，体现了对我校教材建设事业的高度重视。对此，我们表示衷心感谢。

本书还曾得到宁立正教授、李娜副处长、赵克主任、李瑞云老师、刘健教授、吴银秀副教授、刘文武老师的指导帮忙。中国传媒大学出版社编辑室主任赵欣、广西艺术学院教务处陈琳协调本书出版，做了大量工作。在此一并致谢!

虽然我们在编写过程中用心尽力，但由于应用文写作方面理论水平有限、实践经验不足、知识深广度有待提升，出现错漏在所难免。敬请专家学者和使用者批评指正，以便我们今后修订此书时加以完善。

图书在版编目(CIP)数据

应用文写作教程 / 韦文帝,孙桂平主编. -- 北京：中国传媒大学出版社，2022.6
ISBN 978-7-5657-3209-6

Ⅰ. ①应… Ⅱ. ①韦… ②孙… Ⅲ. ①汉语—应用文—写作—高等学校—教材
Ⅳ. ①H152.3

中国版本图书馆 CIP 数据核字(2022)第 094112 号

应用文写作教程

YINGYONGWEN XIEZUO JIAOCHENG

主　　编　韦文帝　孙桂平
策划编辑　赵　欣
责任编辑　赵　欣
封面设计　拓美设计
责任印制　阳金洲

出版发行　中国传媒大学出版社
社　　址　北京市朝阳区定福庄东街 1 号　　**邮　　编**　100024
电　　话　86-10-65450528　65450532　　**传　　真**　65779405
网　　址　http://cucp.cuc.edu.cn
经　　销　全国新华书店

印　　刷　三河市东方印刷有限公司
开　　本　787mm×1092mm　1/16
印　　张　21.5
字　　数　482 千字
版　　次　2022 年 6 月第 1 版
印　　次　2022 年 6 月第 1 次印刷

书　　号　ISBN 978-7-5657-3209-6/H·3209　　**定　　价**　69.80 元

本社法律顾问：北京嘉润律师事务所　郭建平